정치검사
누가 '고발사주'를 덮었나

조성은 전혁수

추 천 사

윤석열 대통령에 대한 수사 불가피

추미애 더불어민주당 의원 · 전 법무부 장관

정치는 법이 해결하지 못하는 힘을 가지고 있어야 함에도 법에 그 책임을 떠넘깁니다. 사법절차는 정치인이 자신의 책임으로부터 도피하는 수단이 되었습니다. 이것을 '정치의 사법화'라고 합니다.

사법으로 넘어온 이후 검찰과 법원 등 수사·사법기관은 거꾸로 정치의 힘에 굴복하거나 눈치를 봅니다. 상식을 파괴하는 교묘한 법논리와 온갖 법기술이 동원됩니다. 검찰은 원하는 결과를 받아내기 위해 관련자를 겁박하기도 합니다. 이를 '사법의 정치화'라고 합니다.

긴 사법절차를 거치는 동안 진실 공방만 난무하게 되고 지켜보던 사람들도 지치기 시작하면서 결국 진실은 연기처럼 사라지게 됩니다. 정치와 사법의 협잡과 일탈이 소중하게 가꾸어온 민주주의를 좀먹고 있습니다.

법무부 장관으로서 검찰총장 윤석열의 비위를 밝혀내고 징계를 청구했습니다. 그가 제기한 징계처분 취소소송이 한창 진행 중일 때 그는 이미 정치무대로 뛰어 올라가 마치 공정과 상식의 영웅인 것처럼 활개 치고 다녔습니다. 진실을 외면한 언론의 조명발이 아니었으면 불가능했을 것입니다.

그런 여름 어느 날, 한 기자가 엄청난 휘발성을 가진 특종을 보도했습니다. 검찰총장 가족의 비리 혐의를 파헤치거나 고발한 기자들과 정치인들을 겨냥한 검찰발 고발장이 있다는 것이었습니다. 그 문건은 검찰총장의 눈과 귀에 해당하는 대검 수사정보정책관으로부터 전달된 것이라고 했습니다. 그러자 그 문건이 민주당 대선 후보 캠프에 속한 사람한테서 나왔다는 소문이 돌았습니다. 공작정치로 몰아가려는 세력의 물타기 시도였습니다.

조마조마하던 그 순간 한 여성이 카메라 앞에 모습을 드러냈습니다. 또렷하고 당당한 목소리로 공익제보자의 신분을 드러낸 그는 놀랍게도 매우 젊고 아름다운 여성이었습니다. 그는 공작정치로 몰아가려던 윤석열의 옹호 세력을 한방에 정리했습니다. 이에 윤석열은 '괴문서'라며 강하게 반발했습니다.

    대통령이 된 윤석열은 징계처분 취소소송 1심에서 '징계는 적법하고 오히려 면직 이상의 중대 비위에 해당한다'는 패소판결을 받았습니다. 이후 진실을 마주할 자신이 없었던지 적법한 징계 절차가 위법이라며 터무니없는 법기술을 부렸고, 항소심 재판부는 1심을 뒤집고 윤석열의 손을 들어줬습니다. 이후 한동훈이 이끄는 법무부는 상고도 하지 않은 채 사건을 묻어버렸습니다.

    한편 고발장에 이름이 드러난 대검 수사정보정책관의 범행은 공수처에 의해 검찰의 총선 개입인 것으로 드러났습니다. 비록 공수처가 윤석열을 무혐의 처분했지만, 검찰총장 가족을 위한 범죄를 부하 공무원 혼자 저질렀다는 것이 상식적으로 납득되지 않는 만큼 후일에라도 윤석열 대통령에 대한 수사가 불가피해 보입니다. 법원과 검찰이 고도의 법기술로 어떤 결론을 만들어 낼지 알 수 없는 와중에 이 책이 탄생했습니다.

　저자 조성은과 전혁수의 힘은 처음부터 끝까지 진실함에 있습니다. 그들이 아니었더라면 위 두 사건은 우리의 시야에서 멀어질 뻔했습니다. 온갖 회유와 겁박을 물리치고 어쩌면 그토록 꿋꿋함을 유지할 수 있는지 놀라면서도 남몰래 힘들어했을 그들에게 응원과 격려를 보냅니다.

　용기와 담대함으로 많은 사람에게 감동과 희망을 주고 우리 사회의 정의를 지키는 환한 빛이 되어 준 저자들의 책을 한줄 한줄 읽으며 때로는 감탄하고 때로는 불끈 화가 치미는 순간을 마주하면서 공감하는 것만으로도 그들에게 큰 힘이 될 것입니다.

추 천 사

민주공화국의 가치 붕괴에 분노하는 사람들에게

조국 조국혁신당 대표

'고발사주'로 약칭되는 이 사건은 정치검사가 무슨 짓까지 하는지를 모두 드러냈다.

대검찰청 수사정보정책관은 검찰총장의 눈과 귀다. 손준성 수사정책정보관은 윤석열 총장과 배우자 김건희 씨에게 비판적인 야당 정치인을 형사처벌하기 위해 휘하 검찰공무원들과 함께 고발장 초안을 작성하여 국민의힘에 전송했다. 그리고 이에 기초한 고발장이 검찰에 접수되고 수사가 전개되었다.

이 중대한 국가범죄의 전모가 드러나게 된 것은 정파적 이익 대신 양심과 정의를 택한 공익제보자 조성은 씨의 결단과 전혁수 기자의 치밀한 취재 덕분이었다. 2021년 9월 〈뉴스버스〉 보도로 고발사주 사건이 알려진 후 검찰은 철저하게 수사하기는커

녕 외면하거나 왜곡하거나 은폐하려는 태도로 일관했다.

  손준성 검사의 '윗선'은 수사조차 받지 않았다. 최소한 검찰 자체 징계를 받아야 했을 손 검사는 해괴하게도 '검찰의 꽃'이라고 불리는 검사장으로 승진했다. 반면 조성은 씨는 의심받고 매도당했다. 조성은 씨를 공격한 사람 중에는 윤석열 당시 국민의힘 대통령 후보도 있었다.

  이 책은 고발사주 사건의 판결문만으로는 알 수 없는 사건의 전모를 밝히는 정밀 보고서다. 정치검사의 검찰권 남용과 이어진 검찰정권의 수립, 그리고 이어진 민주공화국의 가치 붕괴에 분노하는 사람들에게 정독을 권한다.

프 롤 로 그

남은 자와 사라진 자

2023년 4월 24일, 손준성 검사장의 고발사주 혐의 재판에 최강욱 전 의원이 증인으로 출석했다. 증인석으로 들어서는 최강욱을 본 손준성은 피고인석에서 일어나 허리를 깊이 숙여 인사했다. 최강욱도 고개를 끄덕이며 손을 들어 보였다. 이후 손준성은 최강욱의 눈을 쳐다보지 않은 채 재판 내내 고개를 숙였다. 과거 두 사람은 종종 연락하던 선후배 관계였단다.

고발사주 사건은 2021년 9월 2일 필자의 보도로 세상에 알려졌다. 21대 국회의원 총선거를 코앞에 둔 지난 2020년 4월 3일과 8일, 검찰이 당시 제1야당인 미래통합당(현 국민의힘)에 유시민, 최강욱, 황희석 등 진보 진영 인사들과 〈MBC〉·〈뉴스타파〉 기자들에 대한 형사 고발을 사주했다는 게 골자다. 따지자면 손준성은 가해자, 최강욱은 피해자다.

"이 사건이 알려지고 나서 (손준성이) 걱정돼서 저도, 피고인도 아는 검사들에게 '준성이 지금 어떻게 지내냐' 그랬더니 '얼굴이 너무 안 좋습니다'라고 했습니다. '본인이 생각해서 한 일이 아니지 않느냐'고 했더니 '그렇다고 발 뺄 수도 없고 혼자 삭이면서 다니는 것 같습니다', 이런 대화를 한 적이 있습니다."

최강욱은 이 자리에 있어야 할 '윗선'이 빠져있다고 말했다.

"저와 피고인(손준성)이 처해있는 상황이 너무 화가 납니다. 그 사건 이후 처음 이 자리에서 보는데, 제가 아끼고 좋아했던 후배를 이렇게 보는 게 너무 안타깝습니다. (중략) 정작 책임져야 할 사람들은 형식적인 방어막을 통해서 빠져나가고, 이 사건이 축소돼서 심리되고 있다는 게 안타깝습니다."

2024년 1월 31일, 서울중앙지방법원 형사합의27부는 손준성에게 공무상비밀누설, 개인정보보호법 위반, 형사사법절차전자화촉진법 위반으로 징역 1년을 선고했다. 재판부는 손준성의 공직선거법 위반 혐의에 대해서는 무죄를 선고했지만 "검사의 정치 중립을 훼손했다"며 선거 개입 시도는 인정했다. 1심 선고 후 공수처와 손준성이 쌍방 항소했고, 필자가 이 글을 작성 중인 2024년 9월 현재 항소심이 진행 중이다.

영원히 비밀로 남을 것 같았던 사건은 텔레그램 메시지 상단의 '손준성 보냄' 꼬리표로 덜미가 잡혔다. 당시 미래통합당 서울

송파갑 국회의원 후보이던 검사 출신 김웅은 텔레그램을 통해 같은 당 중앙선거대책위원회 부위원장인 조성은에게 고발장과 고발에 필요한 자료들을 텔레그램으로 전달했다. 텔레그램 메시지를 제3자에게 전달하면 'OOO 보냄'이라는 문구가 함께 전송되는데, 김웅이 전송한 메시지에 '손준성 보냄'이 남아있었다.

그러나 여전히 풀리지 않은 문제가 있다. 정작 책임져야 할 사람, '윗선'은 손준성이라는 꼬리를 자르고 도망간 모양새다. 가장 윗선으로 의심되는 사람은 고발장에 명시된 이해관계자다.

2020년 4월 3일 오후 4시 19분 김웅이 조성은에게 전달한 고발장에는 당시 검찰총장 윤석열의 최측근 한동훈이 연루된 검언유착 의혹, 윤석열의 부인 김건희가 연루된 도이치모터스 주가조작 의혹, 윤석열의 장모인 최은순 관련 각종 의혹 보도가 사실이 아니라는 주장이 담겨있다. 이 의혹을 보도한 〈MBC〉·〈뉴스타파〉 기자들과 이에 대해 비판적인 논평을 제기한 유시민, 최강욱, 황희석 등 일부 정치인이 윤석열, 한동훈, 김건희의 명예를 훼손했다는 게 고발 내용이다. 바꿔 말하면, 윤석열과 윤석열의 부인, 윤석열의 최측근이 피해자인 셈이다.

김웅은 2020년 4월 3일 고발장을 보낸 후 조성은에게 전화를 걸어 구체적인 고발 방법을 논의하면서 "제가 가면 '윤석열이 시켜서 고발한 것이다'가 나오게 되는 거예요"라고 말했다. 그는 필자가 반론 취재에 착수한 2021년 9월 2일 "김건희 건은 저는 진짜 기억이 안 난다"면서도 "당시야 뭐 윤 총장하고 윤 총장 쪽 입장에서는, 만약에 예를 들면 그 부분을 문제 삼고 싶었을 수도 있겠지만 저는 그 문제에 대해서 전혀 관심이 없었다"고 말했다.

손준성의 직책은 '검찰총장의 눈과 귀'로 불리는 대검 수사정보정책관이었다. 이 자리가 직제상 대검 차장검사 밑이지만, 실제 총장 직속으로 운영된다는 것은 법조계 상식이다. 손준성이 두 차례 전달한 고발장에는 모두 '최강욱'이 피고발인으로 적시돼 있다. 그런데 두 사람의 친분으로 미뤄 손준성이 자발적으로 고발을 사주했을 개연성은 작아 보인다. 손준성이 여전히 혐의를 부인하는 이유는 뭘까?

고발사주 사건을 수사한 공수처는 2022년 5월 윤석열과 한동훈을 무혐의 처분했다. 여러 정황에 비춰 이들의 관련성을 의심할 수밖에 없지만 직접증거가 부족했는지 모른다. "한 끗이 부족했던 모양"이라는 말이 나왔다.

물론 수사기관과 사법부의 판단은 존중해야 한다. 그러나 사법적 판단이 반드시 진실을 담보하는 것은 아니다. 실체를 파헤쳐 진실에 접근하다 보면 사법적 판단은 달라질 수 있다. 여전히 고발사주 사건 추적의 끈을 놓지 않는 이유다.

전혁수

content

추천사

윤석열 대통령에 대한 수사 불가피 　추미애 ··· 002
민주공화국의 가치 붕괴에 분노하는 사람들에게 　조국 ····················· 006

프롤로그 　남은 자와 사라진 자 　전혁수 ··· 008

PART 01

1장 · MAKTOOB : It is written 　조성은 ··· 018
　　우연한 만남 ·· 018
　　대검찰청 수사정보정책관 손준성 ·· 030
　　기자 전혁수 ·· 038

2장 · 취재수첩 　전혁수 ·· 047
　　인간관계 절반이 날아갈 기사 ·· 047
　　조성은이 보내온 텔레그램 캡처 사진 ·· 052
　　실패한 설득 ·· 063
　　기자가 질문해야 하는 이유 ·· 067

PART 02

3장 · 폭풍전야 조성은 ·· 076
    보도 전날 밤의 통화 ··· 076
    '피해자' 윤석열 김건희 한동훈 ··· 083

4장 · 보도와 공격 전혁수 ·· 092
    김웅의 시인과 말 바꾸기 ·· 092
    화난 사람들 ··· 101
    윤석열 징계결정문의 비밀 ·· 107

PART 03

5장 · 대검찰청 공익신고 조성은 ································ 114
    강남성모병원 주차장 ·· 114
    윤석열의 '괴문서' 타령 ··· 132
    작용과 반작용 ··· 138

6장 · 술래잡기 전혁수 ··· 145
    별난 '캡처 스타일' ·· 145
    기자가 제보자를 보호하는 법 ··· 152
    사라진 '손준성 계정' ··· 156

PART 04

7장 · 추적 조성은 ·· 160
  퍼즐 맞추기 ·· 160
  '손준성 보냄' ·· 171
  복구된 통화녹음 파일 ·· 180
  손준성의 '자백' ·· 186
  "거기서 왜 윤석열이 나와?" ··· 191

8장 · 고발사주와 검언유착 전혁수 ··· 200
  한동훈의 대역 ·· 200
  윤석열의 한동훈 구하기 ·· 205
  한동훈의 김건희 감싸기 ·· 212
  '검언유착 녹음파일' 찾아다닌 검찰총장 ·· 216
  '친윤 언론'의 육탄방어 ··· 223

PART 05

9장 · 뱀의 혀 조성은 ·· 232
  국정원 요원, 마녀, 스파이 ··· 232
  갈라진 혓바닥 ·· 235
  공수처의 황당한 압수수색 ··· 243

홀로 기소된 자 ··· 254

10장 · 검찰에서 벌어진 일 전혁수 ·· 258
   손준성 기소와 증거인멸 ·· 258
   검사들의 조직적 관여 ·· 268
   첫 재판 다음 날 영전한 손준성 ·· 271
   신혼여행 중 날아온 김웅 불기소 소식 ···································· 276
   검찰 수사관 면담보고서 조작 의혹 ·· 280

PART 06

11장 · 고발사주 재판 전혁수 ·· 288
   대검 조직이 총장 일가의 로펌? ·· 288
   검찰 최고 정보 부서의 유튜브 사랑 ·· 300
   대검이 왜 총선 여론조사를? ·· 310
   한동훈이 전송한 사진파일 60장 ··· 315
   '증인' 조성은, 김웅, 한동수 ··· 319

12장 · 은폐와 영전 조성은 ··· 327
   부장검사와의 티타임 ·· 327
   검사가 검사 범죄를 수사하는 방식 ·· 340

보스턴, 새벽 2시의 긴급통화 ··· 358
11시간 증인신문 ··· 372
남부지검의 출석 통보 ··· 398

PART 07

13장 · 심판 전혁수 ··· 404
런던에서 받아본 판결 ··· 404
법원이 인정한 검찰의 '정치공작' ································· 409

14장 · 카르마 조성은 ··· 420
손준성 탄핵과 '한동훈 · 김건희 특검' ······················· 420
손가락 사이로 빠져나간 모래 ······································· 427
이원석과 한동훈을 고발하다 ··· 430
항소심 증인 ··· 438

에필로그 검찰 역사상 가장 치욕스러운 사건 조성은 ··············· 444

PART 01

조성은 | 1장 | **MAKTOOB : It is written**

우연한 만남
대검 수사정보정책관 손준성
기자 전혁수

전혁수 | 2장 | **취재수첩**

인간관계 절반이 날아갈 기사
조성은이 보내온 텔레그램 캡처 사진
실패한 설득
기자가 질문해야 하는 이유

ID # 1장

MAKTOOB : It is written

조성은

우연한 만남

> 한 번 일어난 일은 다시는 일어나지 않을 수도 있다.
> 그러나 두 번 일어난 일은 반드시 다시 일어난다.
>
> ―파엘로 코엘료 《연금술사》

 손에 잡히지 않고, 보이지 않는 '가치'를 두고 삶을 내걸어야 할 순간이 왔을 때, 나는 그것이 지적(知的) 허영심인가 했다.
 피할 수 없는 순간이 있다. 삶을 살아가다 보면 운명이 벼락같이 내게 질문하는 순간이 다가온다.

–어떤 선택을 할 것인가?

그것이 내 앞에 섰을 때는 웅장하다가도 흐릿하고, 위협적이면서도 매혹적인 압도감을 준다. 벼랑 끝에서 한 발을 떼야 할 순간에 그것은 내게 날개를 달아줄지, 추락하게 둘지 결정하지 않는다. 몸이 허공에 뜨는 순간보다도 한참 뒤에, 마치 눈을 질끈 감고 땅에 닿기 직전의 찰나에 결정된다. 그 모든 순간에 신은 이토록 무책임한 것이다.

"미안해요, 성은 씨. 내일 보도 나가게 됐어요"라는 기자의 통보로 시작된 '윤석열 대검찰청 2020총선 개입 사건'은 그로부터 1년 반이 채 지나지 않은 제20대 대통령 선거의 한가운데서 세상에 드러나게 되었다.

정권의 명운이 걸린 대통령 선거는 전쟁이다. 모든 권능을 얻고, 모든 것을 잃게 되는 대통령 선거는 대한민국의 현대사를 바꾸는 전환점이 된다. 그것은 단순한 특정인, 즉 국가지도자의 등장으로 결정되지 않고, 누적된 이야기들로 이루어지는 법이다.

2020년 12월, 한동훈 검사가 연루된 '채널A 검언유착 사건'에 대한 감찰·수사를 방해한 혐의로 징계 처분을 받은 검찰총장 윤석열은 이듬해 3월 사직한 뒤 대통령 선거 출마를 시사했다. 문재인 정부에서 중용돼 전 정권에 대한 거침없는 수사로 진보 진영의 지지를 받으며 검찰총장에 올랐던 사람이 반대 진영의 대선후보로 나선 것 자체가 역사적 사건이었다.

2016년 박근혜 탄핵 이후 들어선 문재인 정부가 정말 잘하길 바랐다. 국민의당 지도부였던 당시 박지원 당대표에게 "문모닝(Moon-Morning) 그만하시면 좋겠습니다"라고 할 정도로, 대통령 탄핵 후 들어선 민주적 정부가 정말 잘 해내야만 역사가 흐트러짐이 없이 흘러갈 거로 생각했다. 그러나 문재인 정부 집권 3년째인 2019년이 지나갈 즈음 많은 국민이 그러했듯이 나 또한 인사와 국정운영, 주요 정책 등에 꽤 비판적이었다.

그러던 중 조국 사태가 발생했다. 문재인 정부의 진보적 이미지를 대표하면서 검찰개혁을 적극 추진했던 조국 민정수석이 법무부 장관에 내정된 직후 '윤석열 검찰'은 대대적인 수사에 착수했다. 불법적인 펀드 조성으로 최악의 정치자금 비리를 저지르고(뒷날 재판에서 주요 혐의 무죄 선고), 자녀들의 대학 및 대학원 입시 과정에서 특혜와 불법이 있었다는 혐의였다.

언론이 온통 수사 내용으로 도배되고 여론은 조국에게 불리하게 돌아갔다. 진보 성향 지식인들도 "조국이 그럴 줄 몰랐다"

며 원색적인 비판과 비난을 해댔다. 그리고 그 칼을 빼어 든 윤석열 검찰총장이 정국의 전면에 부각했다.

돌이켜보면 지금은 허탈할 정도로 나에게는 '문재인 정부 윤석열 검찰총장'의 행태가 정권의 자정작용처럼 느껴졌다. 자신을 검찰총장으로 임명한 정권에서 가장 전도유망한 권력자를 수사하는 윤석열에게 믿음이 갔다. 청와대 민정수석을 거쳐 법무부 장관에 내정된 권력자에 대한 거침없는 수사는 "사람에게 충성하지 않겠다"던 자신의 말에 책임지는 모습으로 비쳤다.

당시 나는 윤석열과 그 주변 검사들의 마음속에 숨겨진 정치권력에 대한 욕망을 인지하지 못했다. 나는 여느 사람들처럼 윤석열을 칭송했고, 그의 오른팔로 불리던 검사 한동훈을 높이 평가했다. 그것이 지적인 판단이며, 지식인의 태도이고, '무릇 검사(檢事)는 그래야 한다'고 생각했다.

그렇게 시간은 흘러 2020년 4월 내가 미래통합당 선거대책위원회 부위원장으로서 총선을 치르고 난 지 몇 개월이 지난 시점이었다.

국민의힘 전신인 미래통합당은 결이 달랐다. 몇몇 좋은 분도 만났지만, 오랜 기간 범진보 진영에 속해 있다가 국민의당 지도부에서 일했던 나의 역사관과 가치관에 잘 맞지 않는 정당이었다. 극우 유튜버들이 창궐하고 부정선거를 외치는 걸 보면서 내가 생각했던 보수 정당의 이미지는 산산조각이 났다.

-역시 내가 탄핵했던 곳을 들어가는 게 아니었어.

정당 생활을 접고 일상생활로 돌아가 열심히 일하던 어느 날이었다. 한창 국정조사가 진행되던 시기였다. 흘러나오던 뉴스 장면을 보고는 경악했다.

> **2020.10.22. 국회 법사위원회 대검찰청 국정감사**
>
> **윤석열 검찰총장**
>
> 아까 민주당 소(병철) 의원께서 말씀하신 2002년도는 서울지검의 가혹행위 치사사건입니다. 물론 (수사) 결과가 나오면 받아들여야겠지만, 검찰에서 수사하다가 사람을 패 죽인 것하고 경우는 좀 다르지 않나 생각합니다. 아니, (검찰이 피의자를) 때려죽이고 패 죽인 것 아닙니까. 검찰이 잘못했다는 말씀 아닙니까. 패서 죽인 거 맞거든요.

너무나 인상 깊어서 지금도 잊을 수 없다. 윤석열의 입을 통해 '검찰총장 윤석열'을 처음으로 주목한 순간이었다. 언론 보도로 접한, 조국 수사에 대한 청와대와 여당의 압박에 맞섰던 강직하고 멋진 모습이 아니었다. 기대와는 전혀 다르게 법사위 국감장에서 걸렁하게 앉아 질의하는 여당(민주당) 의원에게 시비조로 폭언하는 모습이라니.

무릇 어떤 사법기관이든 그 장(長)들은 단순히 그 기관에 소속된 공직자와 달리 그 기관에 부여된 역사적인 책무와 과오에 대해 모두 책임진다. 군사정권 시절 '판결로 이뤄진 사법살인'에 대해 이후 대법원장들이 지금까지 사과하는 이유다. 그것은 역사 앞의 책임이다.

그러나 검찰총장 윤석열은 전 국민이 지켜보는 국정감사 중에 국회의원이 국민을 대변하여 과거 검찰이 수사 중 피의자를 고문하고 폭행해 죽게 한 사건에 관해 묻자 "사람을 패 죽이는 검찰" 따위의 막말을 했다. 만약 윤석열이 검찰총장의 직을 수행하는 자로서 그 기관의 역사적 책임을 통감하는 사람이었다면 그런 천박한 이야기를 할 수 없었을 것이다.

말은 생각보다 많은 것을 나타낸다. 때로는 많은 말을 하는 것보다 가장 중요한 순간의 한마디가 직관적으로 화자(話者)의 본질을 파악할 수 있게 한다. 나에게 그 장면은 그런 순간이었다.

우연한 만남이었다. 2019년 11월, 조국 전 법무부 장관에 대한 수사로 정국이 소용돌이칠 즈음이었던 것으로 기억한다. 평소 SNS로 다양한 사람과 교류하던 나는 우연한 기회에 한 기자와 온라인상에서 친구 맺기를 했다. 그 기자 이름은 전혁수였다. 가끔 SNS상의 메시지나 포스팅으로 미뤄 관심사가 비슷한 또래 기자라고 생각했다. 2021년 5월 초, 그날은 자신의 업무와 관련해 조언을 구한다며 연락이 왔다.

  5월 셋째 주는 내 생일 주간이었다. 전 기자가 생일 축하 겸 상의를 위해 식사를 제안했고, 나는 흔쾌히 식사 장소로 향했다. 그것은 분명 우연하고 필연적인 만남이었다. 자신에 대한 징계 문제로 법무부와 실랑이를 벌이다 총장직을 내던진 윤석열이 언제 대선 행보에 나설지가 세간의 관심사이던 무렵이다. 물론 내 뇌리에 박힌 윤석열의 이미지는 오로지 "사람을 패 죽인~"이라는 말을 시시껄렁하게 내뱉던 모습이었지만.

"반가워요."
"그러게요. 기자님. 저도 정당 생활을 안 한 지 몇 개월이다 보니 기자님이랑 밥 먹는 것도 엄청 오랜만이라는 느낌이 드네요."

  여의도의 한 파스타집에서 첫인사를 나눴다. 메뉴를 주문한 후 안부를 물으면서 기자와 한때 정당인이었던 사람과의 만남답게 자연스럽게 시사 뉴스에 관한 이야기가 오갔다.

"윤석열 검찰총장이 정치하는 거 어떻게 생각해요?"

가장 궁금했던 질문을 했다.

"음, 할 수밖에 없는 상황이 아닌가 싶어요."

전 기자는 평소 고민을 해봤던 질문이라는 듯 가볍게 고개를 끄덕거리며 답변했다.

"그냥 일반적인 검찰총장이면 저런 모습이 적절하지 않을 수 있지만, 조국 수사를 했다고 저런 식으로 정권 차원에서 사람을 몰아내면. 흠... 당연히 정치를 할 수밖에 없지 않나, 그런 현실적인 생각도 드네요."

나도 모르게 발끈했다.

"윤석열 검찰총장은 정치를 하면 안 되는 사람이에요."

날 쳐다보는 전 기자의 눈이 반은 의외의, 반은 호기심의 눈빛이었다.

"저런 식으로 그만둔 검찰총장이 정권을 잡는 것도 커다란 문제라고 생각하고요. 그러면 정말 정치검사로 불렸던 사람이 대놓고 정치권력을 잡았다는 그런 사례를 역사에 남기는 것밖에 안 돼요. 그리고 사람이 근본적으로 별로인 것 같아요."

그때는 조국 사태 이후 극단화된 정치 상황으로 인해서 상당수 기자가 윤석열 검찰총장에게 우호적이었다. 이른바 '조국흑서'* 공동 저자인 몇몇 진보 진영 인사와 꽤 친분이 있던 전 기자는 "그렇게 생각할 수도 있겠네요" 하면서 이야기를 이어갔다.

"음, 그리고 제가 예전부터 이상하다고 생각한 게 있었거든요. 계속 마음에 걸려요."
"네? 어떤 거죠?"
"김웅 알죠?"
"아, 김웅 잘 알죠. 몇 번 봤어요."

'텔레그램' '김웅' '대검찰청'.
세세한 내용은 기억나질 않았다. 깜깜한 머릿속에 세 가지 키워드가 자리 잡고 있었는데, 가끔 기억날 듯 말 듯 찜찜한 상태였다. 그럴 때면 늘 이상한 기분이 들었다.

"음... 그때 김웅이 나한테 대검에 뭘 주라고 했던 것 같은데..."
-그래, 고발장이다.
"김웅이 고발장을 줬던 거 같아요."

---

* 2019년 조국 사태 이후 조국 전 법무부 장관과 문재인 정부에 비판적인 지식인들이 2020년 공동으로 펴낸 책 《한번도 경험해 보지 못한 나라》의 별칭.

"고발장이요?"

"네. 분명히 고발장이었던 거 같아요. 대검이랑 뭔 이야기를 한 것 같은데…"

"대검이요?"

"아직 남아 있으려나? 텔레그램으로 줬던 것 같은데…"

텔레그램 메신저는 나에게 익숙한 대화방식이 아니었다. 국민 메신저라고 하는 카카오톡도 잘 쓰지 않는 나는 주로 일반 문자메시지를 이용했다. 2020년 총선 당시 텔레그램을 깔아 잠깐 이용하고 나서는 아예 앱을 삭제했다. 이후 1년여가 지난 근래에 다른 프로젝트 때문에 다시 설치한 상태였다.

"어? 김웅과의 대화방이 남아 있는데요."

"그래요? 음, 좀 봐도 될까요?"

흥미로운 대화를 이어가며 조곤조곤한 목소리로 친근하게 대하지만, 전혁수는 역시 기자였다. 나조차도 막 발견한 김웅과의 텔레그램 대화방을 무심코 전부 보여줄 순 없었다. 손에 휴대전화를 꽉 쥔 채로 슬쩍 대화방 화면을 보여주는 것이 최선이라고 생각했다.

"어? 고발장 맞네요."

"그쵸?"

"음... 피고발인이 유시민, 황희석... 또... 음? 기자들이네."

대화방을 보니 문득 뇌리를 스치는 장면이 있었다.

기자들 이름이 소복하게 담겼던 고발장.

10년 가까운 기간에 선거 때마다 직책과 역할은 조금씩 차이가 있었지만, 주로 공보 업무와 선대위 일을 하면서 많은 기자와 호흡을 함께했다. 그렇기에 언론인들에 대한 당 차원의 고발은 상상조차 할 수 없는 일이었다.

"손준성, 손준성 보냄?"

전 기자는 뭘 발견했다는 듯이 손을 휴대전화에 가까이 대며 빤히 쳐다봤다. 나는 다시 휴대전화를 뒤로 빼내며 자세히 살펴봤다. 그새 이 작은 글씨를 발견하다니, 기자 맞네.

"거기, '손준성 보냄' 보여요?"

대화창에 김웅이 보낸 텔레그램 메시지를 자세히 살펴보니

말풍선 위에 조그마한 태그가 하나 달려 있었다.

'손준성 보냄'.

김웅이 누군가의 메시지를 전달(Forward) 기능을 통해서 나에게 전송한 것 같았다. 전혁수 기자는 내심 모두 보지 못한 것이 아쉬운 듯한 눈빛으로 질문했다.

"여기 손준성이 누구예요?"
-처음 듣는 이름인데.
"글쎄요, 김웅 선거캠프 사람 아닐까요?"
"그래요?"

그렇게 우리의 우연한 첫 만남은 고발장과 '손준성 보냄'을 발견하게 했고, 그 순간 어떤 거대하고 무거운 철문이 끼이익-하고 열리는 것 같았다. 그것은 판도라의 상자였다.

대검찰청
수사정보정책관
손준성

전혁수 기자와의 만남은 아쉬움을 남겼다. "성은 씨, 여기 손준성이 누구예요?"라는 질문과 답변이 밋밋하게 끝나고 이내 다른 이야기들로 채워진 평범한 식사 시간이었다. 하지만 왠지 모르게 전 기자와의 대화와 김웅과의 텔레그램방이 계속 뇌리에 남았다.

-고발장. 김웅이 대검찰청에 접수하라고 했던 그 고발장.

2020년 총선 때 합류한 지 석 달여 만에 빠져나온 미래통합당은 내게 맞지 않는 옷이었다. 나는 미래통합당을 마지막으로 정당 생활을 그만뒀다. 일상으로 돌아온 지 거의 1년이 지난 만큼 그 일을 까맣게 잊고 있었다. 그런데 뭔가 이상했다. 김웅이 들려준 이야기에서 분명 대검찰청과 친밀하게 소통했다는 느낌을 받은 것이다.

―만약 그 고발장이 검찰과 소통하는 내용이면 어떻게 되는 거지?
―4월 3일이면 총선 기간이었잖아.

"중앙지검은 절대 안 된다, 대검으로 가라."

평소에도 사소한 기억이나 숫자, 쓸데없는 것까지 세세하게 기억하는 편이었다. 장면으로 기억하기보다는 당시 상황을 비디오처럼 기억하는 편이라고 할까. 특히나 인상 깊은 에피소드를 겪을 때는 훨씬 더 강렬해서인지, 거의 슬로 모션처럼 그 공간에서 오간 이야기뿐 아니라 공간의 위치와 상대방의 표정, 특징적인 행동, 메뉴까지 꽤 자세하게 기억하는 습관이 있었다.

그냥 평범한 일상생활을 하면서도, TV에서 시사평론가들이 윤석열을 두고 대선을 전망할 때마다 내 머릿속에서는 '대검찰청'이라는 단어가 어른거렸다. 윤석열이 사직한 이후 대선 출마를 시사하면서 정치권이 시끄러워지고 검찰 안팎의 갈등을 부각하는 기사가 늘던 시기였다. 그것들이 머릿속의 어떤 기억 버튼을 눌러버린 것 같았다.

-뭔가 이상하단 말이지.

'기억 되감기'를 하며 골똘히 생각할수록 그때의 광경이 퍼즐처럼 한 조각씩 끼워 맞춰지는 느낌이었다. 매일 일에 치여서 업무를 보고 미팅을 하고 사람들을 만나는 동안에도 조그마한 돌멩이가 내 생각의 바퀴 틈새에 박혀있는 것처럼 고발장에 대한 기억이 나를 계속 불편하게 했다.

2021년 7월 21일.
오랜만에 전혁수 기자에게 메신저로 대화를 시도했다. '만약 총선 기간에 특정 정당의 후보자와 검찰이 누군가를 고발하는 문제로 소통했다면 어떻게 되는 거지?'라는 뇌리에서 떠나지 않는 그 질문을 던졌다. 이내 "잘 지냈냐?"며 전혁수 기자가 전화를 걸어왔다.

"내가 찾아봤는데, 성은 씨."

나는 잠시 숨을 죽였다.

"손준성 검사야."

-현직 검사라고?

"손준성. 당시 대검찰청 수사정보정책관이었어."

돌이켜보면, 그때 대화 중 판단의 속도가 광속 단위였던 것 같다. 얼마나 당황했던지, 비속어를 섞어 쓰며 만약 '손준성 보냄'이 '대검찰청 수사정보정책관 보냄'과 같다면 어떤 상황이 되는지 흥분해서 마구 설명했다.

"동명이인 아니야?"

"응, 아니야. 내가 '한국법조인대관'을 다 찾아봤거든요. 근데 손준성 치니깐 딱 한 사람만 나오더라고. 어째 이름이 똑같은 변호사 한 명도 없어. 특이한 이름도 아닌데."

심지어 빠져나갈 수도 없게 동명이인조차 없었다.

"그럼, 진짜로 대검에서 고발장 준 거 맞네?"

그냥 검사가 아니었다. 대검찰청 수사정보정책관. 과거 '범정(범죄정보기획관)'이라 불리던 직책으로, 검찰총장에게 사회 동향과 각종 첩보를 직보하고 총장의 내밀한 지시를 수행하던 곳. 검찰총장의 직할부대로 '총장의 눈과 귀'라는 별명을 가진, 요직 중 요직이었다.

"이거 선거기간 전이 아니라 딱 법정 선거기간이었어요."

결국 찾아내서 맞춘 퍼즐 한 조각. '김웅-고발장'만 생각하면 늘 나를 에워싸던 싸한 느낌이 무엇 때문이었는지 확인한 순간이었다. 놀라움으로 한껏 목소리가 들떠서 이야기를 이어갔다.

"'손준성 보냄'의 손준성이 정말 그때 대검 수사정보정책관이라면..."
맙소사.
"전혁수 기자님. 총선 기간에 대검찰청이 정당 후보에게 고발장을 전달한 거예요."
잠시 침묵이 흘렀다.
"무슨 내용인지 한번 봐 볼래요?"
"아뇨. 절대 이거 쓰면 안 돼. 나 최소한 9월까지는 일이 너무 바빠요."

찜찜함과 호기심으로 시작한 질문이었지만, 사건을 파악하면서 온몸에 얼음물을 끼얹은 것 같았다. 세상에, 절대 안 돼!

이미 정당 생활을 하며 몇 차례 나와 관련도 없는 큰 사건들에 휘말린 적이 있기에 또다시 그런 식으로 끌려 들어가는 일은 없어야 했다. 국민의당 시절, 잘 알지도 못하는 사람에게 전화 한 통을 받고 사고 수습을 위해 당 사무총장과 의원들에게 사실관계를 전달한 것이 전부였지만, 엉뚱하게도 참고인조사를 받으러 오라는 통에 포털에서 실시간 검색어 1위를 차지했던 적도 있다. 박근혜 탄핵 당시 국정조사준비위원으로 활동하다가 온갖 협박과 위협을 받기도 했다. 아주 황당한 경험이었다.

게다가 지금 불과 10분 남짓한 통화로 확인한 내용이지만, '대검찰청의 총선 개입'이라는 것은 등장하는 단어만으로도 무시무시했다. 본능적으로 내 몸의 세포들이 이 사건의 거대함은 상상 초월이라는 것을 느끼는 것 같았다. 막 새롭게 시작한 회사의 프로젝트도 있고, 책임지고 해야 할 업무가 태산이었다. 철컹. 어둠 속에서 거대한 철문이 반쯤 더 열린 느낌이었다.

'손준성 보냄'을 인지하기 전에도 이미 심각한 느낌은 있었다. 그것과는 별개로 검사 출신인 김웅이 "중앙지검 말고 대검에 내라"며 고발 접수를 지휘하고, 정당의 총선 출마자가 선거기간에 검찰과 소통한다고 느끼게 한 것만으로도 이미 큰 문제가 된다고 생각했다.

설령 손준성이 단순히 김웅의 선거캠프 사람이라고 해도 큰일이었다. 그런데 전혁수 기자가 손으로 콕 짚어 물을 때조차 선거캠프 사람이라고 짐작했던 '손준성'은 전직도 아닌 현직 검사이고, 더욱이 내게 고발장을 전달한 시기에는 무려 대검찰청 수사정보정책관이었다.

-큰일이다.

전 기자는 당시 나의 선대위 직책과 자세한 상황을 듣고 나더니 "성은 씨, 이건 범죄야"라고 신중한 목소리로 말했다. 지난번 식사 때 텔레그램방을 보며 대화할 때는 오히려 나보다 관심이 덜한 것처럼 보였던 기자 전혁수의 레이더에 이 사건의 중대함, 곧 특종이 포착된 것 같았다.

-'법조인대관'이나 포털에서 내가 먼저 검색해 볼 걸.
-그랬다면 그냥 나 혼자 알고 넘어갈 수도 있었을 텐데.

직감적으로 박근혜 탄핵만큼이나 중대한 사건이라고 판단했다. 파장이 얼마나 클지 짐작하기 어렵더라도, 적어도 기자라면 누구나 알 수 있을 정도로 심각한 사건이었다. 내가 갑작스럽게 대화를 중단하면 오히려 전기자의 레이더를 더 자극할지도 모른다는 생각이 들었다. 내가 할 수 있는 최선은 아무렇지 않은 척 너스레를 떨며 "조금 바쁜 일 좀 지나면 쓰시죠" 하면서 얼렁뚱땅 대화를 마무리 짓는 것뿐이었다.

그러나 한번 불붙은 호기심은 멈추지 않고, 또다시 꼬리를 무는 질문이 하나 더 생겨났다. 그렇다면 대검 수사정보정책관이 왜 기자들을 고발하려고 했을까.

기자
전혁수

그날 이후 며칠간 전혁수 기자와의 통화는 뜸해졌지만, 느슨하게 이어졌다. 서로 무거운 마음과 미안함이 뒤섞인 일상적인 통화였다.

소용돌이. 분명 그것은 제보로 시작한 일이 아니었지만, 우연히 발견한 진실은 거친 바람을 몰고 오는 소용돌이 한복판으로 우리를 떠밀었다.

그날 이후 전 기자는 "기다려 준다"며 은연중에 보도를 전제하는 것처럼 이야기하며, 짐짓 모르는 척 돌려 물어도 "고발장이 없이 대화방 캡처만으로도 충분히 기사는 쓸 수 있지만 기다려

주는 것"이라고 했다. 진실하고 정중한 압박이었다. 아마 '친구' 전혁수에서 '기자' 전혁수로 전환되는 순간이겠지.

자료도 없이 대화창 중간에 있는 캡처 사진 몇 장으로는 기사를 쓰기가 쉽지 않을 거라고 생각해 항의성 반박을 했지만, 단절할 수는 없었다. 만약 보도하지 말라며 그와 연락을 끊거나 대화가 단절되면 부정확한 기사가 나갈지도 모른다고 생각했다. '느슨한 이어짐'의 이유였을 것이다.

2021년 8월, 한여름 동안 '고발장'을 덮어둔 채 불안정한 끈을 서로 팽팽하게 쥐고 있었다.

"여의도에요? 저도 지금 여의도인데, 차나 한잔할까요?"

그로부터 며칠 후 전 기자한테서 전화가 왔다. 사무실이 여의도였기 때문에 굳이 거절하지 않았다. 정말 오랜만에 만나는 느낌이었다. 그는 "(회사로부터) 보도 압박을 받고 있지만, 너무 불안해하거나 걱정하지 말라"고 했다.

여의도 중소기업중앙회 앞. 오후 8시가 조금 넘었을까.

"성은 씨, 김웅과 텔레그램으로 나눈 대화들을 따로 백업하거나 저장해놓는 것이 어때요?"

"아직 보도할 것도 아닌데, 나중에 하든지 하죠, 뭐."

'언젠가'를 대비해 제보자를 익명의 사람으로 전환해서 신분이 드러나지 않게 기사를 쓰는 것이 어떠냐는 취지의 이야기였다. 엄청난 호의를 보이면서 나를 걱정해 주는 것 같은 태도였지만, 그 본질은 '빨리 보도 준비를 하자'는 것이라고 생각했다. 보도하고 싶은 기자의 조바심은 문득문득 드러나기 마련이다. 그럴 때마다 말을 돌리며 다른 이야깃거리로 여느 때처럼 빈손으로 돌려보냈다. 미안한 마음이 들기도 했지만, 내가 쉽게 감당할 수 있는 일이 아니었다.

다음 날, 뜻밖에도 박지원 국가정보원장이 안부 전화를 걸어왔다.

"오랜만이야. 잘 지냈나?"

거의 1년 만이었다.
2016년 국민의당 지도부 시절, 당대표가 박지원 원장이었다. 박근혜 탄핵 시기와 겹쳐 그때의 당 지도부는 거의 매일 모여서 회의하고 촛불집회에 참석하고 국정조사를 진행하면서 그 어느 때보다도 서로 가까워질 수 있었다. 그러나 나는 국민의당 분당 이후 그 어느 정당(바른미래당, 민주평화당 등)에도 합류하지 않았다. 다만 비(非)정당인으로서, 박 대표가 가끔 TV 방송프로그램에 출연할 때 몇 번 가서 도와준 적이 있다.

2019년 조국 사태 이후 범진보에 대한 회의감과 비판의식 때문에 나는 이듬해 총선 당시 미래통합당 합류를 선택했다. 박 대표는 그때도 "아쉬운 선택이지만 어디 가서든 최선을 다하고 열심히 잘해"라고 응원해 준 분이다.

박 대표는 2020년 총선에서는 민주평화당으로 출마했다가 낙선했다. 그즈음에는 나도 전혀 다른 길을 선택했다는 게 송구하기도 해서 연락을 자제했다. 총선이 끝나고 새로운 국회 회기가 시작되자마자 문재인 대통령은 박 대표를 국가정보원장으로 임명했다. 임기를 잘 마치고 나올 때까지 내가 연락할 일은 없으리라 생각했다.

박 원장은 한창 바쁜 일을 막 마쳤다면서 근래에 못 봤던 사람들과 같이 식사한다고 했다. "오랜만에 밥이나 먹자"며 일정과 장소를 알려줬다.

8월 11일 오후 7시. 당대표 때와는 달리 국가정보원 수장이라 주르륵 경호원이 붙은 게 신기했는데, 한 시간가량 저녁 식사를 하고 그다음 일정이 있다며 일찍 일어났다.

나중에 윤석열이 제기한 공작설의 실체는 이게 다였다. 당시 박 원장의 신분을 고려해 방송에서는 말하기 어려웠지만, 평범하고 일상적인 대화가 오갔을 뿐이다. 박 원장은 손자와 진돗개 두 마리랑 산책하는 것이 유일한 낙이라면서 "살이 쪘다" "방송을 하다 오랜만에 기관 일을 하니 답답한 느낌이 있다" 따위의 가벼운 이야기를 늘어놓았다.

'국내 정치개입 금지'라는 문재인 정부의 국정원 개혁안을 완성하겠다며 책임자가 됐으니, 우습게 들릴지 모르겠지만 가벼운 국내 연예 뉴스도 이야기하면 안 된다고 생각했다. 안부만 묻고 건강을 염려하는 대화만으로도 한 시간은 충분히 채울 수 있었다. 이제야 하는 이야기지만, 당시 심각한 상황에서 저런 일상 이야기를 했다고 차마 뉴스에서 밝힐 수는 없었다.

오후 8시가 조금 넘자마자 집에 돌아왔다. 정신이 없었다. 오랜만에 만난 분과의 대화는 반가웠지만 그런 것은 하나도 중요하지 않았다. 드디어 전 기자의 입에서 "대화를 저장해두라, 백업해두라"는 이야기가 나온 것은 정말 무슨 일이 일어날지도 모른다는 신호였다. 전 기자는 텔레그램 계정을 새로 만들어 자료를 옮겨놓으라고 권했다.

그 전날에도 전 기자가 보이지 않는 압박을 실컷 했기 때문에 "대표님 잘 지내시더냐"는 엄마의 질문에도 "응, 그렇지 뭐" 하고 건성으로 대답하고는 외출복 차림으로 서재에 앉아 '텔레그램 계정 새롭게 만드는 법'을 검색하기 시작했다. 몇 가지 확인하고 싶었다.

텔레그램은 계정을 생성하려면 전화번호가 필요한데 가족들 번호로 만들까 하다가 혹시 몰라서 다른 방법이 없는지 알아봤다. 'Talkatone'이라는 어플리케이션은 미주지역 번호로 생성할 수 있다는 정보를 확인한 후 부랴부랴 새 계정을 만들었다.

새 계정 이름은 'QUO'. 뜬금없이 떠오른 라틴어 단어였다.

그런 과정은 전 기자가 알 수 없게 해야 했다. 무엇이라도 대비하기 시작하면 보도를 승낙하는 것으로 여길 테니. 지금까지의 상황을 일기처럼 정리를 해야겠다 싶었다.

대검찰청의 총선 개입 사건이라. (설령 보도가 된다고 한들) 과연 수사가 시작될 수 있을까?

수사가 시작되기도 전에 언론에서 먼저 떠들면 모든 것이 엉망진창이 될 것이라는 강한 불안감이 들었다. 검사의 비위를 내밀하게 조사하려면, 감찰이 더 적절한 시작이라고 생각했다. 그래. '감찰해야 할 사건'이라고 적으며, 손준성 검사의 직책을 잊어버리기 전에 따로 기록해 둬야 한다고 생각했다.

이후로도 전 기자는 자신이 무엇을 취재하고 있다며 계속 전화를 걸어왔다. "오-, 엄청 중요해 보이는 사건이네요" 하면서 맞장구를 치며 하루빨리 다른 곳에 흥미가 생기길 바랐다.

2021년 8월 27일.
급하게 업무상 미팅이 생겨 전날 약속한 전 기자와의 저녁 약속을 지키지 못하게 됐다. 기다리던 전 기자가 전화를 걸어왔기에 사정을 얘기했더니 "괜찮다"며 용산에 있는 내 집 근처로 와서 기다리겠다고 했다.

꽤 많은 사람과 정신없이 미팅했는데, 3시간 이상 늘어지는 바람에 밤 10시 30분이 다 되어서야 집 근처에 도착했다. 코로나로 인해 밤 9시면 모든 음식점이 영업을 마치던 시기였다. 전 기자를 한참 기다리게 한 것이 미안해서 집에서 드립 커피를 내려주겠다고 했다. 그날 늦었다는 핑계를 대고 다른 날로 약속을 미뤘다면, 많은 것이 바뀔 수 있었을까?

"안 합니다."
"성은 씨, 진짜 미안한데 이제 나도 더 막기가 힘들어요."

결국 보도 승낙을 받으러 온 거였다.

"커피나 마시고 가시라"며 계속 거절했다.

한참 실랑이를 벌였다. 그런데 막상 테이블 위에 '사건 보도'라는 것이 올려지자 의외로 다른 것이 마음에 걸렸다.

'폭로'.
'신뢰'를 '배반'하는 행위.

폭로 후 엄청난 폭풍이 들이닥칠 거라는 우려보다 업무 중 발생한 일을 밝혀야 한다는 점이 더 신경쓰였다. 정당·선거 업무를 해온 지난 10여 년 동안 내가 습득한 것은 수많은 '별꼴'을 보고 듣더라도 입을 다물어야 하는 것이다. 그것은 신뢰의 문제였다. 그것이 인간적인 신뢰일 수도, 업무적인 신뢰일 수도 있지만, 무엇보다 '떠벌이'에게는 나조차도 중요하고 긴밀한 상의를 하지 않을 테니까.

"당은 범죄자랑은 일해도 폭로자랑은 일 안 해요. 왜 나를 폭로자로 만들죠?"

커피가 다 식어갈 때까지 전 기자는 진심으로 나를 설득했다. 이 사건의 중대성과 시기의 문제, 회사 일정상 더는 보도를 늦출 수 없는 상황 등을 자세하게 이야기했다. 전 기자가 소속된 인터넷매체 〈뉴스버스〉의 대표 이진동 이야기가 나오자 언짢았다. 전 기자가 주선한 첫 만남에서 보인 그의 유별난 '공세적' 태도에 불쾌했던 기억 때문이다. 나는 화를 내는 것에 가깝게 단호하게 전 기자의 제안을 거절했지만, 내심으로는 (보도를 막는 건) 말이 안 된다고 생각했다.

"그리고 나도 읽지도 않은 고발장으로 무슨 기사를 쓴다는 건지 정말 이상하네요."

-대검찰청이 법정 선거기간에, 정당에 보낸 고발장이라니.
-간도 크네.
-이걸 기사로 안 쓴다고? 내가 기자면 벌써 썼다.

기자 전혁수를 충분히 이해했다. 그러나 그런 상황을 쉽게 용인할 수는 없었다.

멀리서 들리던 초침 소리가 스피커에서 찢어지는 듯이 크게 들려왔다. 커다란 운명의 수레바퀴가 굴러가는 속도를 서서히 높이고 있었다.

취재수첩

전혁수

인간관계 절반이 날아갈 기사

 2021년 5월 27일 조성은과 저녁 식사를 하고 강원도 영월로 향했다. 지금은 아내가 된 여자 친구와 영월에 펜션을 빌려뒀던 터다. 서울 여의도에서 영월로 내려가는 데 약 3시간이 걸리는데, 내려가는 내내 조성은이 보여줬던 고발장 일부가 머릿속을 떠나지 않았다.

 모든 내용을 자세히 보지는 못했지만, 고발장 외에 실명 판결문이 첨부된 것이 스치듯 눈에 들어왔다. 실명 판결문을 출력할 수 있는 것은 판결 당사자와 법원, 검찰뿐이다. 검사 출신 총선 출마자(김웅)가 건넨 고발장에 실명 판결문이 첨부돼 있다면 고발장의 출처는 검찰일 가능성이 높다는 판단이 섰다. 조성은도 검찰이 고발장을 넘겨줬다고 의심하는 것 같았다.

조성은에게는 "이것 가지고 보도하기는 부족하니, 성은 씨가 증언해줄 수 있느냐"고 이야기했다. 조성은 제보를 하려는 의도는 아니었는지 "그건 안 된다"고 했다. 일단 "생각이 바뀌면 말해달라"고 넘어갔다.

사실 검찰이 넘긴 고발장이라면 기자로서 놓치기 아까운 특종이다. 검찰이 자신들에게 비판적인 정치인과 기자들을 겨냥한 고발장을 야당에 넘기고, 야당이 그 고발장을 제출하면 검찰이 수사하겠다는 부적절한 의도가 엿보이는 내용이었기 때문이다. 취재를 더 해봐야 했지만, 얼핏 봐도 관여한 자들은 윤리적인 질타를 넘어 사법처리될 사안으로 보였다.

솔직히 불편했다. 조성은이 말한 사건의 연루자가 김웅이었기 때문이다. 김웅과는 두 차례 만난 적이 있다. 2020년 미래통합당이 사모펀드 특별위원회를 설치할 때 시민단체 요청으로 모 의원실에서 특정 사기 사건에 대해 간단히 교육한 적이 있다.

당시 나는 〈서울경제TV〉에서 민주당 유력 국회의원의 차명 계좌 사건을 취재하다가 윗선의 반대로 보도하지 못하고 퇴사한 상태였다. 김웅도 이 교육의 참석자였는데, 내 사연을 알고 있었는지, 내 손을 잡고는 "꼭 만나고 싶었다"고 말했다.

김웅과 두 번째 만남은 노량진의 한 횟집에서다. 다른 기자들과 일부 예비 정치인과 함께 식사했는데, 김웅과 마주 보고 앉아 꽤 오랜 시간 대화를 나눴다. 이후 김웅은 내 SNS에 종종 찾아와 내가 작성한 글에 공감을 누르고 격려 댓글을 달곤 했다.

스치듯 본 고발장 내용이 검언유착 의혹과 관련된 듯싶었다. 검언유착 의혹이 고발장에 담긴 것도 편치 않았다. 한동훈 검사장 역시 내게 중요한 취재원이었기 때문이다.

〈MBC〉가 2020년 3월 말 이 사건을 보도할 당시 나는 이 사건 피해자인 이철에 대해 장기 취재를 하고 있었다. 이철이 운영하던 사기업체 밸류인베스트코리아(VIK)에 진보 진영 유력 정치인이 드나들었다는 게 취재 내용이었다.

검언유착 의혹이 터지고 난 후 VIK 피해자들은 답답함을 토로했다. 특히 이 사건과 별개로 이철이 "나는 죄가 없다"는 취지로 인터뷰한 내용이 〈MBC〉를 통해 보도되면서 피해자들의 고통이 컸다. 그러다 보니 이철의 사기 행각과 민주당 정치인들과의 관계에 대한 보도를 추가로 할 수밖에 없었다.

의도와 무관하게 내가 작성했던 기사가 검언유착 의혹 당사자인 한동훈 당시 검사장에게 꽤 도움이 됐던 모양이다. 한동훈은 2020년 10월 SNS 메신저를 통해 연락해 왔고, 나는 그해 12월 충북 진천 법무연수원에서 한동훈을 만났다. 이후 한동훈과는 종종 카카오톡으로 연락하며 정보를 주고받는 관계가 됐다.

하지만 조성은이 내게 이야기한 내용을 정확하게 취재해 보도한다면, 나에게 우호적인 취재원인 김웅과 한동훈에게 부정적인 결과를 초래할 것이라고 판단했다. 하지만 조성은이 만약 내게 제보한다면 피하지 않고 반드시 보도하겠다고 마음먹었다. 나의 경험 때문이었다.

기자들은 민감한 취재를 하다가 벽에 부딪히는 경우가 많다. 대체로 기자가 속한 언론사의 정치적, 경제적 이해관계 때문이다. 나 역시 여러 사건을 취재했음에도 회사 혹은 상사의 이해관계 때문에 보도하지 못하고 스스로 퇴사했던 경험이 있다. 그렇기에 공익성에 부합하는 기삿거리가 생긴다면 취재 대상이 무엇이든 반드시 보도해야 한다는 내 나름의 '독기'를 품고 있었다.

문득 한동훈을 만났을 때 그와 나눈 대화 일부가 기억났다. 그는 양승태 대법원장의 사법농단 의혹 사건을 수사할 때 겪었던 인간적 고뇌를 이야기했다. 잘 알고 지내는 판사를 구속 수사해 괴로웠다는 것이었다. 그는 이렇게 표현했던 것으로 기억한다.

"사법농단 수사를 하면서 제 인간관계 절반이 날아갔습니다."

그러면서도 한동훈은 이런 말을 했다.

"저희는 봐주고 싶어도 봐줄 수 없어요. 맞으면 갈 수밖에 없습니다."

검사로서 옳은 태도라고 생각했다. 그런 한동훈에게 이렇게 대답했던 기억이 있다.

"기자들도 똑같습니다. 맞으면 기사 써야지요."

어쩌면 한동훈과 나눈 대화가 현실이 될 때인지도 몰랐다.

조성은이
보내온 텔레그램
캡처 사진

    2021년 7월 21일. 조성은이 내게 이야기를 꺼낸 지 두 달 가까운 시간이 흘렀다. 그사이 나는 〈뉴스버스〉라는 탐사보도 전문 인터넷매체로 이직했다. 발행인 이진동 대표가 페이스북 전화로 입사를 제안했고, 2021년 6월 17일부터 출근했다. 〈한국일보〉 〈조선일보〉 출신인 이진동은 최순실 국정농단 사건 당시 〈TV조선〉에 근무하면서 '최순실 의상실 CCTV'를 처음 공개했던 언론인으로, 최고의 탐사보도 기자 중 한 명으로 꼽힌다.

    입사 제안을 받고 이진동에게 같이 일할 사람을 추천했다. 통신사 〈뉴스1〉에서 법조 전문 기자로 근무한 윤진희 선배였다.

윤진희는 법학 박사학위 소유자로 법조 취재를 오래해서 사건을 법률적으로 분석하고 해석하는 능력이 남다른 기자였다. 〈뉴스버스〉가 2021년 6월 이진동, 윤진희, 전혁수 3인 체제로 출발했던 이유다.

2022년 3월 9일 대통령 선거가 예정된 터라 주로 유력 대선 후보 검증에 공을 들였다. 당시 〈뉴스버스〉 업무 분장은, 내가 이재명 민주당 후보 검증, 윤진희가 윤석열 국민의힘 후보 검증이었다. 이날도 평소와 다름없이 서울 마포구 〈뉴스버스〉 사무실에서 기삿거리를 찾고 있었다.

"기자님, 굿모닝"

오전 10시 44분 조성은에게서 카카오톡이 왔다. 5월에 만난 후로 한 차례 더 식사 자리를 가졌고, 이후에는 가끔 연락을 주고받는 정도의 관계였다. 조성은이 다시 고발장 이야기를 꺼냈다. 올 것이 왔다는 생각이 들었다.

"만약에 선거기간에 특정 당의 검사 출신 후보가…"
"네."
"검언유착 보도되기 전에 검찰이 써줬다면서 대검 민원실에 접수만 하면 된다며 고발장을 준 건…"

"잘못된 거죠."

"어떻게 생각하세요?"

"미친 거죠."

"나 지금 해외지사 만든다고 귀찮아서 이야기 안 하고 있는데, 김웅이 나한테 줬어요."

대화가 오간 직후 김웅과 조성은의 텔레그램 대화방을 캡처한 사진파일 한 장이 날아들었다. 김웅이 조성은에게 고발장 사진파일을 보내는 장면이 담겨 있었다.

고발장의 고발인 칸은 비어있었고, 피고발인 칸에 황희석 변호사, 최강욱 변호사, 유시민 노무현재단 이사장, 성명불상의 열린민주당 당원, 〈뉴스타파〉 심인보 기자와 성명불상의 PD, 〈MBC〉 장인수 기자, 신수아 기자, 이재욱 기자, 남효정 기자, 임명찬 기자의 이름이 적혀 있었다.

무엇보다 눈에 띈 것은 메시지 상단에 적힌 '전달된 메시지 손준성 보냄'이었다. 텔레그램의 전달하기 기능을 이용해 메시지를 넘기면 최초 전송자의 이름이 위와 같은 형태로 나타난다. 김웅이 조성은에게 전달한 고발장 사진파일의 최초 전송자가 '손준성'이라는 사람이란 뜻이다.

지난 만남에서 손준성에 대해 무심코 지나갔던 터라, 네이버에서 손준성을 검색해 봤다. 놀랍게도 손준성을 검색하자 가장 상단에 나온 사람은 검사였다. 동명이인일 가능성도 배제할 수 없기에 한국법조인대관에 접속해 손준성을 재차 검색했다. 법률신문이 운영하는 법조인대관에는 거의 모든 법조인의 프로필이 수록돼 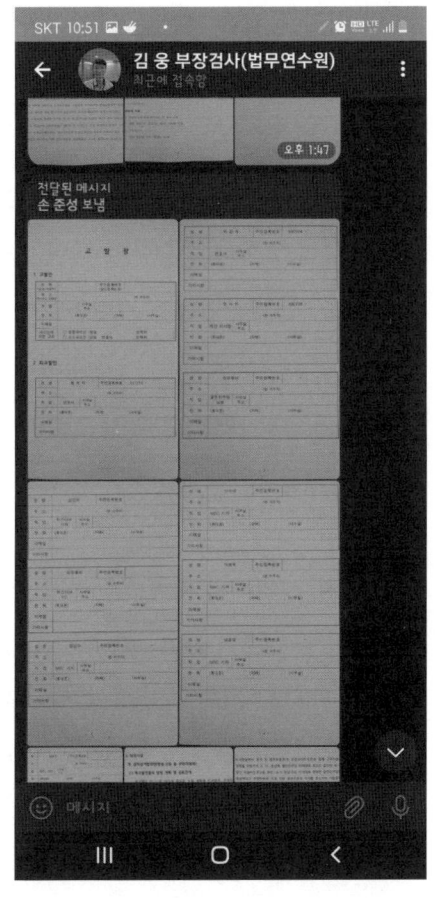 있는데, 법조인대관에 손준성이라는 이름을 가진 법조인은 검사 손준성 단 한 사람이었다.

검색 당시 손준성의 직책은 대구고등검찰청 인권보호관, 고발장이 전달됐다는 2020년 4월 당시 직책은 대검찰청 수사정보정책관이란 사실을 확인했다. 김웅에게 전달된 고발장의 첫 전송자가 검사 손준성이라고 판단할 수밖에 없었다. 손준성이 검사가 맞는다면 검찰이 고발장을 써서 미래통합당에 건넸을 것이라는 지난번 추정이 사실로 확인되는 것이었다.

손준성이 검사라는 확신이 선 후 사무실 복도 끝 흡연장으로 가 담배를 물었다. 마음을 가다듬었다. 그리고 조성은에게 전화를 걸었다. 조성은에게 '네가 추정했던 것이 사실이었다'는 이야기를 해주고 싶었다.

"성은 씨, 손준성 검사야"
"그러면 대검에서 써줬다는 내 말도 맞는 거네?"
"그게 맞아. 내가 찾아보니까 이 사람 검사 맞고, 이거(대구고검 인권보호관) 하기 직전에 원주지청장 했고, 그때(2020년 4월) 대검 수사정보정책관, 수사정보담당관."
"그러니까 대검에서 준 자료가 맞잖아."
"응, 그렇지."

조성은은 "검찰이 선거에 개입하려고 한 것 아니냐"는 의견을 냈다.

"명백히 선거에 개입하려고 한 거잖아. 야당에 전달한 정도가 아니라, 검사 출신 야당 후보한테, 선거기간에, 4월 15일이 선거인데, 4월 3일에 보낸 내용이니까 (중략) 그게 나한테까지 와서 분명히 '읽고 방 폭파하라'는 건 뭐겠어요?"

"이건 안 된다는 걸 아는 거지."

"그러니까. 이런 걸 하는 게 문제가 있다는 걸 인지하고 얘기한 거잖아. 나는 이게 명백하게 문제가 되는 거라고 봐."

"성은 씨, 이건 범죄야."

조성은과 전화 통화를 마친 후 사무실에 들어가 재차 조성은에게 카카오톡 메시지를 보냈다. 자료를 넘겨달라고 요청하기 위해서였다. 기자가 취재원에게 자료를 얻는 방법은 여러 가지가 있는데, 나는 주로 취재원에게 많은 시간을 들여 신뢰를 쌓고 설득하는 편이다. 취재원을 윽박지르고 압박하는 방법도 있지만, 그다지 좋은 방법이라고 생각하지 않는다. 보도보다 우선하는 가치는 '취재원 보호'라고 믿기 때문이다. 취재원의 사생활, 심리적 평온을 보호하는 것 역시 취재원 보호 의무의 일부라는 견해를 갖고 있다.

이날 조성은은 카카오톡으로 대화하면서 김웅과의 대화방을 캡처한 사진파일 4장을 추가로 넘겼다. 조성은이 넘겨준 사진파일 5장으로 다음과 같은 사실을 확인할 수 있었다.

① 2020년 4월 3일 오전 10시 12분, 김웅이 민병덕 더불어민주당 의원(당시 후보)이 작성한 페이스북 글, 〈뉴스타파〉 심인보 기자가 작성한 페이스북 글, 검언유착 의혹 제보자 지OO이 '이오하'라는 필명으로 작성한 페이스북 글, 지OO이 관련된 사건이 보도된 기사 등 캡처 파일을 조성은에게 텔레그램으로 전송한 사실.

② 2020년 4월 3일 오후 1시 47분, 김웅이 지OO이 유죄 판결을 받았던 실명 판결문 사진파일을 조성은에게 전송한 사실.

③ 2020년 4월 3일 오후 4시 19분, 김웅이 1차 고발장 사진파일을 조성은에게 전송한 사실.

④ 1차 고발장의 고발인 칸은 공란이라는 사실.

⑤ 1차 고발장의 피고발인 중 범진보 진영 정치인인 유시민 노무현재단 이사장, 최강욱 변호사, 황희석 변호사, 성명불상 열린민주당 당원이 포함된 사실.

⑥ 1차 고발장의 피고발인 중 〈MBC〉 장인수, 신수아, 이재욱, 남효정, 임명찬 기자, 성명불상 PD, 〈뉴스타파〉 심인보 기자와 성명불상 PD가 포함된 사실.

⑦ 1차 고발장의 피고발인은 최소 11명이라는 사실.

⑧ 1차 고발장의 적용 법조가 공직선거법 위반(방송 신문 등 부정이용죄), 정보통신망 이용촉진 및 정보보호 등에 관한 법률 위반(명예훼손)이라는 사실.

⑨ 1차 고발장의 접수처가 대검찰청 공공수사부라는 사실.

⑩ 김웅이 1차 고발장을 조성은에게 전송한 직후 "확인하시면 방 폭파"라고 말한 사실.

⑪ 2020년 4월 3일 오후 4시 22분, 김웅이 조성은에게 텔레그램으로 통화를 시도한 사실.

⑫ 2020년 4월 3일 오후 4시 57분, 조성은이 "증거는 어느 것을 첨부하면 좋겠

느냐"고 묻자, 김웅이 오후 9시 4분 "페북이 좋죠"라고 답변한 사실.
⑬ 2020년 4월 8일 불상 시각에 김웅이 2차 고발장 사진파일을 조성은에게 전송한 사실.
⑭ 2차 고발장의 고발인 칸은 공란이라는 사실.
⑮ 2차 고발장의 피고발인은 최강욱 변호사라는 사실.
⑯ 2차 고발장의 적용법조가 공직선거법 제250조(허위사실공표죄) 제1항이라는 사실.
⑰ 김웅이 조성은에게 전송한 모든 텔레그램 메시지 상단에 '전달된 메시지, 손준성 보냄'이라는 표시가 있다는 사실.

'손준성'이 검사라는 사실이 확인된 후 조성은이 다소 조심한다는 느낌을 받았다. 조성은은 전체 자료를 넘겨달라는 요청에도 응하지 않았고, 곧장 보도하자고 하지도 않았다. 수년의 기자 생활에서 습득한 경험에 비춰보면 외부에 내용이 알려지지 않기를 바라는 사람들의 태도와 유사했다. 아무래도 조성은이 아직은 나를 믿지 못했던 것 같다. 그와 신뢰를 쌓아야겠다고 생각했다.

조성은의 추가 자료 제공과 별개로 사건의 양상을 통해 이 사건이 가지는 의미를 확인할 수 있었다. 먼저 검사가 범여권 정치인과 검찰에 비판적인 보도를 한 기자를 상대로 한 고발장을 작성하고 이를 야당에 넘겨 고발하게 하려고 한 사건이라는 점으로 미뤄보면, 검찰 조직 보호에 정치권을 이용하려 했다는 것으로 보였다. 고발장의 적용법조로 공직선거법 위반을 언급하고 검찰이 직접 수사에 나서려 한 점에 비춰보면, 검찰이 특정 정파를 수사하는 방식으로 정치에 개입하려고 시도한 것으로 추정됐다.

2020년 4월 15일에 치를 총선을 7~12일 앞두고 고발장을 전달한 점을 감안하면, 야당이 실제 고발에 나설 경우 선거에 영향을 미칠 수 있기에 검찰이 선거에 개입하려는 의도를 가졌던 것

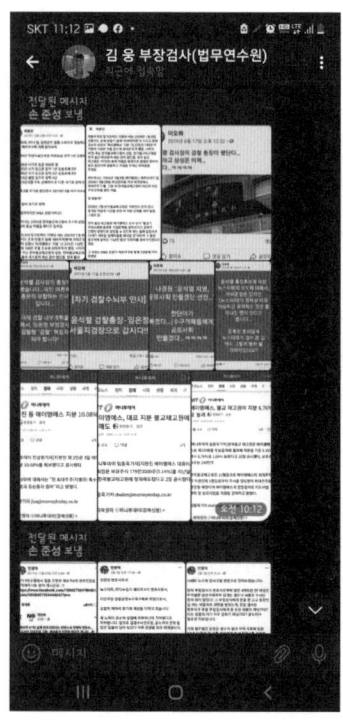
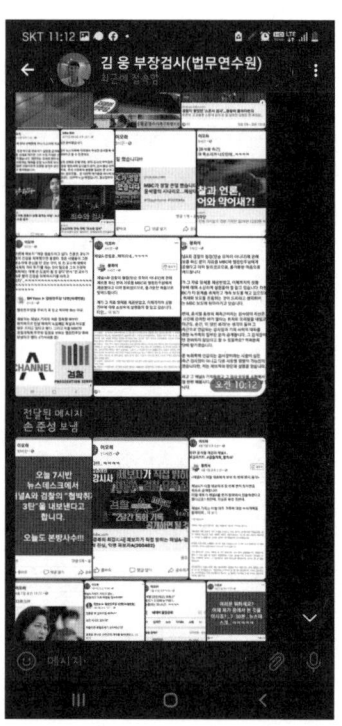

이 아닌지 의심스러웠다. 또 고발장에 첨부할 증거자료와 실명 판결문을 수집해 순차적으로 전송한 점에 비춰 한 사람이 아닌 여러 검사가 조직적으로 개입했을 가능성이 있었다.

특히 고발장 내용에 당시 윤석열 검찰총장의 최측근 한동훈 검사장이 연루된 검언유착 의혹 사건이 포함된 점, 대검 수사정보정책관이 과거 범죄정보기획관으로 검찰총장의 '눈과 귀' 역할을 하는 핵심 측근이라는 점을 종합하면, 손준성 외에 당시 검

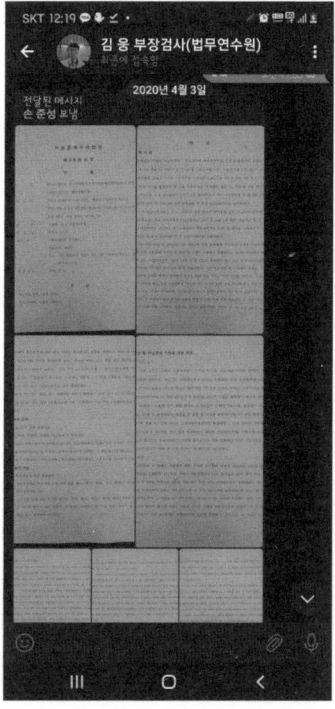
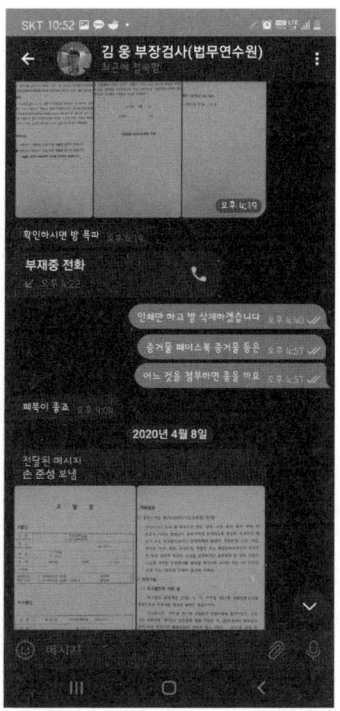

찰 수뇌부가 이 사건에 개입했을 개연성이 컸다.

　나는 이러한 사정을 종합해, 이 사건을 고위 검사가 '검찰권을 남용'해 '선거에 개입'하려 한 초유의 '정치공작' 사건으로 규정했다. 사안의 중대성에 비춰보면, 지금까지 검찰에서 벌어진 그 어떤 사건보다 음습하고 충격적이며, 자칫 검찰의 근간을 흔든 국기문란 사건으로 기록되리라 판단했다.

실패한
설득

　매일같이 조성은에게 전화를 걸었다. 조성은을 설득하는 게 최우선이었지만, 이 사건 이야기는 하지 않았다. 사건 제보를 종용해 조성은에게 지나친 부담을 줄 경우 연락이 완전히 끊어질 수 있기 때문이었다. 조성은과 가벼운 사담부터 최근 취재하는 내용, 공통 관심사인 정치 등 많은 대화를 나누며 친분을 쌓았다. 아마 조성은도 내가 이 사건을 제보받으려 한다는 것을 모르지 않았을 것이다. 하지만 그도 딱히 내 연락을 거절하지는 않았다.

　2021년 8월 10일, 조성은과 여의도 중소기업중앙회 건물 식당에서 저녁 식사를 했다. 이 자리에서 본격적으로 제보를 요청했다. 별말이 없던 조성은은 잠시 자신의 차에 타보라고 했다. 조성은이 운전석에 앉고, 나는 조수석에 앉았다.

"보도가 나가면 내 신상은 순식간에 공개될 거야. 별걸 다 가지고 물고 늘어질 텐데 이거 기자님이 책임질 수 있어요?"

대답할 수 없었다. 대신 내가 생각해 낸 제보 방법을 조성은에게 설명했다.

"일단 김웅 대화방에 있는 고발장, 캡처 파일, 실명 판결문을 다운받아 놔요. 그리고 텔레그램 계정을 하나 새로 만들어서 김웅에게 받은 메시지를 다 그 계정으로 전달해요. 그래도 '손준성 보냄'이 그대로 찍혀 있을 것 아냐. 그걸 나한테 넘겨줘요. 그러면 성은 씨가 드러나지 않게 보도할 수 있어."

이는 텔레그램 특성상 메시지를 전달해도 최초 전송자인 '손준성' 이름이 꼬리표로 남는 것에 착안한 방법이었다. 대화방의 화자가 직접 드러나지 않는 방법으로, 조성은의 부담을 최대한 줄여주기 위해 머리를 짜내 준비했다.

조성은은 정확한 답을 하지 않은 채 자리를 떴다. 이후에도 매일같이 조성은에게 전화를 걸었지만, 확답을 받지 못했다.

    2021년 8월 27일 저녁 7시, 조성은과 식사를 하기로 했다. 회사에서는 조성은이 설득되지 않으면 이미 넘겨받은 캡처 파일을 기반으로 기사를 내자고 했다. 조성은의 집 근처에서 약속 시간을 잡고 기다렸지만, 그는 나타나지 않았다. 전화를 걸었더니 강남에서 사업 미팅을 하는 중이라 시간이 걸린다고 했다.

    만나지 않겠다는 완곡한 의사표시로 느껴졌지만, 나는 무작정 조성은에게 기다리겠다고 했다. 오늘이 아니면 조성은과 합의하지 못한 채 기사를 쓰게 될 것이 뻔했기 때문이다.

    3시간여가 흐른 밤 10시경, 조성은이 귀가했다. 오랜 시간 기다리게 한 것이 미안했는지 조성은은 커피를 한 잔 마시고 가라고 했다. 조성은의 집에서 커피를 마시면서 재차 조성은에게 제보를 요구했다.

"성은 씨도 알겠지만, 이미 성은 씨가 넘겨준 캡처 파일 5장에 꽤 많은 내용이 들어있어요. 그것만으로도 우리가 보도하는 데는 문제가 없다는 얘기야. 성은 씨가 추가 자료를 주지 않으면 우리는 그냥 이 상태로 보도할 수밖에 없어."

    솔직히 말하면, 이날 나는 단순히 제보를 요청하는 것을 넘어

이미 확보한 내용으로 보도를 시작하겠다고 조성은을 압박한 셈이다. 완전하지는 않지만 보도할 수준의 자료는 이미 수중에 있었고, 이 상태에서 보도 판단은 언론사의 몫이라는 논리였다. 마음이 편치 않았지만, 어쩔 수 없는 선택이었다. 당연히 조성은은 강하게 반발했고, 나도 항변했다.

"내가 이거 가지고 협상할 거면, 김웅이나 윤석열을 찾아가지. 내가 김웅, 윤석열 찾아가서 말 맞추면, 고발장 원본도 없이 당신이 뭘 할 수 있는데?"
"이미 성은 씨와 통화한 내용도 있고, 캡처 파일 5개에 '손준성 보냄'도 찍혀있어. 보도하는 데 아무런 문제도 없고, 이건 말 맞춘다고 해서 부정할 수 있는 내용이 아니지."

항상 부드럽게 말하던 조성은이 처음으로 목소리를 높였다.

"내가 전에 말했죠. 정치하는 사람들은 범죄자와는 함께 일해도, 폭로자와는 함께 일하지 않는다고. 네가 뭔데 나를 폭로자로 만들려고 하는데."

결국 나는 조성은을 설득하지 못했다.

기자가
질문해야 하는
이유

　2021년 9월 1일. 〈뉴스버스〉는 9월 2일을 보도 시점으로 결정했다. 조성은에게 미안한 마음이 들었지만 어쩔 수 없었다. 원 정보 제공자가 원하지 않는 보도는 하지 않는 것이 원칙이지만, 보도로 인한 피해보다는 공익이 압도적으로 크다고 생각했기 때문이다. 개인적으로는 보도 후 조성은의 신분을 철저하게 비밀에 부칠 자신도 있었다. 나는 조성은이 워터게이트 사건의 내부 고발자처럼 스스로 나설 때까지 보호할 생각이었다.

　조성은이 넘겨준 김웅과의 대화방 캡처 파일 5장을 근거로 기사를 작성했다. ▲검찰이 2020년 총선을 앞두고 범여권 인사들에 대한 고발을 사주했다는 사실 ▲검찰이 검언유착 의혹을 보도한 〈MBC〉 기자들에 대한 고발을 사주했다는 사실 ▲검찰이 고발장의 근거로 사용할 증거자료와 실명 판결문까지 전달한 사실 ▲김웅이 국민의힘 선대위 관계자에게 "확인하시면 방폭파"라고 당부한 사실을 스트레이트 기사로 작성했다.

저녁쯤 해설기사 초안도 완성됐다. 이진동은 윤석열 검찰총장 시절 벌어진 검찰권 사유화라는 점에 의미를 부여하는 해설기사를, 윤진희는 대검 수사정보정책관이라는 자리가 총장과 긴밀한 최측근이라는 점을 강조하는 해설기사를 준비했다. 추가로 내가 사건 당시 윤석열 총장과 추미애 법무부 장관 사이에 갈등의 골이 깊었다는 배경을 설명하는 기사를 준비했다.

이 사건을 규정하는 '사건명'을 만드는 것도 중요한 작업이었다. 큰 틀은 '윤석열 검찰총장 시절 벌어진 대검 수사정보정책관의 정치공작'으로 정했지만, 직관적인 조어가 필요했다. 고발장을 전달했다는 사실관계를 어떤 단어로 구성하느냐는 기사를 읽는 독자에게 사안의 중대성을 인식시키는 데 큰 영향을 미치기 때문에 허투루 정할 수 없었다.

우리는 청탁(請託), 청부(請負), 사주(使嗾) 등의 단어를 검토한 끝에 '사주'를 선택했다. 사주라는 말이 '남을 부추겨 좋지 않은 일을 시키다'라는 뜻이기에 적절하다고 판단했기 때문이다. 청탁은 부탁의 의미가 담긴 중립적 단어에 가깝고, 청부는 대가성이 수반되는 단어라는 점에서 적절하지 않았다. 그렇게 '고발사주'라는 말이 탄생했다.

기사 초안이 완성됐다. 반론 취재만 남은 상황이었다. 취재 대상은 고발장을 조성은에게 넘긴 김웅, 고발장 최초 전송자인 손준성, 당시 검찰총장이던 윤석열이었다. 앞서 말했듯 나는 김웅과 친분이 있었고, 윤진희는 법조기자 활동 당시 손준성을 만난 적이 있다고 했다. 그래서 처음에는 내가 손준성에게, 윤진희가 김웅에게 전화를 걸기로 했다.

그러나 친분이 없는 사람과 전화가 연결되지 않을 수 있다는 불안감이 밀려왔다. 친분이 있는 사람한테 좀 더 쉽게 입을 열 것이라는 생각도 들었다. 그래서 내가 김웅과 통화하는 게 적절하겠다고 판단하고, 윤진희에게 반론 취재 대상을 바꾸자고 요청했다. 이에 따라 내가 김웅과, 윤진희가 손준성과 통화하는 것으로 취재 계획을 변경했다.

반론 취재는 저녁 식사를 마치고 귀가할 시간인 오후 9시 30분에 하기로 했다. 김웅과 손준성이 말을 맞출 기회를 주면 안 되기 때문에 두 사람이 동시에 반론 취재에 착수하기로 한 것이다.

김웅에게 전화를 걸기 전 이진동과 질문 내용을 논의했다. 이진동은 김웅이 전제되는 사실을 인정하게 만드는 것이 중요하다고 강조했다. '윤석열이 시켰느냐'를 물으며 고발장 전달 사실을 확인받으라는 뜻이었다. 그래서 이런 질문을 준비했다.

"손준성 검사님이 김웅 의원님에게 유시민 등에 대한 고발장을 전달하고 의원님이 조성은에게 전달했던데, 윤석열 검찰총장이 요청한 것인가요?"

당황한 김웅이 윤석열의 요청만 부인한다면 '손준성→김웅→조성은'의 연결성이 재차 확인되는 셈이었다. 이후 차례차례 사실관계를 물으며 진술을 받아내면 된다. 혹시 김웅이 당황하지 않는다면 처음부터 사실관계 자체를 부인할 테고, 그런 경우 차선책으로 확보한 캡처 파일 5장에 나온 사실관계를 제시하는 방법으로 김웅을 궁지에 몰아 진술을 받아낸다는 계획이었다.

오후 9시 30분, 김웅에게 전화를 걸었다. '고발사주' 사건 보도의 성패를 좌우할 중요한 전화 취재였다.

"여보세요?"

김웅이 전화를 받았다. 김웅과 통화가 연결된 것을 확인한 윤진희는 손준성에게 전화를 걸기 위해 사무실을 나섰다.

	2021년 9월 1일 오후 9시 30분 전혁수-김웅 통화 녹취록
전혁수	다른 게 아니고 작년에 검언유착 보도 나왔을 때 있잖아요. 여보세요? 그때 당시에 손준성 검사 아시죠?
김웅	예. 알죠, 알죠.
전혁수	손 검사님이 이제 보니까 의원님한테 최강욱·유시민 등 고발장 같은 거 전달을 좀 했던데. 보니까 이게 조성은 씨한테 전달돼서 선대위 보고가 됐다고 저희가 들었거든요. 근데 이거 윤석열 총장한테 따로 이렇게 요청받고 그러신 거예요, 혹시?
김웅	어, 그건 아니고. 그건 그... 그건... 그쪽, 제가 연결된 건 없어요.
전혁수	예?
김웅	연결된 건 없어요. 윤 총장하고는 전혀 상관없어요.
전혁수	아, 그래요?
김웅	예.
전혁수	아, 그러면 이거 근데.
김웅	아니 그거, 제가 그걸 만들었을 텐데.
전혁수	의원님, 소리가 잘 안 들리는데.
김웅	검찰 쪽에서 제가 받은 건 아니에요.
전혁수	아 그래요? 그러면 이게 손준성 검사는 이걸 왜?
김웅	준성이하고 이야기는 했는데 그거 제가 만들었어요.
전혁수	아, 그러니까 받았...? 근데 의원님이 받으셨던데요?
김웅	그랬던가? 내가... 그거 잘 모르겠는데 좀.
전혁수	아 그래요?
김웅	기억이 좀 안 나요.

김웅은 준비된 질문에 윤석열과 검찰은 고발장과 상관없다고 말했다. 그러면 손준성이 고발장을 왜 보냈느냐는 취지로 묻자 "준성이와 이야기는 했는데, 제가 만들었다"고 선을 그으려 했다. 하지만 '손준성→김웅'으로 고발장이 전달된 메시지의 방향성을 지적하자 "기억이 안 난다"고 뒷걸음질쳤다.

이 대화를 나누면서 사실상 김웅이 고발장과 검찰의 관계를 인정한 것으로 판단했다. 그러던 중 김웅이 먼저 '공직선거법'을 언급했다. 고발장 내용을 묻지도 않았는데 스스로 적용법조를 털어놓은 것이다. 고발장의 존재를 김웅이 명확하게 인식했다는 증거다. 이후 자신이 고발장을 쓴 것이라고 주장하던 김웅은

2021년 9월 1일 오후 9시 30분 전혁수-김웅 통화 녹취록	
전혁수	의원님이 만드신 거라는 말씀이세요?
김웅	제가 그걸 보고 '이거는 공직선거법 위반이다'
전혁수	그러니깐요.
김웅	이거 공직선거법 위반이 딱 떨어지는 거 아니냐, 그렇게 물어본 적은 있는 것 같아요.
전혁수	죄송한데, 소리가 겹쳐서.
김웅	그거를, 제가 제일 먼저 그걸 봤을 거예요.
전혁수	아 그래요? 이게 보니까 손준성 검사님이 보낸 걸로 돼 있던데.
김웅	그건 잘 모르겠어요. 준성이한테 제가 한번 물어봤을 수는 있어요. 이게 법리적으로 맞냐, 이런 것을.

메시지가 '손준성→김웅'으로 흘러갔다는 점을 재차 지적하자 "물어봤을 수는 있다"고 주장했다. 문제가 있다는 것을 알고 빠져나가기 위해 몸부림치는 것으로 느껴졌다.

2021년 9월 1일 오후 9시 30분 전혁수-김웅 통화 녹취록

전혁수	근데 그게 보니까 실명 판결문도 왔더라고요. 근데 아시겠지만, 의원님이 더 잘 아시겠지만, 실명 판결문은 검사나 판사 아니면 못 뽑잖아요?
김웅	아, 그렇죠, 그렇죠.
전혁수	근데 그건 어떻게 넘어온 거예요?
김웅	실명 판결문은 저는 본 적은 없어요.
전혁수	아니, 그게 아니라, 제가 사실은 다 봤어요. 의원님이 이걸 전달하신 것까지 다 확인을 했거든요.
김웅	네, 네, 네.
전혁수	그래서 여쭤보는 거예요. 경위나 반론이나 이런 거 받고 싶어서 여쭤보는 거예요.
김웅	그건 제가 정확하게 기억이 안 나요. 제가 그때 상황을 제가 한 번 좀 볼게요. 지금은 제가 기억이 잘 안 나요.

'실명 판결문' 이야기를 꺼냈다. 김웅이 적어도 손준성과 이야기했다는 것을 인정한 이상 검사, 판사, 판결의 당사자만 출력할 수 있는 실명 판결문이 넘어왔다는 사실을 제시하는 것이 김웅이 부인하지 못할 결정타가 될 수 있다고 판단했기 때문이다. 김웅은 실명 판결문을 본 적이 없다고 발뺌하다가 "의원님이 전

달하신 걸 다 봤다"고 하자 "기억이 안 난다"고 말했다. 나는 김웅에게 확인해서 연락을 달라고 요청하고 전화를 끊었다.

　김웅에 대한 반론 취재는 성공적이었다. 김웅이 기초가 되는 사실관계를 전혀 부인하지 못한 데다, 고발장의 적용법조까지 스스로 먼저 언급하면서 사실상 고발장 내용을 알고 있었던 것을 확인해줬기 때문이다.

　그런데 아쉽게도 손준성은 윤진희의 전화를 받지 않았다. 윤석열도 전화를 받지 않았다. 윤진희는 윤석열의 부인 김건희에게도 전화를 걸어 통화가 이뤄졌다. 하지만 김건희는 남편 윤석열을 바꿔주지 않았다. 윤진희는 손준성과 윤석열에게 질문지를 문자메시지로 남겼다. 참고로, 반론 취재를 맡았던 윤진희는 이후 윤석열에게 차단당했다.

　남은 것은 보도를 반대했던 조성은에게 내일 기사가 나간다는 것을 통보하는 일이었다. 조성은으로부터 고발장을 확보하지 못한 상태였기 때문에 고발장 내용을 말로라도 확인하고 싶은 욕심도 있었다. 마음이 편치 않았지만, 한 번은 부딪혀야 하는 일이었다. 조성은에게 전화를 걸었다.

PART 02

조성은 | 3장 | **폭풍전야**

보도 전날 밤의 통화

'피해자' 윤석열, 김건희, 한동훈

전혁수 | 4장 | **보도와 공격**

김웅의 시인과 말 바꾸기

화난 사람들

윤석열 징계결정문의 비밀

폭풍전야

조성은

**보도
전날 밤의
통화**

2021년 9월 1일 밤 10시 가까운 시간이었다. 휴대전화 진동이 울렸다.

근래 꽤 통화가 빈번해진 전혁수 기자였다. 며칠 전 집으로 찾아와 보도와 관련해 나를 설득하였지만 매몰차게 거절했다. 밤늦게 메시지가 왔길래 회신 차 전화를 걸었다. 기사가 나간다며, 미안하다는 말로 시작한 통화였다.

이미 김웅에게 전화로 반론 취재를 마쳤다며 기사가 확정적으로 나간다는 통보였다.

-결국 이렇게 시작되는구나.

-그날이 올 줄은 알았지만, 바로 내일이라니.

심지어, 덮어놓고 미적-미적거리며 최소한 보도를 막지는 못하더라도 조금이라도 늦춰보려고 그 고발장 내용은 읽지도 않고, 마지막으로 전 기자와 통화한 이후로는 텔레그램 창을 열어보지도 않았다. 생각보다 차분한 내 답변에 전 기자는 내 속도 모르고, 다소 들뜬 목소리로 "대구에서 기차를 타고 올라오던 김웅이 통화에서 인정했다"는 말을 덧붙였다.

이상한 일이었다.

본능적으로 거대한 폭풍이 몰아칠 거라고 느꼈다. "국민권익위원회에 공익신고를 하면 어떻겠느냐"며 제보자 보호를 위해 자신들끼리 이런저런 논의를 했다는 전 기자의 말에 헛웃음이 새어 나왔다. 정말 이상하게도 차분해지고, 정신이 또렷해졌다.

-정확히 판단해야 한다. 모든 상황을 예측하고 대비해 놓아야 한다.

통화 너머로 미안함과 묘한 설렘이 가득한 전 기자의 목소리가 이런저런 이야기를 전달했지만, 귀에 제대로 들리지 않았다.

나에게는 대비할 시간이 필요했다.

-난 무얼 해야 하지?

평소 텔레그램이라는 메신저를 잘 사용하지 않았던 나는 전 기자와 대화하면서 상대방이 '방 폭파'를 하면 내 휴대전화에서도 그 방이 삭제된다는 이야기를 들었다.

-만약 김웅이 삭제하지 않았다면 이 대화방을 볼 수도 있겠네.
-막 전혁수 기자가 반론을 듣는다고 통화한 후라면 김웅이 방을 폭파해서 이 내용을 전부 삭제할 수도 있을 거야.

김웅과의 텔레그램 채팅창을 열어놓고 부랴부랴 고발장과 파일들을 내려받고, 대화창의 내용을 캡처하며 통화를 이어갔다. 나에게는 대비할 시간이 정말 필요했다.

"음, 그러면 손준성 파트는, 사실은 미지의 상태에서 기사를 쓰는 거잖아요. 거기서 고발장이 왔다 갔다 주고받은 것은 인정하고. 근데 이제 '손준성 작성'에 대해서는 아직 인정을 안 했잖아, 아직."

―지금이라도 움직이는 기차를 멈출 수 있을까.
"내가 뭉개면 어떻게 할 거냐"고도 해봤다. "보도 후 사실을 부정하면 어떻게 할 것이냐"고도 되물었다. 물론 다 부질없는 일이지.

그 길었던 통화 시간에 영화 '하울의 움직이는 성'처럼 내가 서 있던 집 전체가 울렁거리며 천천히 움직이는 것 같았다. 귀에는 '인생의 회전목마'의 선율이 맴돌았다. 시간이 촉박했지만, 그 통화가 이어지는 순간에는 모든 것이 천천히 느릿하게 움직이는 느낌이었다.

각 정당은 대통령 선거 경선이 시작되면서 시끌벅적해졌다.
국민의힘 대통령 경선 예비후보 윤석열. 그의 현재 모습이다. 정당 활동을 그만둔 지 1년이 넘은 나는 당적에 별 의미를 두지 않았기에 구태여 당적 정리를 하지 않았다(여전히 몇몇 좋은 분이 있었으니까). 그렇게 선거와는 거리를 두던 차에 어느새 전 검찰총장 윤석열은 내가 한때 몸담았던 미래통합당의 후신인 국민의힘에 입당해 대통령 경선 후보가 되었다.

전 기자가 고발장에 적힌 명예훼손 피해자가 누구인지를 물어봤다. 텔레그램에서 김웅과 주고받은 메시지를 꼼꼼히 살펴보다가 이상한 것을 발견했다. 바로 그 고발장에 '피해자 김건희'가 있었던 것이다.

−이게 도대체 뭐지?

우연히 누르게 된 텔레그램 10장의 조그마한 사진 묶음 파일 중 한 장이 튀어나왔다. 전 기자와 나는 통화하는 내내 서로 차분하고 나직한 목소리였지만, 보도 문제와 관련해서는 팽팽하게 기 싸움을 하던 때라 순간 경악을 하며 휴대전화를 떨어트릴 뻔했다. 그렇게 처음 고발장을 읽어 내려갔다.

"잠깐만. 정보통신이용촉진및정보보호등에관한법률위반 명예훼손이거든요. 윤석열을 비방했다고 명예훼손을 걸었네."

눈앞에 보이는 2020년 4월 3일의 '손준성 보냄' 고발장을 읽어 내려가는 순간 앞서 보도 관련해 기 싸움을 하던 건 모두 잊어버렸다. 선거기간에 대검 수사정보정책관이 미래통합당에 고발장을 보낸 것. 고발장에 담긴 사건의 본질은 심오했다. 우리가 지난 7월에 발견했던 것(그조차 중대하고 심각한 문제였지만)이 사건의 전부가 아니었던 것이다.

고발장에는 '김건희는 불법적인 주가조작에 관여한 사실이 없었고' '한동훈 검사장은 ~사실도 없었다'는 내용이 있었다. 그때까지 내게 〈채널A〉 검언유착 의혹 사건은 중요하게 인식되지 않았던 터라 정보가 부족했다.

내가 읽어 내려가는 순간 전 기자는 "아니 잠깐만" 하면서 무언가 이상한 것을 느낀 듯 내용이 이상하다고 했다. 나는 몇 차례 더 고발장을 읽으며 그에게 읊어주는 식으로 전달했다. 우리는 사건에 대해 추론하기 시작했고, 폭풍에 휩쓸리기라도 할 듯한 팽팽한 긴장감이 나를 에워쌌다.

우리는 사진으로 찍힌 고발장을 한 장씩 읽어 내려가며 "기가 막히다"며 웃었지만, 실은 절망과 황당함이 뒤섞인 이야기로, 이 사건이 진행된 3년 동안 나눈 이야기 중 가장 날카로웠다.

"아니, 근데 여기에 김건희에 대해서 왜 이렇게 열심히 써놨지? 너무 많아요. 그 (김건희) 단락이 너무 많다고."

그것은 가장 기괴한 조합이었다. 대검찰청이 만든 문서에 '검찰총장 부인 김건희'라니. 그것도 모자라 '김건희가 절대 주가조작을 한 적이 없었다'며 몇 번이나 강조하는 내용이라니. 윤석열과 한동훈 사이에 당당하게 자리잡은 김건희의 피해 호소 내용을 접하면서 내가 받은 느낌은 단순히 '이상하다'를 넘어 'Weird', 즉 기괴함과 섬뜩함이었다.

도대체 윤석열 검찰총장 시기의 대검찰청은 뭐를 하던 곳일까. 도대체 무슨 짓까지 할 수 있던 곳일까. 약 한 시간 동안, 이 고발장에 관해 전 기자와 통화하면서 누가, 왜, 작성했는지 또는 지시했는지를 두고 의견을 나누었다.

2021년 7월, 이미 '손준성 보냄'의 손준성이 2020년 총선 당시 대검 수사정보정책관이라는 사실을 확인한 뒤부터 언젠가 닥쳐올 일이라고 생각했다. 고발장을 읽어 내려갈수록, 1년 동안 머릿속에서 맴돌던 찜찜함이 점점 또렷해졌다. 국민의당 지도부로서 국정조사준비위원을 맡았던 박근혜 탄핵 시기가 자꾸 떠올랐다. 1년 반이 넘도록 닫혔던 '진짜' 판도라 상자가 열리고 있었다. 그것은 운명이 벼락같이 내게 질문하는 순간이었다.

'피해자'
윤석열, 김건희,
한동훈

　전혁수 기자와 폭풍과도 같은 통화를 마친 후 식탁에 앉아 밤 늦은 커피를 들이켰다. 사건을 처음으로 마주하는 기분이 들었다. 밤 늦게까지 몇 차례 더 통화가 이뤄졌다. 그렇게 해서 2021년 9월 2일 고발사주 사건 첫 보도가 탄생했다.

　'피해자 윤석열, 피해자 김건희, 피해자 한동훈'이라니.

　한 통의 전화로 발견한 고발장 내용은 충격 그 자체였다. 사건에 대한 막연한 구름이 걷히고, '손준성'이 현직 검사인 것을 알게 된 7월부터 의심하던 윤석열 대검의 2020년 총선 개입 사건의 전말이 비로소 드러난 것이다. 대한민국 검찰의 사령탑인 대검이 무려 선거기간에 야당에 공직 후보자와 기자들을 겨냥한 고발을 사주한 사건이었다.

한 시간을 서서 통화했다. 전화를 끊고 나서 처음으로 식탁 의자에 앉아서 눈을 감았다. 식탁 끝에 놓인 지구본을 계속 돌리며, 식은 커피잔을 계속 만지며 지금까지 알아낸 정보와 통화 내용을 곱씹었다.

> 『문재인 정부 및 여당인 더불어민주당과 그 지지자들의 전폭적인 지지를 받아 검찰총장으로 취임하였던 윤석열 검찰총장은, 지난 2019년 가을부터 올해 연초까지 '조국 일가' 사건 수사, '청와대 민정수석실 유재수 감찰무마' 사건 수사, '청와대의 울산시장 선거 개입' 사건 수사 등 '살아있는 권력'에 대한 수사를 진두지휘하면서 정부, 여당과 진보세력 지지자들에게 역적 같은 존재가 되고 말았습니다.』
>
> —2020년 4월 3일 고발장 14p

형식은 누군가 전문적인 틀을 잡아 쓴 그럴싸한 고발장이었지만, 허무맹랑한 무논리의 문장과 단어 수준이 형편없고 거슬렸다. '더불어민주당 지지자들의 전폭적인 지지를 받은' '살아있는 권력 수사를 하는' 따위의 윤석열에 대한 찬양 일색의 표현이 가관이었다.

-윤석열, 이거 뭐야. 완전 이상한 사람이네. 이런 자가 검찰총장이었다고?

-이런 조잡한 글을 부하 검사가 자발적으로 썼다고?

그것도 조롱거리다. 아무리 부하 검사라고 하더라도 전혀 이해할 수 없는 노릇이다.

―그럼, 윤석열과 김건희, 한동훈이 저렇게 쓰라고 했다고?
―그럼, 셋 다 제정신이 아니지. 그리고 쓰라고 쓰는 부하 검사는 뭐야?

> 『청와대 관계자들을 대상으로 한 위 수사 진행 과정에서, 문재인 정부와 여당 관계자들은 각종의 중대한 비리와 범죄를 저지른 조국 전 장관 등을 옹호하면서, 오히려 제 역할과 본분을 충실히 수행하고 있는 윤석열 검찰총장과 검사들을 헐뜯고 비난하였습니다.
> 또한 문재인 정부와 여당의 골수 지지자들은 위와 같은 정부와 여당의 검찰 비난 행위를 추종하여 대검찰청과 서울중앙지검 인근의 서초동 일대에서 대규모 집회를 열어 윤석열 검찰총장 퇴진 운동을 벌이기도 하였습니다.
>
> 이러한 부조리를 참다못한 많은 국민들은 문재인 정부에 대한 지지를 철회하고 광화문 일대에서 맞불 집회를 열어 위 서초동 시위 세력에 대한 반대 의견을 피력하였고, 광화문 시위대와 서초동 시위대의 규모가 각 100만 명씩 도합 200만 명에 달한다는 보도가 있을 정도였습니다.
>
> 보수 세력과 진보세력이 검찰 수사에 대한 찬반 입장에 따라 반쪽으로 나뉜 형국이 초래된 것입니다.
> 이처럼 2019. 가을경 이후 윤석열 검찰총장의 '살아 있는 권력'에 대한 수사에 대해 속칭 문재인 대통령의 호위세력이 중심이 되어 온갖 비난과 공격이 계속되는 가운데 2020. 4. 15. 총선이 임박하게 되었습니다.』
>
> ―2020년 4월 3일 고발장 15p

이 고발장을 최소한 100번 이상을 읽은 것 같다.

왜 이렇게 감정적이지?

앞 단의 문장 중 사건 기록, 사건 경위는 법조인이 으레 쓰는 건조한 문투였다. 그러나 범죄 사건의 중요한 내용이 아닌 부분에서는 감정적인 표현이 도드라졌다. '문재인 정부와 여당의 골수 지지자들은 윤석열 검찰총장 퇴진 운동을 벌이기도 하였다' '부조리를 참다못한 많은 국민들은 문재인 정부에 대한 지지를 철회하고' 따위의 문장이 있었다. 대검에 근무하는 검사들은 이른바 엘리트로 수십 년 동안 검사직을 수행하는 사람들일 텐데, 왜 이런 문장 구조로 작성됐는지 의아함이 계속 쌓여갔다.

-손준성 검사가 보낸 고발장 작성자는 왜 '좌파정권' '어용언론사'라는 단어를 사용했을까?

-아무리 상사와 상사 부인, 그 측근 검사를 위한 고발장이지만 제3자를 위한 고발장임은 분명할 텐데 왜 이렇게나 감정을 담았을까?

당사자(當事者)성. 작성자가 당사자가 아님에도 이토록 감정을 표현하는 것은 수십 년 검사를 한 경력에 어울리지 않는다고 생각했다. 어쩌면 손준성도 작성하지 않은 게 아닌가? 그러나 명백하게 '손준성 보냄'으로 되어있기에 결국 손준성 검사가 답해야 할 문제다.

2021년 4월 3일 고발장을 처음 봤을 때 '피해자 윤석열, 김건희, 한동훈'이 주는 강렬함이 컸기에 그다음 질문은 9월 3일 대검 감찰부에 다녀와서야 하게 되었다.

"고발장 작성 시점은 언제라고 보느냐"던 한동수 대검 감찰부장의 질문이 계속 뇌리에 남았다. 당시에는 깊이 생각해 보지 않았던 질문이었기에 "첫 번째 고발장은, 검언유착 보도가 3월 30일에 나왔으니 그날과 4월 3일 사이일 것이고, 두 번째 고발장은 4월 3일의 유튜브에 나온 내용으로 작성되었기에 4월 3일과 4월 8일 사이"라고 답변했다.

나쁘지 않은 추론이지만, 뭔가 느슨한 느낌이었다. 그러나 주말 저녁, 결국 그 질문에 대한 답을 찾았다. 고발장을 몇 차례나 읽던 와중에 놀라운 사실을 발견한 것이다.

> 『피고발인 최강욱은 2020.3.30. CBS 라디오 방송에 출연하여 "윤석열 검찰총장과 배우자가 고위공직자비리수사처(공수처)의 1호 수사 대상이 될 것이다"라는 취지로 발언하고, 2020.4. 3. 전북도의회 브리핑룸에서 "(검찰과 언론이 유착된 선거 개입에 대해) 쿠데타로 생각한다"라고 발언하고,

> 피고발인 성명불상의 열린민주당 관계자는, 2020. 3.31. 열린민주당 명의로 "법무부 장관은 채널A 기자 관련 MBC 보도에 언급된 검사장 등 관여 검사들의 위법 및 비위 사항에 대해 법무부 직접 감찰이나 대검 감찰부와의 합동 감찰에 즉시 착수해야 한다. 언론의 보도가 사실로 드러나면 이들을 엄히 처벌하라"는 내용의 성명을 발표하고,
>
> 피고발인 유시민은 2020.4.3. MBC 라디오 방송에 출연하여 "언론을 컨트롤하는 고위 검사와 법조 출입기자는 같이 뒹군다, 이렇게 막장으로 치닫는 언론권력과 검찰권력의 협잡에 대해 특단의 조치 없이는 문제가 해결되지 않을 것, 저는 기본적으로 짜고 한 것으로 본다, 다 윤석열 사단에서 한 일"이라고 발언하는 등 수차례에 걸쳐 뉴스타파와 MBC의 검찰 관련 허위 보도에 관하여 동감하는 의사를 밝히며 윤석열 검찰총장 등의 비리에 대한 대중의 의혹을 증폭시키는 발언을 하였다.」
>
> -2020년 4월 3일 고발장 12p

'손준성 보냄'이 달린 4월 3일자 고발장이 김웅으로부터 도착한 시간은 오후 4시 19분. 그런데 4월 3일 오전 8시경 유시민의 아침 라디오 방송부터 오전 11시 최강욱이 전주 전북도의회에서 했던 발언까지 모두 몇 시간 뒤에 도착한 이 고발장에 고스란히 담겼다. 즉, 손준성이 김웅에게 고발장을 전달하던 그 시각(2020년 4월 3일 오후 3시 20분-1심 판결문)까지 당시 대검 수사정보정책관실에서는 실시간으로 최강욱과 유시민의 발언을 사찰하듯이 추적하고 일정까지 수집하며 치밀하게 준비하고 있

었던 셈이다.

 이 정도의 시간 차이라면, 당시 수사정보정책관실의 검사나 직원들은 모두 점심을 거르면서까지 고발장 작성에 몰두했을 것이다. 고발장 작성이 최종 완료된 시간은 4월 3일 오전 11시~오후 3시쯤으로 특정할 수 있다. 그 짧은 시간에 글을 정리하고 출력해서 사진으로 찍어 보내려면 무척 바빴을 것이다. 그래서인지 문장에 경어체 '~했습니다'와 평어체 '~하였다'가 뒤섞이는 등 그러잖아도 조잡한 문서를 더욱더 형편없게 만들었다. 아마도 고칠 겨를이 없었던 모양이다.

 도대체 왜 이토록 대검 수사정보정책관실은 특정 정치인들과 기자들의 뒤를 캐면서까지 고발장 작성과 전송에 최선을 다한 것일까? 수사기관인 검찰이 왜 김건희의 주가조작 연루 혐의와 한동훈의 검언유착 혐의를 수사할 목적이 아니라 수사하지 않도록 하기 위해, 또는 그런 의혹을 제기하는 기자들과 정치인들의 입을 틀어막으려고 집요하게 노력했을까?

 결국 대검 수사정보정책관 손준성이 보낸 고발장의 주된 내용은 김건희의 불법 주가조작 연루 혐의와 한동훈의 검언유착 혐의에 대한 명백한 부정과 더불어 그 의혹을 제기하는 언론인들을 잡아 강력하게 처벌해달라는 것이었다. 특히나 고발장 작성자는 두 가지 혐의에 대한 부인을 몇 번이나 반복해 강조했다.

"혹시 검사님은 상사인 부장검사님의 부인이 범죄를 저질렀다고 누군가가 주장하면 멋대로 고발장을 작성해 특정 정당이나 시민단체에 넘겨 '고발장이 접수되면 곧바로 수사하겠다'는 식으로 일 처리를 하시나요?"
"아니요, 저(수사검사)는 그런 일은 안 하죠."

이 대화는 훗날 내가 고발사주 사건과 관련해 참고인조사를 받을 때 수사검사와 주고받은 문답이다. 돌이켜보면 검찰총장 윤석열은 대검 조직이 자신과 부인, 그리고 측근 검사를 위한 고발장을 작성해 특정 정당에 넘긴 후에도 한동안 총장직을 유지하다가 사퇴한 다음 결국 그 정당에 입당해서 정권을 잡았다. 고발장 전송은 마치 미래에 벌어질 일을 미리 기록한 책을 들여다보라며 건네준 것 같았다.

그리고 여전히 읽을 때마다 놀란다.

'피해자 윤석열' '피해자 김건희' '피해자 한동훈'... 매우 기괴하다.

4장

보도와 공격

전혁수

김웅의
시인과
말 바꾸기

 조성은과 통화 후 추가 취재된 내용을 토대로 기사를 보강했다. 고발장에 나타난 명예훼손 피해자가 '윤석열, 김건희, 한동훈'이라는 내용을 기사에 적시했다. 검언유착 의혹 외에 김건희의 도이치모터스 주가조작 연루 혐의가 허위라는 주장이 고발장에 담겼다는 사실도 기사에 담았다.
 기사 제목의 주어는 '윤석열 검찰'로 정했다. 주어를 무엇으로 정하느냐를 두고 고민했는데, 피해자로 직접 윤석열 부부, 윤석열의 최측근 한동훈을 적시한 만큼, 윤석열이 이끄는 검찰로 작성해도 무방하다는 〈뉴스버스〉 구성원들의 합의가 있었다.

김웅의 "확인하시면 방 폭파" 주문이 담긴 대화방 캡처 파일 공개는 다음 주로 미뤘다. 고발장 내용의 일부를 알게 된 만큼 가진 내용을 전부 공개할 필요가 없다고 판단했기 때문이다. 총알을 다 쓸 이유가 없었다.

2021년 9월 2일 아침, 잠도 거의 자지 못한 채 사무실로 나갔다. 기사를 내기 직전인 아침 8시 20분경, 김웅에게 한 번 더 전화해야겠다는 생각이 들었다. 김웅이 어제 크게 당황해 제대로 해명도 못 하는 모습을 보인 만큼 추가적인 반론권을 보장해 주는 것도 기자의 일이라고 생각했기 때문이다.

그렇게 김웅과 두 번째 통화를 했다.

2021년 9월 2일 오전 8시 25분 전혁수-김웅 통화 녹취록	
전혁수	예, 의원님 전혁수입니다.
김웅	예예, 어제 제가 정확히 못 들어가지고, 뭐, 뭐를요? 어떤 거죠? 내용이?
전혁수	아, 어제 질문드렸던 대로, 그 뭐야, 그 손준성 검사님 있잖아요. 검사님이 보니까 의원님한테 고발장하고 실명 판결문하고 고발장 증거자료라고 페이스북 첨부해가지고 보내서 가지고, 당시에 당에다가 전달하셨었잖아요?
김웅	그게... 뭘로 전달을 했다 그러죠? 이메일로 전달했다고 하던가요, 문건으로 전달했다고 하던가요?
전혁수	메시지로 전달하셨던 걸로

김웅	메시지요?
전혁수	저희가 확인을 했는데, 이게 좀 사실은 뭐 의원님도 잘 아시겠지만, 이게 맞다 이게 사실이라고 하면 문제가 있는 거잖아요? 그래서 저희가.
김웅	공익신고를 받는 대상에 아마 국회의원도 포함이 되는 걸로 알고 있거든요. 그렇죠? 만약에 그 부분이 문제가 된다고 하면 공익신고법상 국회의원에게 신고하는 것은 그거는 법적으로 문제없는 걸로 알고 있고, 제가 그거를 받았는지 안 받았는지는 제가 정확하게 어떤 경로로 받았는지는 모르겠어요.

전날만 해도 당황하는 모습을 보였던 김웅은 밤새 대응 방법을 고민했는지, '공익신고'를 받았다는 식의 논리를 들고 나왔다. 국회의원이 공익신고를 받을 수 있으니 문제가 없다는 취지로 들렸다.

2021년 9월 2일 오전 8시 25분 전혁수-김웅 통화 녹취록	
김웅	일단 그, 저거 말이죠, 최강욱.
전혁수	예, 맞아요.
김웅	최강욱 건은 제가 제일 먼저 다른 페북을 보고 발견하고, 이건 문제 있다, 공직선거법 위반 허위사실 공표다, 라고 그때 제가 제일 먼저 그 이야기를 했을 것이고, 그래서 아마 그런 걸 보고 제일 먼저 저한테 보냈을 수는 있는데, 제가 정확하게 그 부분에 대해서는 뭘로 받았는지가 기억이 안 나요.
전혁수	손 검사님이 공익신고를 하셨던 것이다?
김웅	그거, 그거는 모르죠. 그건 모르는데, 제가 그... 저기... 그 부분에 대해서 제가 직접 고발을 한 건 아니었고, 그때 그거를 문제 제기를 하니까 보냈을 수는 있는데, 제가 이메일로 받았는지 뭐로 받았는지는 지금 정확하게 기억이 안 나요.

김웅은 "기억이 나지 않는다"면서도 손준성이 자신에게 고발장을 보냈을 수 있다는 취지로 말했다. 사실상의 인정이었다. 공익신고를 했다는 것이냐고 묻자, 그건 또 모른다고 했다. 앞뒤가 맞지 않았다.

또 김웅이 어떤 이유에서 이런 논리를 짜냈는지 모르지만, 바보 같다는 생각도 들었다. 나는 전날 분명히 검언유착 의혹 보도가 나왔을 때라고 시점을 알려줬다. 그때는 21대 총선 직전이다. 즉, 김웅은 국회의원 후보자 신분이지, 국회의원이 아니었다. 공익신고를 받을 수 있는 대상이 아니었다는 얘기다.

거짓말을 한다는 것을 눈치챘지만 들어주기로 했다. 거짓 안에서 진실을 찾아내는 것 또한 기자의 능력이기 때문이다. 저런 거짓말을 하는 것 자체가 김웅 스스로가 이 사안을 중대하게 인지하고 있다는 증거라고 생각했다.

김웅의 이야기를 들어주다가 1차 고발장에 담긴 김건희 이야기를 꺼내 봤다.

김건희 이야기를 꺼내자, 김웅이 다시 당황하는 것이 느껴졌다. 어쩌면 김웅도 고발장 안에 〈뉴스타파〉의 김건희 도이치모터스 주가조작 연루 보도를 허위라고 단정하는 내용이 담긴 것을 몰랐을 수도 있다는 생각이 들었다.

2021년 9월 2일 오전 8시 25분 전혁수-김웅 통화 녹취록	
전혁수	고발장을 저희가 다 확보를 했어요. 안에 보면 김건희 씨..
김웅	네?
전혁수	김건희 씨 있잖아요. 도이치모터스 주가조작 사건 관련해서 뉴스타파 기자가 명예를 훼손했다, 피해자가 김건희. 그리고 윤석열이 피해자다. 이런 내용들이 다 들어가 있거든요?
김웅	그거를 내가, 제가 그거를 문제를 제기하거나 그 부분에 대해서 고발을 한 적이 없는 것 같은데. 저는 그런. 그쪽에서 저한테 보냈다고 이야기를 할 수도 있고, 그런데 제가 그걸 가지고 고발을 하거나 문제를 삼거나 그건 제가 전혀 없는 걸로 알고 있거든요.
전혁수	근데 당에는 전달하셨잖아요?
김웅	당에?
전혁수	네네.
김웅	어...
전혁수	선대위에 전달한 것까지는 확인을 했거든요.
김웅	선대위에요?
전혁수	네.
김웅	어디 선대위에요?
전혁수	당시에 총선, 그때 총선 치를 때니까 선대위에 전달돼서 법률지원단으로 들어간 것까지 저희가 확인했어요.
김웅	그거는 제가 만약에 그걸 받아 가지고 이런 게 있구나 싶으면 저한테 들어오는 제보나 이런 게 있으면, 당에는 전달은 많이 했겠죠. 근데 전달은 하고 그걸 검토를 해보라는 취지인 거지, 들어온 자료들이 있었으면, 그것 말고도 다른 것을 계속 전달을 했었으니까. 근데 그건 제가 잘 기억이 안 나요. 김건희 씨 건에 대해서 제가 만약에 그걸 하면 좀 기억을 했을 텐데 사실 그 부분은 기억을 잘 못하겠어요. 김건희 씨 건은 제가 문제 제기를 해본 바도 없고.

김웅은 "어찌 됐든 당에 고발장을 전달한 것은 사실이 아니냐"고 묻자, 선거를 치를 때니 들어온 자료는 계속 전달했다는 취지로 주장했다. 어쨌든 김웅이 검찰에서 온 고발장을 보냈을 가능성을 스스로 인정하는 상황으로 판단했다.

이어 조성은에게 '방 폭파'를 요구한 이유를 물었다. '당신은 검찰에서 온 고발장을 정당에 전달하는 것이 위법한 것이란 걸 인식하고 있었잖아요?'라는 의미였다.

2021년 9월 2일 오전 8시 25분 전혁수-김웅 통화 녹취록	
전혁수	근데 의원님. 그거를 이제 넘기고, 방 폭파하라고 지시하셨잖아요?
김웅	방 폭파하라고요?
전혁수	네.
김웅	… 방 폭파…
전혁수	그건 왜 그렇게 하신 거예요?
김웅	아니, 일단은 제가 있으면 무슨 그런 방 같은 경우는 일단 제보 받으면 그런 거 다 일단 방을 없애지 않습니까?
전혁수	… 전달하신 다음에.
김웅	전달을 하고 나서요? 누구한테?
전혁수	그건 제가 알려드릴 수가 없고. 선대위 쪽 사람한테 전달하시고 나서 방 폭파하라고 지시하셨거든요.
김웅	아니, 그거야 자료를 주면 혹시 다른 사람들에게 중요자료가 되든지 어찌 됐든 간에 들어오는 자료가 있으면 일단은 자료 받았으면 거기다가 남기는 것은 별로 안 좋잖아요. 혹시 다른 사람이 볼 수도 있고. 그러니깐 그거 말고도 다른 경우에도 전달을 하면 일단은 다 지우는 거고, 보통 텔레그램이 됐든 카톡이 됐든 그런 것들은 다 지웠는데.

전혁수	그렇군요. 아이고 참. 어제는 경황이 없으셨나 봐요?
김웅	그거를 제가 뭐 폭파하라고 지시를 했다? 글쎄요, 제가 당에 뭘 보내면서 '이건 폭파하라, 지시하라' 뭐 이런 그런 식으로 일해 본 적은 없어요.
전혁수	위치가?
김웅	네, 위치가 그럴 위치가 아니었기 때문에 이런 자료가 전달됐다, 이거 받으시고 그냥 지워버리세요, 이렇게 했겠지요.
전혁수	예, 예. 알겠습니다. 저희가 이게 좀 일단 내용이 들어와서 확인하는 중인데, 그래서 의원님한테도 확인을 해야 할 것 같아서 전화드린 거예요.

전화를 끊으려는데 김웅이 먼저 물어왔다. 김건희가 왜 들어가 있느냐는 것이다. 어떤 내용이 담겼다는 것을 설명하자, 김웅이 먼저 자신과 관련이 없고 검찰에서 자료가 온 것이라는 취지로 말하기 시작했다.

"그쪽 문제인 것"이라며, '검찰' '윤석열'이라는 단어를 언급했다. 사실상 자신이 아닌 윤석열과 검찰에 문제가 있는 것이라고 내게 귀띔하는 것으로 느껴졌다.

2021년 9월 2일 오전 8시 25분 전혁수-김웅 통화 녹취록	
김웅	거기 김건희 씨가 왜 들어가죠, 거기에?
전혁수	아니, 뉴스타파가 그때 이제 뭐 도이치모터스 주가조작 사건 관련해서 김건희 씨가 연루가 돼있다, 이런 보도 했었잖아요?

김웅	어, 그거는 제가 봤었을 때 검찰 측 입장에서 들어왔던 것 같고, 저는 사실 그 부분에는 전혀 관심이 없는 것이고, 사실 그때 아마 제가 정확히 기억은 안 나요. 근데 최강욱이 그거 발언을 하는 걸 보고 '이거는 공직선거법 위반이다'라고 해서 그걸 좀 문제 제기를 했고, '이거는 분명히 위법 소지가 있다'라고 생각하니까 그쪽에서 아마 보내줬을 수도 있겠죠. 그러면 근데 이제 거기에다 그거와 상관없이 김건희 건을 집어넣었다 그러면 그건 그쪽 문제인 것이지, 제가 그거를 뭐 요구를 하거나 그랬던 것도 아니고.
전혁수	제가 사실은 이제 뭐 그거를 보고 저도 이제 처음에 의원님이 쓰셨다고 하시길래 그런가 했는데 내용을 보니까 김건희 씨 얘기 들어가 있고...
김웅	그거는 제가 보낸 게 아니고요, 처음에 당에 제가 이거는 공직선거법 위반이 된다고 해서 한 게 있어요. 그리고 그 뒤에 온 것은 제가 보지도 않고 왔으면 그대로 제가 전달을 했던 것 같아요. 만약에 김건희 건이 있었으면 저는 기억을 하든지, 아니면 어 이게 왜 들어왔냐 물어는 봤겠죠. 근데 그거는 전혀 기억이 안 나고 온 것은 전달만 한 것 같고.
전혁수	그러니까 이게 뭐 손 검사님이 공익 제보 차원에서 하는 과정에서 이게 발생했던 일인 것 같네요, 그러면?
김웅	음... 그랬을 수도 있고, 아니면 뭐 제가 그 부분에 관심이 있으니까. 그리고 당시에 공안을 했던 검사들한테 제가 물어는 봤을 것 같아요. 이거 이런 식으로 했으면 공직선거법상 허위사실 유포 아니냐.
	(중략)
김웅	근데 김건희 건은 저는 진짜 기억이 안 나요. 내가 그 당시에 관심도 없었고, 그때 당시야 뭐 윤 총장하고... 뭐 근데 이제 윤 총장 측 입장에서는 만약에 예를 들면 그 부분을 문제 삼고 싶었을 수도 있겠지만, 저는 뭐 거기에 대해서 전혀 관심이 없었으니까.

전혁수	저것도 있었어요. 물론 이제 보도의 진실성을 떠나서 검언유착 보도 관련해서 한동훈 검사장이 피해자라는 내용도 들어있거든요, 거기.
김웅	아~ 그건 제가 보기에는 그쪽의 입장을 좀 전달을 해준 것 같네요, 저한테. 그래서 저는 그걸 받아서 그냥 그대로 패스만 해준 것 같고, 어차피 그 부분에 대해서는 제가 관심이 없어요.
전혁수	최강욱 한 명 거는 따로 있더라고.
김웅	아, 저는 최강욱 그거는 분명히 그랬다는 것이고, 나머지 부분은 예를 들면 검찰 쪽이 이런 부분이 문제가 되니까 뭐 그거를 검찰 안에서 해결하기 어렵다, 그래서 보내줬을 수는 있고, 저는 그냥 전달만 한 것 같은데, 전혀 그 내용은 기억이 안 나요. 거기에 맞춰서 행동한 것도 없고. 그렇잖아요, 당시에.

김웅과 통화를 마친 나는 사무실로 돌아와 그가 이날 말한 내용을 반론에 추가했다. 김웅의 입장을 고려해 4개 단락을 할애해 최대한 충실하게 반론을 실어줬다. 그렇게 2021년 9월 2일 오전 8시 59분, '고발사주' 사건이 세상에 공개됐다.

화난
사람들

 2021년 9월 2일 오전 11시경부터였던 것 같다. 고발 사주 사건을 보도한 지 2시간 정도가 지나자 휴대전화로, 회사 사무실로 타사 기자들의 전화가 쏟아지기 시작했다. '이게 정말 사실이냐'는 기자부터 '자료를 제공해 줄 수 있느냐'는 기자까지 다양했다. 다른 회사 기자들에게 보도에 나온 사진을 저장해 출처를 밝히고 보도하는 것까지는 승낙했다.

 특히 기억에 남는 건 윤석열과 친분이 깊던 한 일간지 선배 기자의 전화다. 그녀는 보도 자체에는 관심이 없었다. 전화를 받으니 대뜸 "혁수 씨, 우리 총장님 편이잖아. 왜 그래?"라고 말했다.

당황스러운 이야기였지만, 나는 "선배, 저희가 편이 어딨습니까? 맞으면 쓰는 거죠"라며 웃어줬다. 참고로 그녀가 두어 차례 더 전화했는데, 이후로는 3년째 연락하지 않고 있다.

평소 알고 지내던 정치권 관계자들의 전화도 쏟아졌다. 여야의 다양한 선거캠프에 몸담은 사람들이었다. 전화가 왔던 정치권 인사 중 윤석열 캠프 사람도 있었다. 그는 내게 "제보자가 누군지만 좀 알려달라"고 요청했지만, 당연히 거절했다.

기자들과 정치권 관계자들의 연락이 잠잠해질 무렵, 윤석열 지지자들의 전화가 쏟아졌다. 다짜고짜 욕설을 내뱉는 것은 기본이고, 전화기를 붙잡고 윤석열이 대통령이 돼야 하는 이유에 대해 열변을 토하는 사람도 있었다. 어떤 사람은 대성통곡하며 내가 나라를 망쳤다고 했다. 결국 잠잠해질 때까지 회사 전화선을 끊어놓기로 했다.

정치권에서 가장 먼저 공식적인 움직임을 보인 쪽은 열린민주당이었다. 그도 그럴 것이 열린민주당 구성원인 최강욱 의원과 황희석 변호사, 두 사람은 이 사건의 직접적인 '피해자'였다.

"윤석열 후보는 검찰 시절 '수사권 가지고 보복하면 깡패지, 검사냐?'라고 일갈한 바 있는데 검찰개혁에 앞장선 열린민주당의 최강욱, 황희석 후보에 대한 고발사주, 권력 감시에 앞장선 기자에 대한 고발사주로 본인이 깡패라는 사실이 만천하에 폭로됐다."(열린민주당 김성회 대변인 논평)

대선 후보들도 속속 앞으로 나섰다. 후보 중 가장 먼저 고발사주 사건 논평을 낸 것은 민주당 대선 예비후보 이낙연 전 국무총리였다.

그는 국회 소통관에서 긴급 기자회견을 열어 "검찰 조직체계상 윤석열 총장의 지시나 묵인이 없이 독단적으로 행동했다고 보기 어렵다. 사실이라면 명백한 정치공작"이라며 "윤석열 검찰의 그런 행태는 대항하면 없는 죄도 만들겠다는 타락이다. 이 사건은 윤석열 총장의 보복 수사와 검찰권 사유화 의혹 사건이라 명명할 만하다"고 비판했다.

국민의힘 대선 예비후보 홍준표 의원은 울산시당 기자간담회에서 "대검 수사정보정책관은 검찰총장 직속 보고기관인데 (고발사주를) 양해했다면 검찰총장으로서 아주 중차대한 잘못을 한 것"이라며 "총장 양해 없이 가능했겠나. 총장이 양해를 안 했다면 그건 어불성설"이라고 꼬집었다. 홍준표는 검사 출신답게 검찰총장과 대검 조직 및 구성원의 관계를 잘 파악하는 듯싶었다.

다른 후보들은 페이스북에 글을 올리는 방법으로 윤석열에게 해명을 요구했다. 정세균 전 국무총리는 "국정원에서도 종식된 정치공작이 검찰에서 벌어졌다니, 그 정치공작 우두머리가 검찰총장이라니, 사실이라면 국민이 위임한 국가 공권력을 개인을 위해 사유화해 왔음은 물론, 개인의 정치적 기반을 마련하기 위한 명백한 정치공작"이라고 비판했다.

추미애 전 법무부 장관은 "사실이라면 이는 명백한 윤석열 정치공작 게이트"라며 "윤 전 총장의 '정치검찰' 행태는 법무부 장관 재임 시절 익히 확인해 왔고 이에 대해 감찰과 징계까지 진행했지만, 수하 검사를 시켜 고발인 명의만 비워둔 '백지 고발장'을 직접 작성하고 증거자료까지 첨부해 야당에 고발을 사주하는 공작을 벌이는 것까지는 미처 상상하지 못했다"고 토로했다.

이재명 당시 경기도지사는 "검찰총장이 검찰권력을 사유화하고 이를 무기로 정권을 흔드는 것도 모자라, 정치개입, 보복 수사까지 기획한 것이자 검찰총장 부인에 대한 보도를 막기 위해 정치공작을 벌였다는 의미"라며 "법무부는 진상조사에 나서야 하고 국정조사든 공수처 수사든 가능한 모든 수단을 동원해 진실을 명명백백히 밝혀야 한다"고 촉구했다.

윤석열 캠프는 "검찰총장 재직 중 어느 누구에 대해서도 고발 사주한 바가 없다"는 짧은 입장만 낸 채 침묵을 지켰다. 아마 어떤 것도 할 수가 없었을 것이다. 캠프 대변인이던 김병민이 "음모이자 정치공작의 소산"이라고 주장하기도 했지만, 나는 현재까지도 고발사주 보도로 윤석열 측으로부터 고소장 한 장 받아 본 일이 없다.

김웅은 고발사주 보도 직후 기자들에게 장문의 메시지를 보냈다. 당시 나는 정치부 출입 등록을 한 상태가 아니라 동료 기자들의 전언과 언론 보도를 통해 이 내용을 확인했다.

"당시 의원실에 수많은 제보가 있었고, 제보받은 자료는 당연히 당 법률지원단에 전달했다. 제보받은 자료를 당에 전달하는 것은 전혀 문제가 되지 않는다. 당시 정보 제공자의 신원을 보호하기 위해 전달받은 대화창은 모두 지웠기 때문에 현재 문제 되고 있는 문건을 제가 받았는지, 누구로부터 받았는지는 확인되지 않는다. 기사에서는 '청부고발'이라고 주장하나 사실이 아니다. 당시 우리 당은 김건희 씨가 피해를 봤다는 부분이나 한동훈 검사장 피해와 관련된 고발을 한 바 없고 저 또한 그 부분에 대해 전혀 공론화한 바가 없다. 정당과 국회의원은 공익신고의 대상으로 이에 대한 공익 제보를 청부 고발인 것처럼 몰아가는 것은 공익 제보를 위축시키는 것으로 심히 유감이다."

다시 한번 설명하면, 김웅은 고발사주 사건 당시 '국회의원'이 아닌 '후보자' 신분이었다. 김웅이 얼마나 당황했으면 신분까지 망각했을까. 우스꽝스러운 일이었다. 한편으로는 김웅이 논리적이고 합리적인 국회의원이라고 생각했는데, 그의 민낯을 본 것 같아 안타까운 마음도 들었다.

2020년 9월 3일 발행된 〈국민일보〉 보도를 보면 김웅은 〈국민일보〉 기자에게 "〈뉴스버스〉 자료가 대체 어디서 나왔는지를 밝혀야 한다. 이건 불법 입수한 자료로 보인다"며 "검찰이 과거 손 검사를 압수수색해서 디지털포렌식(Digital Forensics)*을 한 자료 중 일부가 〈뉴스버스〉 쪽에 갔을 수도 있다"고 말했다고 한다.

김웅은 손준성 휴대전화를 포렌식한 자료를 필자가 입수했을 가능성을 제기하는데, 김웅이 손준성에게 직접 고발장을 받지 않았다면 그의 휴대전화 포렌식 자료를 필자가 입수했다 하더라도 김웅 관련 자료가 나올 리 없지 않은가?

---

* 디지털 증거물을 분석하여 수사에 활용하고, 디지털 증거물의 증거 능력을 향상하기 위해 사용되는 특수한 과학 수사 기법을 총칭하는 용어다. 디지털 기록 매체를 마치 부검하듯이 복원 프로그램을 사용하고 암호 등 보안을 해제하고, 메타데이터까지 활용하거나 하드디스크 내부에 삭제 로그를 저장하는 스왑 파일(폴더)에서 삭제 로그를 복원해 디지털 기기의 사용자나 이를 통해 오간 정보를 추적, 조사한다. 원본의 손상을 봉쇄하기 위해 이미지를 뜨는 것이 일반적이라고 한다.(나무위키)

윤석열 징계결정문의 비밀

보도 다음 날인 2021년 9월 3일, 〈아주경제〉 김태현 기자에게서 전화가 왔다. 김태현은 검찰과 법원을 주로 출입했는데, 늘 열심히 취재하는 기자라 개인적으로 아끼는 후배였다.

"오랜만이야. 잘 지내지?"
"선배. 드릴 말씀이 있어서요."

김태현은 법무부의 윤석열 징계결정문에 고발 사주와 관련된 내용이 있다는 이야기를 꺼내며, 징계결정문을 전송해줬다.

"제가 취재 과정에서 윤석열 징계결정문을 입수해서 가지고 있는데요, 선배가 보도한 고발사주 사건의 대검 수사정보정책관실이 윤석열 장모와 김건희 범죄 의혹, 검언유착 의혹 사건과 관련해서 정보를 수집했다는 검찰 간부의 진술이 나옵니다. 아무래도 고발사주와 연관이 있는 것 같아요. 가능하시면 한 번 짚어주시면 좋을 것 같아요. 한 번 검토해 보세요."

윤석열은 2020년 11월 추미애 당시 법무부 장관으로부터 징계 청구를 당해 정직 2개월 처분을 받았다. 최측근 한동훈이 연루된 검언유착 의혹 사건**의 감찰·수사를 방해하고, 주요 사건 재판부를 분석한, 이른바 '판사 사찰 문건' 작성을 지시했다는 이유에서다. 이에 반발한 윤석열은 서울행정법원에 징계 효력 정지를 신청했다. 2020년 12월 윤석열의 신청이 인용됐고, 2021년 9월 현재 윤석열은 법무부 장관을 상대로 징계 취소 소송을 벌이는 중이었다.

이 때문에 많은 기자가 추미애가 윤석열에게 무리한 징계를

** 2020년 1~3월 〈채널A〉 이동재 기자가 금융사기죄로 수감 중인 이철 전 밸류인베스트코리아 대표 측에 접근해 한동훈 검사장과의 친분을 내세워 유시민 노무현재단 이사장의 비리 정보를 요구한 사건. 검찰 수사 과정에서 휴대전화 비밀번호를 풀지 않아 논란을 일으킨 한동훈은 무혐의 처분을 받았고, 강요미수죄로 기소된 이동재는 재판에서 무죄가 확정됐다. 이동재는 자신을 해고한 회사를 상대로 해고무효소송을 제기했으나 패소했다. 〈채널A〉 취재윤리 위반 사건이라고도 불린다.

청구했다는 의견을 갖고 있었다. 나도 마찬가지였다. 그러나 고발사주 사건 취재를 하면서 어쩌면 검언유착 의혹이나 윤석열 징계에 대해 '내가 혹여 편견을 가졌던 것은 아닐까?'라는 생각을 하게 됐다. 그러던 차에 후배 기자가 윤석열 징계결정문을 내게 보내온 것이었다.

윤석열 징계결정문을 열었다. 표지 목차를 제외하고 121페이지에 달하는 문건. 일단 후배 기자가 이야기한 부분을 먼저 찾아봤다. 징계결정문에 첨부된 이정현 당시 서울중앙지검 1차장검사의 진술이었다.

"그 보고서는 하룻밤에 작성된 것이 아니라 정말 치밀하게 작성한 것이었다. 저희가 전해 들은 이야기로는 수정관실(대검 수사정보정책관실)에서 총장님 지시에 따라서 한 달 전부터 총장님 사모님, 장모님 사건과 채널A 사건(검언유착 의혹)을 전담하여 정보 수집을 하였다고 들었는데, 관련 법리도 그곳에서 만든 것으로 생각하고 있다."

이 증언은 윤석열이 서울중앙지검의 검언유착 의혹 수사를 방해했다는 근거 중 하나였다. 확실히 후배가 짚어준 대검 수사정보정책관실의 윤석열 처, 장모, 검언유착 사건 관련 정보 수집 의혹은 '검찰권 사유화'라는 고발사주 사건의 본질과 맞닿아 있었다. 대검이 윤석열 가족의 일까지 담당한 유력한 정황이기 때문이다.

이정현의 증언을 보면서 '어쩌면 윤석열 징계와 고발사주 사건이 결부된 것이 아닐까'라는 의심이 깊어지기 시작했다. 공교롭게도 고발 사주 사건의 2020년 4월 3일자 1차 고발장의 내용 자체가 검언유착 의혹 사건을 중심으로 윤석열 부인 김건희, 윤석열 장모 최은순의 각종 혐의가 모두 사실이 아니라는 취지로 구성됐기 때문이다.

징계결정문을 꼼꼼히 읽기 시작했다. 내가 몰랐던 이야기들이었다. 검언유착 의혹은 법적 유무죄를 떠나 명백한 언론 윤리 위반 사건이다. 그리고 이에 한동훈이 연루됐다는 언론 보도가 나왔다면 검사 윤리의 문제가 발생할 수 있고 감찰 대상이 되는 것은 상식이다.

그런데 윤석열이 감찰에 착수하려는 감찰부장 한동수에게 2020년 4월 2일부터 여러 차례 '감찰 중단'을 지시한 사실이 징계결정문에 적혀 있었다. 대검 감찰본부의 설치 및 운영 규정은 고검검사급 이상 검사의 비위 혐의에 대한 조사가 필요하다고 판단할 경우 "감찰 개시 사실과 그 결과만을 검찰총장에게 보고한다"고 정하고 있다. 징계결정문에 따르면 윤석열이 한동수의 한동훈 감찰을 명백히 방해한 것이다.

윤석열이 검언유착 의혹 사건 수사팀을 방해한 혐의도 적시돼 있었다. 서울중앙지검 수사팀이 검언유착 의혹 사건에서 채널A 기자의 통화 상대방을 한동훈으로 특정하자, 윤석열은 스스로 수사지휘권을 대검 부장회의에 넘겼다. 그러나 수사팀이 2020년 6월 16일 한동훈의 휴대전화를 확보하자 윤석열은 전문수사자문단 소집을 지시했다. 대검 형사부장이던 김관정이 지시를 거부하자 대검 형사1과장 박영진에게 지시했다.

2020년 6월 18일에는 박영진에게 대검 부장회의에 제출할 검언유착 의혹 관련 보고서, 일명 '레드팀 보고서'를 작성해 발표하도록 지시했고, 박영진은 '혐의 성립이 안 된다'는 보고서를 6월 19일 보고했다. 서울중앙지검 수사팀은 부당한 지시라고 반발했다.

징계결정문에는 "윤석열이 취급 중인 사건관계인과 직연 등 친분관계, 기타 특별한 관계가 있어 수사 지휘의 공정성을 의심받을 수 있으므로 사건을 회피하거나 행동강령책임관으로 하여금 직무 공정성을 확인·점검받는 등 대검 훈령에 따른 절차를 취하지 않은 채 최측근인 한동훈에 대한 정상적인 수사 진행을 방해 또는 지연할 동기로 부당하게 지휘·감독권을 남용함으로써 직무상 의무를 위반하였다"고 적혀 있었다.

이정현의 진술은 윤석열의 검언유착 의혹 수사 방해 혐의에 대한 감찰 과정에서 나온 것이었다.

"레드팀 의견서에 '한동훈 검사장은 혐의가 없다, 공모 가담하였다고 보기 어렵다'는 내용이 있어서 놀란 것이 6. 16. (한동훈) 핸드폰 압수하여 포렌식도 안 된 상황이고, 한동훈 검사장을 구속하겠다거나 기소하겠다는 것도 아니고, 일단 이동재에 대해 추가 증거 확보 및 추가 증거인멸을 차단하기 위해 이동재를 구속하겠다는 것인데, 그 단계에서 벌써 두 단계, 세 단계 더 나아가 수사도 되어있지 않은데 한동훈 검사장에 대해 죄가 안 된다고 하는 것 자체가 보고서에 들어 있다는 점에서 상당한 의구심이 들 수밖에 없었다."

PART 03

조성은 | 5장 | **대검찰청 공익신고**

강남성모병원 주차장
윤석열의 '괴문서' 타령
작용과 반작용

전혁수 | 6장 | **술래잡기**

별난 '캡처 스타일'
기자가 제보자를 보호하는 법
사라진 '손준성 계정'

대검찰청 공익신고

조성은

강남성모병원 주차장

 분주해졌다. 쓸데없이 분주해졌다.
 언론 보도로 자칫 제보자인 내 신분이 드러날 수 있다는 불안감이 생겼다. 정치적 논쟁으로 사건이 오염되기 전에 빨리 수사기관에 알릴 필요가 있었다.

 -도대체 이 증거들을 누구한테 줘야 할까.

 돌이켜보면 이 사건을 진행하는 순간마다 큰 임무처럼 던져진 질문들이 있었다. 이 사건의 운명을 결정하던 질문이 세 가지 정도라고 한다면, 이 사건 전체를 통틀어서 내가 판단해야 했던 가장 중요한 질문이었다.

1. 정치적이지 않을 것.
2. 빠르게 수사 착수가 진행될 수 있을 것.
3. 공익신고를 받아줄 수 있는 기관이어야 할 것.
4. 진실한 사람이어야 할 것.
5. 검사 내부 비위 사건을 빠르게 수사할 수 있어야 할 것.

돌이켜보면 위 다섯 가지 기준은 매우 무미건조하지만, 가장 잘 세운 원칙이었다. 이미 일부 보도가 시작된 이상 그 외의 세부적인 사항까지 모두 만족시키며 부합하는 것을 찾기에는 시간이 없었다. 8월 언젠가 막연하게 전혁수 기자와 상의할 때 "이 사건은 감찰로 풀어야 해"라고 한 적이 있지만, 내게 검찰의 '감찰'은 미지의 공간이었다.

하루 전날 새벽 4시까지 고발장을 읽으며 발견한 사실들은 실로 거대한 폭탄이었다. 단순히 대검찰청의 총선 개입 사건을 넘어선, '윤석열, 김건희, 한동훈' 세 사람이 직접 개입되었을 가능성이 커졌다.

―박범계 법무부 장관? 김오수 검찰총장?

그 길로 몇몇 지인을 통해 '평판 조회'를 했다. 그다지 긍정적이지 않은 평이 들려왔다. 알아야 할 정보와 별로 알고 싶지 않던 이야기까지. 사건의 무게만큼이나 고심이 깊어졌다.

"한동수!"
"한동수? 대검 감찰부장이요?"
"이 사안은 누구든 장난칠 수 있는 사안인데, 두 사람은 한동수가 감찰을 진행하면 아무런 소리도 못 하고 따라갈 거예요."

―그래, 어차피 감찰로 풀어야 할 사건이라면 정직하게 해당 기관으로 가는 게 맞지.
―감찰부장이 어떤 사람이든 대검 감찰부에 증거를 제출한다면 내가 할 일은 다 한 거겠지.

보안을 의식해 한동수 감찰부장의 연락처는 또 다른 기자를 통해 수소문했다. 2021년 9월 3일 점심시간을 갓 넘겼을 무렵 메시지가 도착했다.

'요청하셨던 한동수 감찰부장님 연락처입니다.'

어느새 내 손에는 고발장과 한동수 대검 감찰부장의 연락처가 모두 쥐어져 있었다. 오전에 전 기자가 전화해 알려준 김웅과의 두 번째 통화 내용을 곱씹었다.

"성은 씨, 재밌는 건 검찰에서 들어왔다고 김웅이 거의 인정했고, 어제는 '준성이가, 준성이가' 하면서 이메일로 줬느냐 하더니, 오늘은 준비했는지 자기(김웅)한테 손준성이 공익신고 했다던데?"
"김웅은 그때는 후보였기 때문에 국회의원이 아니라서 공익신고 대상도 아니잖아?"
"그러니까 완전 횡설수설해."

김웅은 전 기자와 통화한 이후 여러 차례 말을 바꾸고 앞뒤 안 맞는 해명을 늘어놓았는데, 보도되기 전 기자의 질문에 얼결에 답한 내용이 진실에 가깝다고 판단했다. 김웅과 손준성 검사와의 관계, 변명하는 논리, 검찰과의 소통 정도 등은 이 사건을 통찰하는 데 필요한 근거 자료였다. 김웅과의 통화에서 찾아낸 중요한 단서는-자기책임을 축소하거나 부정하는 표현을 걸러내면-손준성이 자신에게 고발장을 전달했고, 그것을 내게 다시 전송한 사실을 인정했다는 점이다.

아직 전 기자에게 전달하지 않은 고발장 전체 내용과 온전한 증거는 오로지 나에게만 있었다. 어제 새벽녘에 검색한 '공익신고자보호법'에서 '공익신고 대상 기관'들을 한 번 더 살펴봤다.

오후가 된 그 시각, 거실 테이블에 앉아서 전 기자와 보도 전날 밤처럼 계속 몇 통씩 전화하며 보도 이후 상황을 공유했다.

"오늘 한동수 감찰부장을 꼭 만나야 돼."
"그래. 그렇게 되면 진짜 좋겠다."
"답장이 오면 좋겠다. 보도를 보고 감찰에서도 이미 무언가를 시작하고 있지 않을까?"

대뜸 전화할 수도 없다. 어떻게 해야 첫 메시지부터 진실하게 보일까. 나조차도 알 수 없는 번호로 전화나 메시지가 오면 받지 않는 편이다. 연락처를 전달받고 난 후 어떻게 시작해야 할지를 곰곰이 생각해 본 나는 일단 한동수 감찰부장에게 전 기자에게조차 전달하지 않은, 유일하게 나만 들고 있던 증거들을 함께 보내기로 했다.

"네. 감찰부장입니다."

메시지를 보낸 지 채 5분이 지나기 전 한동수 감찰부장한테서 답변이 왔다. 한 손으로는 메시지를 보내면서, 스피커폰으로 전환한 채 전 기자와 통화를 이어갔다.

일단 전달하고자 하는 증거의 내용을 밝혔다.

[자료 내용]
- 2020.04.03.~2020.04.08. 간 전달 대화
- 지OO 실명판결문 3건
- 황희석 외 12인 고발장 전문 (사진파일)
- 최강욱 고발장 전문
- 그 외 고발장 첨부 제출 자료 들입니다. 확인하시고 편하신 시간에 전화 주시면 감사하겠습니다.

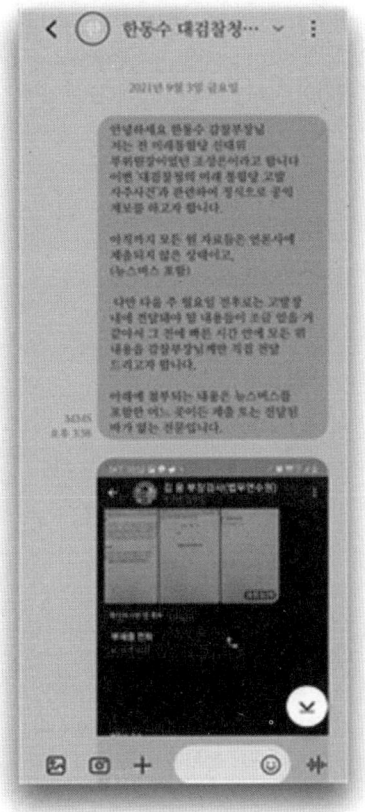

PART 03 | 5장 대검찰청 공익신고 | 119

한동수 대검찰청 감찰부장	조성은
제보 감사합니다. 어떻게 전달해주시겠습니까?	
	외부에서 뵙고 USB로 전달드리고 싶습니다. 시간과 장소를 알려주시면 찾아 뵙겠습니다.
외람된 말씀입니다만, 수사기관에서 제보자를 외부에서 만나는 것은 오해의 여지가 있습니다. 대검찰청 감찰부에 방문 전달하여 주시면 좋을 것 같습니다. 그것이 어려우면 등기우편으로 송부하여 주시면 감사하겠습니다.	
	네. 저도 감찰부장님께 전달드리고자 한 상의를 했을 때도 외부에서 뵙기를 꺼리실 것 같다 등의 말씀을 들었습니다. 다만, 공익제보의 내용으로 전달드리고자 한 부분은 신분 노출이 되지 않고자 함이고, 제가 대검에 직접 방문을 하면 반나절 내 당내 신분 노출이 될 것을 우려하여 드린 말씀입니다. 우편 등의 고민도 함께 하였지만 금요일 늦은 오후라 주말 내 도착이 어렵더라고요. 해당 문건 USB 외 당시 당내 사정은 문서로 남길 수가 없고 뵙게 된다면 구술로나마 전달드릴 내용이 있습니다.
공익제보자로서 신분 노출이 염려되신다면, 저희 수사관을 계신 곳으로 보낼테니, 수사관 차량을 이용, 대검 지하주차장으로 오시는 방법을 제안드립니다. 감찰부 내에서 절차에 따라 저와 면담 가능합니다.	

메시지가 겉도는 느낌이었다.

감찰부장이라고 답변한 상대방 측이 매우 조심스럽거나 혹은 부담스러워하는 감정이 고스란히 전달됐다. 충분히 이해했다. 알 수 없는 번호로 날아온 내용을 대검 감찰부에서 다짜고짜 신뢰할 수도 없는 노릇이리라.

그러나 제보자의 신분이 노출될 위험에 처했고, 그만큼 나의 시간이 줄어들고 있었다. 진실이 묻히거나 날아가지 않게 하려면 정확하고 빠르게 수사기관에 증거를 전달해야만 했다.

-대검찰청 안으로 내가 직접 들어간다면 누군가가 나를 발견하고 바로 특정할 거야.

비록 윤석열이 총장에서 사퇴했다고는 하지만 대검에서 그의 부재(不在)는 반년밖에 되지 않은 상태였다. 그런데 그런 데를 가야 하다니. 불안했다. 적어도 모든 증거를 전달할 때까지만이라도 내 신분이 공개되지 않는 곳에서 만나기를 바랐다. 그러나 한동수 감찰부장은 단호하게 대검 감찰부 외의 장소에서 공익신고를 받기란 어렵다면서 수사관과 차를 보내 신분 노출 우려를 최소화하겠다고 약속했다.

"알겠습니다."

무엇이든 해야 했다.

이내 '국민권익위원회에 신고하라'는 둥 '수사 인력이 부족하니 우편으로 USB를 보내 달라'는 둥 무성의하게 비치는 답변이 왔다. 그쯤 되니 나도 슬슬 감정이 격해지려 했다.

감찰부장과 주고받는 메시지 내용을 통화 중인 전 기자에게 실시간으로 중계했다. 우편으로 보내라는 답변에 감정이 상한 내가 씩씩대며 전 기자한테 울분을 토했다.

"아니, 지금 이 심각한 사건, 내가 증거를 들고 공익신고 하겠다는데도 오지 말라네."
"하... 방법이 없나."
"대검찰청 감찰부에서 오지 말라. 이게 더 기삿거리 아냐?"
"권익위라도 먼저 해보는 게 낫지 않을까?"
"자기들이 공익신고를 받는 기관인지 찾아봐야 아나? 범죄신고 한다고, 증거 갖다준다고 해도 우편으로 보내라는ㄷ…"

벌써 해가 늘어져 오후 5시가 되어갔다. 마지막 메시지로 승부수를 날려야 했다.

'공익신고 대상 기관은 권익위 이외 수사기관도 해당됩니다.'

흥분을 가라앉히지 못하며 서서 통화하는데, 갑자기 새로운 전화가 들어왔다면서 휴대전화에 조그마한 알림창이 떴다.
'한동수 대검찰청 감찰부장'.

"전화 왔어요. 잠시만 끊어봐."

떨리는 마음으로 '전화 받기'를 누른 후 간단한 인사로 통화를 시작했다. 수화기 건너편에서 들려온 한동수 감찰부장의 목소리는 굉장히 정중하고 신중했다. 나와 메시지를 주고받는 동안 내가 보낸 자료와 관련 보도 내용을 확인하고, 공익신고 관련한 법리 검토를 마쳤다며 모실 수 있게 되었다고 했다.
2021년 9월 첫째 주 금요일 저녁.
고발사주 보도 다음 날인 9월 3일 오후 7시.
드디어 내게 주어진 공익신고의 기회였다.

금요일 밤이라 서초동 주변에는 차가 무척 막힐 것 같았다. 당연했다. 내가 직접 대검에 진입하는 것만 아니면 되기에 대검 근처 강남성모병원 주차장에서 만나기로 했다. 평소 같으면 20분

거리지만 빠르게 정장을 갖춰 입고 약 1시간 전에 출발했다.

[조성은 : 성모병원 지상 주차장에 도착하였습니다.]
[한동수 : 약 10분 후 불상의 휴대폰 번호가 오면 받으시면 됩니다. 남녀 수사관이 차량으로 그곳에 가는 중입니다.]

9월 초지만 저녁 7시가 되니 벌써 컴컴했다. 지상 주차장에 차를 댄 나는 차 안에서 누군가가 오기를 기다렸다. 곧 처음 보는 번호로 전화가 걸려 왔다. 대검 감찰부 소속 수사관이라며 나의 위치를 확인했다. 이내 내 앞에 까만색 밴 차량이 멈춰 섰다.

"안녕하세요. 한동수 부장님이 모시고 오라고 하셨습니다."
"번거롭게 해드려서 죄송합니다. 와주셔서 감사해요."

2021년 9월, 코로나로 인해서 모두 마스크를 썼기 때문에 서로 눈밖에 보이지 않았지만, 상대방의 묘한 긴장감과 호기심을 알아채기에는 충분했다. 강남성모병원 주차장에서 불과 3분 거리. 두 번째로 찾은 대검찰청이었다.

-박근혜 탄핵 때 대검에 항의 방문을 하려고 국민의당 국정

조사위원들과 같이 온 적 있는데...

컴컴해진 저녁에 들어서는 대검 건물은 낮에 지나가면서 볼 때보다 훨씬 더 거대하게 보였고, 칠흑 같은 어둠이 에워싸고 있었다. 익숙한 듯 대검 지하 주차장으로 곧바로 진입해 통로로 보이는 엘리베이터를 타고 11층으로 올라갔다. 집에서 나설 때까지는 상상할 수 없던, 한 번도 느껴본 적 없는 이질감이 들었다. 그냥 검찰청도 아닌 대검찰청. 그리고 일반 검사실도 아닌 대검의 감찰부였다.

-오늘 단 하루가 마지막 기회일지도 모르지. 모든 사실을 쏟아내야겠다.

내가 이 사건을 진술할 수 있는 단 한 번의 기회일 수도 있었다. 나는 집에서 자료들을 복제해 놓은 USB를 들고, 성모병원에 도착하기 직전까지 보도 후 상황을 공유한 내용을 숙지하면서 감찰부 영상녹화실이라며 안내받은 방에 들어섰다. 수사관들은 영상녹화실의 자리를 안내하면서 잠시만 기다리라고 했다.

이내 몇몇 검사와 수사관이 나타나 그 좁은 조사실을 꽉 채우는 동안, 잠시 뒤 "이분이 오늘 연락하셨던 한동수 감찰부장님이십니다" 하는 소개에 이어 누군가가 인사를 했다. 하얀색 마스크

대검찰청 감찰3과

제 목   조사보고(제보자 면담 경위 및 면담 내용)

● 본건과 관련하여, 2021. 9. 3. 20:21경부터 22:44경까지 대검찰청 검찰3과 1122호 영상녹화실에서, 제보자에 대한 면담을 아래와 같이 진행하였기에 보고합니다.

○ 면담 경위

- 제보자는 금일 15:58경 대검 감찰부장에게 '대검찰청의 미래통합당 고발 사주 사건'과 관련하여 신분 노출이 되지 않는 '공익 제보'를 하겠다며 문자 메시지를 보내왔고, 언론(뉴스버스 포함) 등 어디에도 제출하지 않은 자료들을 감찰부장에게 직접 전달하고자 한다며 하여 감찰부장이 금일 19:00경 대검찰청 감찰부에서 제보자를 면담 하기로 함

- 면담에는 감찰부장, 감찰3과장, 감찰3과 김정국 팀장, 김은미 연구관, 수사관 김현섭이 참여하였고, 제보자가 감찰부에 도착한 후 영상 녹화실로 안내하여 영상녹화를 시작하였음

- 1 -

를 쓴 한동수 감찰부장은 "와주셔서 고맙다"고 인사를 한 후 안경을 낀 채 차분한 목소리와 말간 모습으로 간략하게 조사 과정을 설명했다.

-이분이 한동수 감찰부장님이시구나.

일반적으로 '검찰'이라는 단어가 풍기는 날카로움과는 조금 결을 달리하는 단호함이 있었고, 마스크와 안경 사이의 눈빛은 매우 단정한 느낌이었다. 그 속에는 인자함과 호기심이 담겼으며 매우 진지한 태도로 열린 질문을 건넸다. 배석한 감찰팀의 검사와 수사관들의 질문도 이어졌다. 낯선 대검 감찰부에서 나는 장장 네 시간 가까운 시간 동안 고발사주 사건의 모든 이야기를 풀어냈다.

그곳에 있는 사람들과는 진술을 하면서 이따금 눈을 마주치는 것 외에는 서로에 대해 파악할 길이 없었다. 평소 많은 사람을 만나던 나는 왜 이곳에 도달했는지를 본능적으로 느꼈다. 맑고 단호한 눈빛이 각인되고 있었다.

봉인된 USB 대신에 새로운 휴대전화에 동기화된 고발장 문서들을 이메일로 보내 인쇄하게 했다. 그 사이에도 이것저것 많은 이야기를 나누면서 작은 단서까지 틈틈이 확인했다.

"이것이 그 고발장입니다."

막상 자료를 인쇄해서 들고 오자 검사와 수사관들이 동그랗게 모여 함께 살펴봤다. 놀라움이 서린 눈빛들이었다. 나로서는 왜인지 알 수 없었다. 서로의 눈빛을 통해서 무언가를 확인하듯 고개를 끄덕이기도 하고, 몇 차례나 고발장을 앞뒤로 들춰보며 손가락으로 훑어내리듯이 읽어내리기도 했다.

"이것은 공소장이네요."

사건 내용 이전에 10여 년 동안의 정당 경험과 어떤 일(업무)을 해왔는지부터 질문했다. 자유로운 형식이기는 했지만, 사건을 발견하게 된 경위, 보도 경위, 공익신고를 하게 된 과정, 왜 그 내용이 범죄라고 판단했는지, 왜 대검 감찰부로 오게 되었는지도 모두 설명했다.

한 번의 질문마다 수많은 답변을 여러 차례 반복하고 나니 어느새 밤 10시가 지났다. 거의 끝을 향해 다가가고 있었다. 녹취를 마친 후 CD 형태로 저장하는 와중에 짧은 대화가 이어졌다. 그제야 피곤함이 몰려오기 시작했다.

"오늘 오셔서 진술해 주시느라 고생하셨습니다. 가까운 시간 안에 이 자료들의 원본 핸드폰을 제출해 주신다고 하셨죠."
"네, 모두 가지고 오겠습니다."

밤 11시 다 되어서야 영상녹화실을 나섰다.

보안을 유지하면서 다시 빠져나가기 위해 대검 지하 주차장으로 내려가 강남성모병원에서 타고 건너왔던 까만색 밴에 다시 올라탔다. 그리고 어느새 다시 성모병원 주차장.

"감사합니다."
"오늘 정말 고생 많으셨습니다."

2021년 9월 3일 밤 11시.
대검에 들어오기 전 오후까지 전혁수 기자와 이런저런 대화를 나눴던 것이 아득히 오래된 일처럼 느껴진다. 불과 네 시간, 내 세상의 모든 것이 뒤바뀌었다.
차에 올라타 휴대전화를 확인하니 엄마의 부재중 한 통화가 있었다.

'성은아, 뭐해? 밤늦었는데 왜 전화를 안 받아?'

엄마로부터 약 한 시간 전에 도착한 메시지였다. 평소 엄마와 시시콜콜 모든 이야기를 나누는 편이지만, 네 시간 동안 쉼 없이 이야기하고 난 후라서 그런지 매우 피곤했다. 졸음까지 밀려들 정도로.

"엄마, 나 오늘 영화 한 편 찍었어."

평소보다 운전속도가 느리지도 않았음에도 집으로 돌아오는 반포대교 위의 모든 광경이 천천히 지나갔다. 집 가까이 도착할 때쯤 전 기자에게서 전화가 왔다.

"어땠어요?"
"맑았어요."
"뭐가 맑아?"
"한동수 감찰부장이라는 사람 눈빛이 맑았어요."

일생일대의 사건이 시작되었고, 난 최대한 많은 것을 기억해 내야 했다. 지금도 그날을 떠올리면, '영화 같았다'는 표현만으로는 그때 느낀 특별하고 낯선 감정을 설명하기에 부족하다. 대검 감찰부라는 낯선 장소. 그 장소가 갖는 상징적 의미. 태풍이 몰려들기 전 고요함까지. 정말 대검을 쳐들어가다시피 공익신고를 마치고 나온 뒤의 후련함과 스스로에 대한 대견함. 사건 파장에 대한 두려움. 솟구치는 호기심까지. 이 사건의 실체를 맞닥뜨린 감찰부 사람들의 표정과 쏟아냈던 이야기. 그리고 성모병원 주차장. 어느 것 하나 극적이지 않은 게 없었다.

집으로 돌아와 커피를 마시고 나니 피곤함보다는 오히려 묘한 긴장감과 설렘이 가득했다. 자정이 넘은 시각에 오래전부터 알고 지내던 전직 의원 Z씨가 메시지를 보냈다. 어떤 기사를 언급하며 나의 신분 노출을 우려하는 메시지였다. 해당 기사를 확인하고 적절한 조치를 했다.

대검 공익신고 절차는 아주 긴밀하게 진행되었다. 폭풍과 같은 갈등을 겪던 주말 사이, 대검 감찰부에서 2차 조사를 9월 7일에 하자고 요청해 왔다. 모든 휴대전화 포렌식 절차를 참관하기로 했다. 마침내 감찰을 개시한 것이다.

그날처럼, 강남성모병원 주차장에서 차를 바꿔 타고는 대검 감찰부에 도착했다. 그날은 저번과 달리 가지고 있던 모든 휴대전화와 USB를 챙겨서 조사에 응했다. 공익신고 절차를 마무리하기 위해서 2차 증거 제출과 조사가 시작되었고, 첫날과 달리 감찰3과장 김덕곤 검사가 조사를 진행했다. 김웅이 전달했던 고발장과 함께 전 기자에게서 받았던 한동훈과의 대화 내용 일부까지 모두 제출했다.

윤석열의
'괴문서' 타령

2021년 9월 7일, 두 번째 대검 조사를 받은 날이다. 김덕곤 감찰3과장이 직접 조사하며 조서를 작성하고, 공익신고의 직접 증거로 휴대전화 2대를 모두 제출하는 것으로 절차를 마무리했다.

그리고 그날 밤에 공수처에 다녀왔다는 전혁수 기자를 통해 공수처에서 조사를 요청해 왔다. 설립된 지 막 1년이 안 된 새로운 수사기관이었다. 검사의 범죄는 공수처에 우선 수사권이 있는데 왜 대검 감찰부에 먼저 공익신고를 했느냐며 자신들도 공익신고를 받을 수 있는 기관이라고 했다.

제보자에 대한 토끼몰이가 시작되고 있었다. 국민의힘 인사들과 윤석열 캠프의 사람들은 이 과정에 공을 세우기 위해 '윤석열 대검'의 범죄를 제보했다는 '그'의 뒤를 쫓기 시작했다.

공수처를 대상으로 한 공익신고도 필연적이었다. 동일하고 객관적인 물적 증거들을 특정 수사기관이 아니라 복수의 수사기관에 거의 동시에 모두 제출함으로써 후일에 생길 메신저 공격에 의한 증거오염을 최소화해야 한다고 생각했다.

소용돌이치듯이 첫 보도가 나가자마자 정치권은 그야말로 '뒤집어졌다.' 첫 보도 이후 김웅과 윤석열, 그리고 윤석열 캠프는 당황한 듯 이런저런 말을 쏟아냈다. 윤석열 캠프에 합류한 몇몇 인사는 제보자가 누군지 암시하며 떠들고 다녔다. 특히나 김웅은 첫 보도 직전 반론 취재 때 했던 답변이 '중대한 실수'라고 인지했는지, 지면 인터뷰와 의원실 입장문으로 며칠을 버티다 결국 9월 8일에 기자회견을 하겠다고 밝혔다.

"아니, 첫날 통화에서 거의 다 자백을 해놓고 또 무슨 소리를 하려고 하지?"

-[단독] 대검 '고발사주' 제보자 공익신고... 메시지 주고받은 휴대폰 제출.

9월 7일 저녁 대검에서 두 번째 조사를 받고 오자 전혁수 기자가 김웅이 다음 날 기자회견을 예고하며 제보자 신원 공개를 암시하는 등의 발언을 했다면서 이날 나간 기사 내용을 알려줬다. 제보자가 공익신고 절차를 마쳤다는 사실과 익명 처리된 공익신고자의 신분을 타인이 공개하거나 특정할 수 있도록 하면 중대한 처벌을 받게 된다는 내용이었다.

이후 그와 관련된 내용의 보도가 몇 차례 이어졌다. 다음날인 8일 오전, 대검이 윤석열 전 검찰총장 측의 고발사주 의혹을 언론에 알린 제보자의 공익신고가 요건을 충족해 법적 보호를 받게 됐음을 공식 확인했다고 알려왔다.

나는 김웅의 기자회견 날에도 포렌식 참관을 위해 수사기관으로 향했다. 이날 오전 포렌식 센터로 가기 전 외출준비를 하면서 TV로 지켜본 김웅의 기자회견은 그야말로 엉망진창이었다.

김 의원은 이전 언론 인터뷰에서 "(지난해 총선) 당시 내가 소통했던 사람은 한 사람밖에 없기 때문에 제보자가 누군지 안다"면서 '조작 가능성'을 언급하며 "제보자는 과거에 조작을 했던 경험이 많아서 인연을 끊었다"고 말했다.

그는 당시 언론 인터뷰에서 "국민의힘 사람이라고 해야 하나, (여당 인사인지, 야당 인사인지) 관점의 차이가 있을 수 있다"면서 "그 사람이 누군지 밝혀지는 순간 (제보의) 신뢰성이 다 무너질 것"이라고 주장했다. 또 "제보자가 지난 총선 때 국민의힘의 전신인 미래통합당 당직자였지만, 지금은 국민의힘 쪽 캠프가 아니라 황당한 캠프에 가 있다"고도 말했다.

이날 기자회견에서 "조사기관에서는 조속히 이 사태의 실체적 진실규명을 위해 총력을 기울여 주시기 바랍니다. 사실관계를 밝히기 위해 저도 최대한 협조하겠습니다"라고 말한 김웅은 이후 휴대전화와 관련 증거들을 없애고 말 바꾸기에 전념했다.

물론 '조작 경험'이나 '황당한 (선거) 캠프에 가 있다' 따위의 주장은 모두 허무맹랑한 허위사실 유포였다. 눈알을 돌리면서 횡설수설하는 기자회견을 보다 못한 몇몇 기자가 전화를 걸어왔지만, 포렌식 참관 일정 때문에 답변을 제대로 할 수 없었다. 포렌식 과정에 휴대전화로 '@윤석열 소통관 기자회견 예정'이라는 메시지가 날아왔다.

2021년 9월 8일, 윤석열 후보 기자회견문

 앞으로 정치공작을 하려면 잘 준비해서 제대로 좀 하고, 그리고 인터넷매체나 또 무슨 재소자나 또 의원들도 면책특권 뒤에 숨지 말고, 우리 국민들이 다 아는 메이저(주요) 언론을 통해서, 면책특권 뒤에 숨지 말고 재소자 들먹이지 말고, 국민들 누가 봐도 믿을 수 있는 신뢰성 있는 사람을 통해서 문제를 제기하려면 제기했으면 좋겠다.
늘 하는 시나리오가 하도 뻔하다. 그리고 어떤 페이퍼 문건이든지 디지털 문건이든지 간에 작성자, 출처가 나와야 그게 확인돼야. 그것이 어떠한 신빙성 있는 근거로서 그걸 갖고 의혹도 제기하고 문제도 삼을 수 있는 건데, 그런 게 없는 문서는 소위 괴문서라고 하는 거다. 이런 괴문서를 가지고 국민들을 혼동에 빠뜨리고 (있다).
(중략)
이걸 인터넷매체에 제일 먼저 제보했다는 사람, 여기 있는 사람들 다 알고 계시죠. 과거에 그 사람이 어떤 일 했는지, 여의도 판에서 모르는 사람이 없고 다 들었을 거다.
그런데 그 사람이 어떻게 갑자기 공익제보자가 되는가. 그렇게 폭탄을 던져놓고 숨지 말고 당당하게 나와서 그 디지털 문건의 출처, 작성자에 대해서 정확히 대라 이 말이다. 그리고 검찰이라는 곳이 엄정하게 조사하는 데지 요건도 맞지 않는 사람을, 언론에 제보하고 공개한 사람을 느닷없이 공익제보자로 만들어 주는 기관인가. 이런 사람들이 공익제보자가 되면 공익제보라는 것의 취지에 맞는 것인가.
(중략)
치사하게 숨어서 하지 말고 의혹 제기하는 사람은 그게 사실 아니면 책임질 각오를 하고 그렇게 해주기 바란다.

포렌식 참관하는 공간에서도 TV를 볼 수 있었다. 거의 모든 뉴스 채널이 윤석열의 국회 소통관 기자회견을 실시간으로 보도하고 있었다. 당황해서 급하게 뛰쳐나온 것으로 보였다. 뒷날 윤석열이 저 영상을 다시 보게 된다면 부끄러워할까?

그는 당황한 표정으로 손을 허공에 내저으며 '괴문서' 타령을 했다. '메이저 언론에서 보도를 하지 않았다' '언론에 제보를 하고 공개했다' '요건에 맞지 않는데 왜 공익신고로 인정했느냐' 따위의 말로 대검 감찰부를 겁박하는 행태를 보였다.

그가 이 책을 읽는다면 알게 되겠지만, 모든 증거는 언론사에 제보하기 전에 먼저 대검에 제공했으며, 디지털 문건을 제공하며 출처는 손준성 검사와 김웅임을 명확하게 제시하였다.

-여의도 판? 어떤 일? 과거? 모르는 사람이 없어?

그것을 지켜보면서 자연스럽게 결심했다. "나는 숨지 않아요."라고 언젠가 전혁수 기자에게 했던 말은 그날의 기자회견으로 더 확고한 선택지가 되었다. 내가 얼마나 철저한 절차에 따라 '피해자 윤석열, 김건희, 한동훈'이 직접 연루된 범죄를 밝혀내는지 지켜보라고.

작용과
반작용

끊임없이 뒤를 쫓고 있었다. 2021년 9월 8일 공수처에 내부 고발 절차(공익신고)를 위해 휴대전화 포렌식까지 마치는 순간에도 그들은 제보자를 쫓고 있었다.

드디어 공수처에까지 공익신고 절차를 밟음으로써 모든 객관적인 증거에 대한 포렌식이 완료되었다. 대검에서 했던 것처럼 나는 모든 과정을 참관했다. 수사기관들은 내가 가진 모든 증거를 확보했다.

전날의 김웅과 윤석열의 기자회견은 나를 깊은 생각에 잠기게 했다. 공수처 포렌식을 마치고 집으로 돌아와 엄마와 저녁 식사를 하면서 말문을 열었다.

"엄마 어쩌면 내가 나서야 할지도 모르겠어."
엄마는 아무런 말이 없었다.
"결국은 나를 찾아내지 않을까?"
엄마는 여전히 묵묵히 듣고 있었다.
"이게 대선이라서 만약 내가 나선다면, 엄청난 일을 겪게 될지도 몰라."

엄마가 말을 돌리며 다른 일상생활 이야기를 하기에 그냥 나도 자연스럽게 다른 이야기를 하며 식사를 끝냈다. 그리고 엄마랑 침대에 나란히 누웠는데, 잠이 들기 전에 엄마가 말했다.

"네가 그런 판단을 했으면 그렇게 해야지. 엄청난 일이라도 겪고 나면 나중에 의미가 있겠지."

한 시간쯤 흘렀을까. 밤늦게 또다시 Y사 기자에게서 전화가 왔다. 기자회견을 보고 난 후 어땠냐, 제보자가 누구 같으냐 따위의 대화가 오갔다. 며칠 동안 포렌식을 하는 시간을 벌기 위해 나는 제보자가 아니라고 거짓말을 하며 그럭저럭 버티고 있었다.

절반은 다른 곳에 정신이 팔린 듯 통화를 하며 컴컴한 밖을 보니 여느 날처럼 남산타워가 우뚝 서 있고, 길가의 불빛은 힘없는 반딧불이 같았다. 그날 밤은 유독 고요했다.

이미 두 수사기관에서 동일한 증거들로 포렌식을 마쳤다고 생각하니 감정이 뒤엉켰다. 기자와 김웅/윤석열의 기자회견을 주제로 이야기하다가 숨을 못 쉬게 꽉 막힌 듯이 갑갑해졌다.

"제보자가 누구인지는 모르겠지만, 나라면 피하지 않을 것 같아요."

전화기 너머로 기자가 "제보자가 숨지 않겠느냐"면서, 9월 7일 대검 감찰부 발로 발표된 '공익신고자 지위 인정'을 두고 왜 그런지 이해가 안 간다는 것처럼 이야기할 때 나도 모르게 불쑥 튀어나온 이야기다.

"윤석열이 대세이건 말던 원래 정면으로 맞설 때 가장 큰 힘이 생기거든요, 그 사람은 피하면 오히려 더 다칠 거예요."
"작용·반작용 법칙. 알고 계시죠? 전 이런 일에도 적용된다고 봐요. 그 제보자가 누가 됐든 정면으로 들이박는 게 제일 좋은 전략일 거예요."

결국, 그건 나에게 스스로 하는 이야기였다.

2021년 9월 9일.

전날 밤에 엄마와 나눈 몇 마디 되지 않은 대화가 나에게 결심을 할 수 있게 했다. 그리고 오전에 국민의힘에 출입하던 〈JTBC〉 최수연 기자한테서 전화가 왔다. 아마 같은 질문을 하겠지.

"언니, 나에게는 말해줘도 돼요. 김웅과도 통화했는데…"

오랜만에 통화한 최수연 기자는 이미 많은 것을 짐작하고 목구멍에 무언가를 담고 있는 목소리였다.

"…어떤 것들을 말이죠?"

"언니, 저는 진실을 알고 싶어요. 정말 잘할게요. 알고 있는 것들을 제게는 이야기 해주셔도 돼요."

"……………"

"제가 정말로 공익신고자 보호뿐만 아니라, 이 사건의 진실을 제대로 보도하고 싶어요. 제보자가 누구인지는 모르겠지만, 나라면 피하지 않을 것 같아요."

내가 기억하는 최기자는 반짝반짝 빛나던 친구였다. 물론 짧은 시간이었지만, 당시 국민의힘 전신인 미래통합당에 출입하던 기자 중에 또래가 많아 가깝게 지내고 식사도 자주 했다. 드문드문 연락을 해도 인상이 깊은 기자였다.

이제 그 순간이 왔나 보다.

"맞아요."

잠깐의 정적을 충분히 기다려 줄 수 있다는 듯이, 최 기자는 묵묵히 듣고 있었다.

"나예요. 내가 공익신고 했어요. 어제 공수처 다녀왔고요."
"언니, 정말 고마워요."
"모든 증거에 대해 포렌식을 마쳤고, 앞으로 어떻게 할지는 고민하고 있어요."

최 기자는 다시 한번 자신을 믿어줘서 고맙다며 "정말 제대로 보도하겠다"고 확신을 줬다.

2021년 9월 10일.
다음 날 새벽부터 전화가 왔다. 다시 최수연 기자였다. 오늘 저녁 〈JTBC〉 뉴스룸에서 단독 인터뷰를 하는 것이 어떻겠냐고 조심스레 물었다. 잠시 스치듯 고민했지만 이내 알겠다고 했다.

안방 침대에 앉아계시던 엄마는 아무런 말 없이 통화 과정을 지켜봤다. 나는 대답을 던지듯 통화를 마치고, 한동수 감찰부장을 추천했던 사람에게 전화를 걸었다.

"오늘 나 〈JTBC〉에 나가게 될 거 같아요."
"성은 씨의 모든 걸 망가뜨리려고 들 거야. 아무것도 못 하게 만들 거고."

걱정이 가득한 그 목소리를 들으면서, 모든 세포가 차분해진 느낌이었다. 오히려 그 순간 나는 '내가 선택할 수 있는 단 하나의 선택지'에 확신이 들었다.

"결국, 나를 찾아내겠죠. 아니, 어쩌면 이미 찾아냈을지도 몰라요."
"............"
"내가 지금 이 벽을 부수고 나가지 않으면 나는 여기서 영영 고립될 거예요. 익명에 가둬놓고 조리돌림하겠죠."
"............"

"내가 나서지 않으면 이 사건은 흐지부지되거나 오히려 더 이상하게 활용될 거 같아요."

"............."

"어쩔 수 없어요. 내가 해야 해요."

그는 아무 말 없이 듣고만 있다가 한숨을 푹 쉬더니 일단 알겠다면서 전화를 끊었다. 그 통화까지 말없이 지켜보던 엄마가 뒤에서 조용하고 단호하게 말했다.

"이 사건이 중대할수록 네가 다치지 않는다고 생각하고 싸우면 안 돼."

"팔 하나는 잘릴 각오를 하고 싸워야지 이길 수 있어."

"큰딸, 할 거면 제대로 해."

단호하지만 따뜻한 엄마의 말이 온몸에 꽂히는 것 같았다. 전류가 흐르는 느낌이었다. 그것만큼 커다란 응원이 있을까. 눈을 바라보니 엄마 또한 모든 것을 각오한 것 같았다.

그날 저녁 나는 그렇게 '공익신고자'로 세상에 드러나게 됐다. 그때까지는 고발사주 사건의 증거가 오직 텔레그램 대화만 존재하는 줄 알았다.

술래잡기

전혁수

별난 '캡처 스타일'

 2021년 9월 3일 밤부터 답답한 상황이 벌어졌다. 계획대로라면 조성은에게서 고발장을 받아 후속보도를 해야 했다. 그러나 공익신고 후 고발장을 넘겨주기로 했던 조성은은 그렇게 하지 않았다. 이진동이 그날 라디오에 나가 "제보자는 국민의힘 사람"이라고 말했다는 이유에서다.
 통상 특종이라고 불릴 만한 기사를 쓰면 방송사 라디오 시사 프로그램에서 출연 섭외가 들어온다. 이진동은 보도 후 내게 라디오 방송에 출연하라고 했지만, 나는 고발장을 입수해 후속보도가 준비될 때까지 라디오 출연은 자제하는 게 좋겠다고 말했다. 그러다 보니 이진동이 미처 거절하지 못한 라디오 프로그램에 직접 출연했는데, 위 발언을 한 것이다.

조성은은 9월 3일 밤부터 〈뉴스버스〉와 아무것도 하지 않겠다고 통보해왔다. 조성은은 단단히 화가 났는지 내 전화까지 차단했다. 윤진희가 조성은에게 전화를 걸어 설득해 보려 했지만, 조성은은 고발장을 제공하지 않았다. 기자 입장에서는 고발사주 사건 보도에서 가장 중요한 근거였던 '김웅-조성은' 텔레그램 대화방을 곧장 공개하는 방향으로 후속기사를 준비할 수밖에 없었다.

9월 6일, 조성은이 7월 21일에 넘긴 텔레그램방 캡처 파일 5장을 공개하고, 김웅이 조성은에게 "확인하시면 방 폭파"라고 요구한 내용, 김웅이 나와의 통화에서 "윤 총장 측 입장에서는 하고 싶었을 수도 있다"고 발언한 사실을 담은 기사 3건을 오전 7시 15분에 내보냈다. 그리고 이날부터 내가 직접 라디오 대응을 맡았다. 중요 근거를 제시한 만큼 이제부터는 라디오 등을 통해 사건의 실체에 대해 적극적으로 설명할 필요가 있었기 때문이다.

〈MBC〉로 향하는 길에 뉴스를 검색하다가 〈한겨레〉가 고발사주 고발장을 입수했다고 보도한 사실을 확인했다. 〈한겨레〉는 고발장 내용을 구체적으로 서술하고, 김웅과 조성은의 대화방에서 오간 내용까지 기사에 담았다.

추후 조성은은 자신이 제보한 것이 아니라고 했지만 당시 나는 조성은이 〈한겨레〉에 제보했다고 생각했다. 마음이 편해졌다. 고발장 내용은 고발 사주 사건 보도의 흐름으로는 반드시 보도됐어야 한다. 고발장을 받기 위해 애를 쓰던 나로서도 족쇄를 풀어낸 기분이었다. 내가 아니면 어떤가. 적절한 시기에 국민의 알 권리를 충족하는 게 중요하지.

조성은에게 〈한겨레〉 기사 링크를 보내고, 문자메시지도 보냈다.

"성은 씨, 잘했어요. 고마워요."

이날 출연하기로 한 매체는 〈MBC〉 '김종배의 시선집중'이었다. 여러 방송국에서 연락이 왔지만, 모든 방송사의 시사 라디오 프로그램 진행자 중 정통 기자 출신인 김종배보다 신뢰도가 높은 사람은 없다고 판단했다.

당시는 고발 사주 사건에 대해 윤석열 캠프 사람들은 여러 라디오를 돌아다니며 '조작 가능성'을 제기하고 있었다. 2021년 9월 2일 보도 당시 공개한 '손준성 보냄' 표시의 글자 모양이 통상적인 휴대전화 폰트와 다르다는 이유에서다. 휴대전화 폰트 설정을 변경하면 글자 모양이 바뀌는 것은 너무 당연한 일이다. 황당무계한 주장인데, 언론은 이를 '반론'이라며 보도했다.

또 윤석열 측은 '제보자가 도대체 누구냐'며 제보자 색출에 나섰다. 그간 여러 사건을 취재했지만, 이처럼 제보자를 밝히라고 요구하는 경우는 처음이었다. 기자가 지켜야 할 첫째 의무가 '취재원 보호'인데 제보자를 밝히라니. 정말 황당한 일이었다. 이런 주장이 취재·보도 윤리에 맞지 않는다는 것을 다 알 텐데도, 다수 언론이 제보자를 찾아야 한다는 여러 정치권 인사의 발언을 그대로 옮겼다. 나는 지금도 이 일은 한국 언론이 나중에 반드시 짚어봐야 할 '보도 참사'라고 생각한다.

김종배는 노련한 언론인답게 제보자를 색출하려는 시도가 부적절하다고 이야기할 수 있게 길을 열어줬다.

인터뷰를 마치고 〈MBC〉를 나서는데 조성은에게서 연락이 왔다. 자신은 〈한겨레〉에 고발장을 넘긴 적이 없다고 했다.

"전 기자님이 고발장을 안 갖고 있으면 안 되지. 만납시다."

조성은과 이태원 모 식당에서 만나기로 한 나는 약속 시간보다 30분 정도 먼저 도착했다. 시간이 남아 골목길에서 담배를 피우며 마음을 가라앉히고 있는데, 전화가 걸려 왔다. 공수처였다.

"전혁수 기자님 되십니까? 공수처입니다."

"예, 어떤 일이십니까?"

"저희가 전 기자님이 보도하신 사건과 관련해서 조사를 요청 드리고 싶어서요. 면담 방식으로 진행할 것이니 부담은 갖지 않으셔도 됩니다. 혹시 오늘 시간이 되십니까?"

"제가 오늘은 약속이 있어 어렵습니다. 내일은 어떠신가요?"

"예, 좋습니다."

보도 4일 만에 공수처에서 전화가 걸려 왔다. 사실 이 사건은 공수처가 수사하는 것이 적절했다. 2021년 9월 7일 오전 10시에 공수처를 방문하기로 했다.

공수처의 수사 대상에 각종 고위 공무원들이 포함되지만, 공수처 설립의 여러 목적 중 가장 중요한 이유는 기소권을 독점하고 수사권까지 가진 검찰을 견제하는 것이다. 공수처 설립 후 윤석열에 대한 고발이 워낙 많이 접수되다 보니, 많은 사람이 공수처를 정치 편향적인 기관 아니냐고 비난했지만, 검찰 견제라는 공수처 본연의 업무를 수행하는 과정에서 벌어지는 자연스러운 일이기도 했다.

조성은을 만났다. 조성은은 김웅이 2020년 4월 3일 보낸 각종 페이스북 캡처 등 증거자료와 실명 판결문, 고발장(1차), 4월 8일 보낸 고발장(2차)을 저장한 USB를 내게 내밀었다. 나는 조성은이 넘긴 파일을 내 컴퓨터에 옮겼다.

조성은이 갑자기 물었다.

"전 기자님, 혹시 예전에 한동훈이 보냈던 캡처 파일 하나만 줄 수 있어요?"

보도 전날 밤 통화에서 내가 언급한 사진파일을 이야기하는 듯했다. 그날 나는 조성은에게 "혹시 증거자료로 수집된 휴대전화 캡처 파일의 상단과 하단이 잘려 있지 않느냐"고 물었다.

휴대전화 화면을 보면 상단 좌측에는 통신사, 우측에는 휴대전화의 벨 상태, 배터리 보유량이 나온다. 하단에는 뒤로가기 등이 표시돼 있다. 즉, 휴대전화로 캡처할 경우 캡처한 사람의 휴대전화 기종, 사용 통신사 등 정보를 확인할 수 있다. 개인정보 보호에 민감한 사람들은 캡처 파일을 외부로 전송할 때 캡처 사진의 위아래 부분을 잘라서 보냈다. 내 주변에도 이런 습성을 보이는 사람이 있었는데, 바로 한동훈이다.

이 때문에 당시 조성은이 고발장을 읽어주는 과정에서 고발 사주 사건에 검찰이 연루돼 있을 가능성이 있다고 판단해 캡처 파일 전송 양태를 물었던 것이다. 그리고 실제로 캡처 파일의 위아래가 잘려 있었다. 한동훈인지 아닌지는 확인할 수 없으나, 적어도 개인정보 보호에 매우 민감한 사람이 사진파일을 보낸 사실을 알 수 있는 대목이었다.

주지 않을 이유가 없었다. 조성은은 대검 감찰부에 공익신고를 했다. 또 내가 내일 공수처 조사를 받고 오면 공수처에서 조성은을 소환할지도 모를 일이다. 내가 동의한 자료를 넘겨준다면 수사기관이 진실을 밝히는 데 도움을 줄 수 있을 거라 판단했다.

"전체를 다 줄 수는 없고요. 한 장 정도만 캡처해서 줄게요."

조성은에게 고발장을 받은 나는 곧장 회사로 복귀해 고발장 전문을 담은 기사를 게재했다.

기자가
제보자를
보호하는 법

 2021년 9월 7일, 공수처에 면담조사를 받으러 출석했다. 정식 수사가 시작되지 않은 만큼 공수처는 비공개 출석을 요청했는데, 들어가는 절차가 꽤 복잡했다.

 정부과천청사 맞은 편에 위치한 과천문화예술회관 주차장에서 공수처 수사관을 만났다. 공수처 수사관은 검은색 밴에 나를 태우고 중소벤처기업부 후문에 차를 댔다. 그곳에서 엘리베이터를 타고 5층으로 올라갔다. 그곳이 공수처였다.

 이러한 절차를 거친 이유는 공수처가 독립청사가 아닌 정부과천청사에 있기 때문이었다. 서울중앙지검의 경우 비공개 소환을 할 때 지하 주차장에 차를 대고 서울고등검찰청 건물을 거쳐 출석하는 방법이 있다. 그러나 공수처는 중소벤처기업부와 같은 건물을 사용하기 때문에 간단한 비공개 소환도 불가능했다.

나를 면담한 사람은 판사 출신인 최석규 수사3부장과 김숙정 검사, 강혜성 수사관이었다. 최석규가 커피를 한 잔 타 줬는데, 동석자들의 말로는 그가 매우 아끼는 커피라고 했다.

면담은 화기애애한 분위기에서 진행됐다. 취재 경위에 대해 질문하면 내가 답변하면서 취재 과정에서 확보한 자료를 보여주는 방식으로 진행됐다. 내 선에서 전달할 수 있는 자료는 강혜성의 이메일로 보냈다.

이날 내게는 공수처 조사보다 중요한 일정이 있었다. 조성은의 공익신고를 최종 확인해 보도하는 일이었다. 김웅은 "국민의힘 사람"이라는 이진동의 라디오 발언과 전날 자신과 조성은의 채팅방을 공개한 보도를 종합해 제보자가 조성은이라는 것을 알아챈 듯했다. 김웅은 여러 언론매체와 인터뷰하면서 "제보자가 누군지 안다"는 취지로 말했다. 국회를 출입하는 기자들의 말로는 "이미 김웅이 제보자가 조성은이라고 흘리고 다닌다"고 했다. 김웅이 제보자의 신원을 공개할 것이라는 얘기도 나왔다.

제보자가 조성은이라는 사실이 언론 윤리와 관계없이 공식

화되는 것은 시간문제였다. 윤리 따위는 내팽개쳐지는 대선판, "제보자는 조성은이다"라는 비윤리적인 기사를 쓰고도 남을 매체가 많아 보였다.

하지만 여전히 나는 제보자가 조성은이라는 사실이 철저히 비공개에 부쳐지기를 원했다. 실명이 거론되며 피해를 보는 것을 원치 않았기 때문이다. 그것이 내가 기자로서 할 도리라고 생각했다.

방법은 하나뿐이었다. 조성은이 공익신고를 한 사실을 공개하는 것이다. 공익신고자보호법에 따라 공익신고자의 정보를 공개하는 사람은 처벌받을 수밖에 없는 상황을 만드는 것이다. 그리고 이를 보도로 공표해 더 이상 조성은을 찾지 못하게 하려 했다.

이 때문에 공수처 조사를 받으면서도 조성은의 동태를 파악하려 노력했다. 잠시 틈을 내 공수처 건물 밖으로 나와 담배를 물고 조성은에게 전화를 걸었다.

"어디예요?"
"감찰부에 조사받으러 왔어요. 공익신고 절차 마무리해야지."
"네, 나는 공수처예요. 그럼 끝나고 통화합시다."

곧바로 이 사실을 회사에 보고했다. 윤진희가 조성은의 공익신고 사실을 기사로 작성했다. 더는 제보자의 신상에 대해 왈가왈부하지 말라는 뜻이었다. 윤진희의 기사에는 조성은을 보호하기 위한 노력이 가득 담겼다.

"A씨가 공익신고자 신분이 됨에 따라 A씨가 누구인지 추정할 수 있는 인적사항이나 A씨가 공익신고자임을 미루어 알 수 있는 사실을 다른 사람에게 알려주거나 공개 또는 보도하는 행위가 금지된다. (공익신고자보호법 제12조 제1항) 공익신고자의 신원을 공개할 경우 5년 이하의 징역 또는 5,000만 원 이하의 벌금으로 처벌받게 된다."

2021년 9월 8일 오전 9시 30분. 김웅은 기자회견을 열었다. 이날도 일부 기자들이 제보자가 누구인지 캐묻기 시작했다. 그러나 김웅은 조성은에 대해 어떠한 말도 꺼내지 못했다.

비슷한 시각 대검 감찰부는 기자들에게 "뉴스버스 보도 관련 제보자의 공익신고서 등을 제출받아 관계 법령상 공익신고자로서 요건을 충족했음을 확인했다"고 밝혔다.

사라진
'손준성 계정'

　이 정도 보도했으면 믿을 만도 했다. 그러나 언론 보도를 못 믿는 병이라도 걸렸는지 윤석열 측이 내놓은 '조작' 음모론이 내 보도와 팽팽히 맞서고 있었다. 그 조작 타령은 누구라도 '손준성'으로 전화번호를 저장하면 '손준성 보냄'이라는 화면이 뜰 수 있다는 허무맹랑한 주장으로 이어졌다. 이런 내용이 언론 보도를 타는 것을 보며 어이가 없었다.

　조성은이 나에게 온전한 제보를 한 것도 아니거니와 그녀가 굳이 2020년 4월 3일에 손준성을 알고 그의 이름으로 허위 아이디를 만들어 조작할 이유는 어디에도 없었다. 그럼에도 윤석열 캠프를 진원지로 하는 조작 타령은 계속됐다.

2021년 9월 11일 새벽, 조성은에게서 연락이 왔다. 손준성 번호가 있느냐는 것이었다. 아무 생각 없이 조성은에게 휴대전화에 저장된 손준성 전화번호를 전송했는데, 그게 아니라는 듯 웬 캡처 파일이 날아왔다. 손준성의 텔레그램 프로필이었다.

"확인해 봐."

순간 손준성 프로필을 확인해 보라는 뜻이라는 것을 알았다. 혹시나 하고 손준성 텔레그램 프로필을 열었는데, 조성은이 보낸 텔레그램 프로필과 일치했다. 조성은에게 대답하며 내 휴대전화에서 캡처한 손준성의 텔레그램 프로필을 보냈다.

"맞네."

'손준성 보냄'의 베일이 명확하게 벗겨지는 결정적인 순간이었지만, 진지하지 않은 웃음만 나왔다. 한참을 웃은 우리는 기사를 언제 쓸지에 대해 고민했다. 조성은은 언론 보도보다 수사기관에 제출하는 것이 먼저라고 했다. 내 생각도 조성은과 같았다. 나는 조성은에게 "꼭 나 아니어도 되니까 공개하라"고 해줬다.

2021년 9월 13일 조성은은 "오늘까지는 시간별로 손준성이 계정 터뜨리는지 여부를 계속 체크좀 해달라"고 부탁했다. 이날 아침 7시가 조금 넘은 시각, 조성은과 약속대로 텔레그램의 손준성 프로필을 확인했는데 갑자기 '탈퇴한 계정'이라는 문구가 떴다.

"탈퇴한 거 같은데?"

마침 그 시각 조성은은 〈CBS〉 '김현정의 뉴스쇼'에 출연했다. 조성은은 함께 프로필을 확인하는데 갑자기 손준성의 텔레그램 프로필이 사라졌다고 했다. 조성은에 따르면, 주변에 있던 작가들과 PD들도 이 장면을 직접 눈으로 목격했다고 한다.

조성은은 라디오에서 '손준성 보냄'의 프로필이 손준성 검사의 것이라는 사실을 즉석에서 폭로했다. 나는 조성은과 나눈 대화를 토대로 '손준성 보냄'의 손준성이 '대검 수사정보정책관 손준성'이라는 사실을 보도했다.

후에 알았지만 조성은은 〈JTBC〉 기자 이서준에게도 손준성 프로필을 전송하고 '손준성 보냄' 메시지 일부를 건넸다. 이서준은 자신이 가지고 있던 손준성 번호와 조성은이 가지고 있던 '손준성 보냄' 메시지를 영상으로 검증하는 리포트를 내보냈다. 이 영상은 후일 손준성 재판에서 중요한 증거자료로 쓰이게 된다.

PART 04

조성은 | 7장 | **추적**

퍼즐 맞추기
'손준성 보냄'
복구된 통화녹음 파일
손준성의 '자백'
"거기서 왜 윤석열이 나와?"

전혁수 | 8장 | **고발사주와 검언유착**

한동훈의 대역
윤석열의 한동훈 구하기
한동훈의 김건희 감싸기
'검언유착 녹음파일' 찾아다닌 검찰총장
'친윤 언론'의 육탄방어

추적

조성은

퍼즐 맞추기

여전히 그들은 뒤를 쫓기 시작했다.

내가 공익신고자 모습으로 세상에 드러나기 전과는 전혀 다른 양상이었다. 언론은 제보자가 누구인지를 더는 알아낼 필요가 없었기 때문에 각자의 롤 플레이에 따라, 때로는 사건의 실체를 알기 위해서, 때로는 노골적인 협박과 사건 왜곡을 위해서 나를 뒤쫓아 왔다.

⟨JTBC⟩에 출연해 공익신고자 신분을 드러낸 다음 날, 모 언론사에서 알고 지내던 기자에게서 노골적인 전화가 왔다.

"데스크에서 이 사건이 터지면 정권 교체에 실패한다고 했어요. 조 대표님(*내가 '올마이티 미디어'라는 회사의 대표이사였기에 '조 대표'라고 불렸다)의 남자관계, 추잡한 것 등 뒤를 털라고 했는데, 이건 저니깐 알려주는 거예요. 그러니 제 질문에는 좋은 대답을 해 줬으면 좋겠어요."

국민의힘과 윤석열 캠프, 그리고 그들과 결을 같이 하는 몇몇 언론사가 제보자가 드러나기를 바랐던 것은 지독하고 저급하게 메신저 공격을 해서 그 공익신고 내용의 신뢰도를 떨어뜨리거나 그 사건의 실체가 없다면서 사건을 왜곡하기 위해서였다. 이미 9월 3일 대검에서 공익신고를 한 경위에 대해 "그들이 사건 은폐나 왜곡을 위해 그다음 할 것은 메신저 공격"이라고 진술한 바 있다.

특히나 중대한 대선 기간에는 모든 선거캠프와 정당이 목숨 걸고 싸울 것이 예상되었다. 제보자로 드러나기 전에 대검과 공수처에 객관적인 포렌식 절차를 모두 마친 것이 정말 다행이라고 생각했다.

진실이 드러날수록 저항이 거세게 몰려왔다. 나는 멈출 수 없이 진실을 쫓아가야만 했다.

-고발장의 실체는 무엇일까.

나에게 던져진 질문이었다.

공익신고자의 신분이 드러난 다음 날부터 전혁수 기자와 나는 수시로 통화하며 자료를 수집하고 추론했다. 수사 관련 정보나 같은 시기의 언론 보도, 검사 배치표, 대검의 공보 내용부터 검찰총장 윤석열의 징계 과정에서 나온 내용까지 샅샅이 뒤졌다.

2021년 9월 16일.

추석 연휴였다. 나의 공익신고로 개시된 감찰 사건은 이후 대검에서 서울중앙지검으로 이관되어 수사가 계속 진행되었고, 나는 이 사건에 관한 추가적인 포렌식과 데이터 선별 과정에 참여하기 위해 추석 연휴 모두를 중앙지검에서 보냈다.

전 기자가 기사를 쓰기 전날 통화에서 "포렌식을 하면 거의 모든 증거가 복구될 것"이라고 했던 그 절차였다. 그날도 포렌식 참관과 선별을 위해 서울중앙지검에 비공개 출석했다. 어느덧 익숙해진 듯 강남성모병원 주차장에 도착한 다음 자연스럽게 수사관의 검은색 차로 바꿔타고는 포렌식 센터로 향했다.

이미 제보를 한 사실이 드러났어도, 감찰 과정 중의 수사인 데다 객관적이고 신뢰도 높은 증거조사가 필요했기에 수사 자체가 비밀리에 붙여졌다. 완벽한 수사가 끝나기 전까지는 여전히 첩보영화를 찍는 느낌이었다.

"안녕하세요, 조성은씨. 이한울 검사라고 합니다. 제가 참관을 배석할 거고요. 잠시 기다려 주시면 절차를 시작하겠습니다."

5분쯤 지났을까.

포렌식 센터라고는 하지만 세 사람이 들어가면 꽉 찰 것 같은 조그마한 장소에 누군가가 문을 열고 들어왔다. 긴 머리를 질끈 묶고 들어온 여자 수사관. 나중에 기자들에게 들었는데, 포렌식 분야에서 매우 뛰어난 기술을 보유한 사람이라고 했다. 차분하고 과묵하다고 할 정도로 조용한 인상이었다.

나는 호기심이 많은 성격이라 처음 보는 낯선 포렌식 프로그램에 이것저것 궁금증이 생겼다. 그전까지 내가 아는 포렌식은 〈채널A〉 검언유착 의혹 사건에 연루된 한동훈 검사의 휴대전화와 관련된 내용이 다였다. 한 검사의 휴대전화 기종이 아이폰11이고 비밀번호가 수십 자리라서 보안 해제 기술의 한계로 포렌식을 할 수 없어 제대로 수사할 수 없었다는 이야기가 회자했기 때문이다.

-이거 새 건데...

휴대전화를 물끄러미 쳐다봤다. 9월 2일 보도 당일 오후, 나는 전에 쓰던 휴대전화를 증거로 제출할 생각이었기 때문에 부랴부랴 집 근처 삼성 스토어 매장에 가서 Galaxy Fold 3를 사 들고 왔다. 나온 지 며칠 안 된 최신식 기종이어서 포렌식을 할 때 어려울 수 있다는 이야기를 언뜻 들은 바 있다.

여자 수사관과 내가 있는 그 작은 공간은 문을 열어뒀다. 배석하는 검사와 나를 데리고 온 남자 수사관이 잠깐씩 왔다 갔다 할 때 빼고는 적막했다. 조용히 침묵만 흐르는 그 낯선 공간에서 조금이라도 편해지려면 무언가를 질문해야만 했다.

"이거 제가 며칠 전 새롭게 개통한 휴대전화 기종이라서 포렌식이 안 되면 어떡하죠?"

"이 기종으로는 중앙지검에서 첫 번째로 포렌식 당하는 영광을 누리는 게 아닐까요?

농담이 섞인 뜬금없는 질문이긴 하지만 나만의 아이스 브레이킹(Ice Breaking)* 이었다. 여자 수사관은 모범생처럼 말간 얼굴로 잠시 날 쳐다보더니 무심하게 툭 던지듯 말했다.

---

* 새로운 사람을 만났을 때 어색하고 서먹서먹한 분위기를 깨뜨리는 일(네이버 어학사전).

"Galaxy Fold3는 벌써 다른 범죄 사건으로 포렌식을 했습니다. 첫 번째가 아니에요."

-오. 나보다 빠른 사람들이 있다니.

"역시 요즘은 범죄를 저지르려면 최첨단 기계가 필수인가 보네요. 얼리어답터(early adopter)**답군요."

둘 다 피식 웃었던 것 같다.

조금은 풀어진 공간과 공기 덕분일까? 온 가족, 친척이 모인 집은 뒤로 한 채 연휴 동안 이 공간에서 며칠간 지루하지 않고 알차게 보내기 위해 그동안 누구에게도 꺼내지 않았던 질문을 틈틈이 던졌다.

"수사관님, 이게 그 포렌식 프로그램인가요?"
"수사관님, 어떤 원리로 되는 건가요?"
"수사관님, 이건 어떤 절차인가요?"
"수사관님, 정말 아이폰은 포렌식을 할 수 없나요?"
"수사관님, 'Celebrite'이라는 포렌식 프로그램은 국내 도입

** 신제품을 남보다 빨리 구입해 사용해 보는 사람들을 뜻하는 신조어(네이버 어학사전).

예정이 없나요?"

아마도 유치원에 막 들어간 아이처럼 내 눈이 신기함으로 초롱초롱했을 것이다.

-세상에. 포렌식 절차에 참관하다니.
여전히 수사관은 조용하고 딱딱하지만 성실하고 친절하게 답변을 해줬다.

"지금 하는 거는 이미징이라고 해요. 이건 휴대전화 정보를 수사기관 컴퓨터로 복제하는 과정입니다."

모니터에 뜬 예상 시간은 약 8시간. 조금 더 빨리 줄어드나 싶었지만, 그런 일은 없었다.

"수사관님, 'Celebrite' 프로그램은 진짜 비싸서 못 사는 거예요? 법무부가 2억도 안 준대요?"
"옛날 버전은 있습니다."

그런 대화가 오가는 중에 약 5만 장의 사진과 파일이 복구되었다. 삭제되었던-남들에게 보여주기 부끄러운-내 셀카 사진과 우리 고양이 사진이 살아나고, 워낙 동물을 좋아한 터라 당나귀, 펭귄, 송아지, 앵무새 등 온갖 동물 사진이 튀어나왔다. 메시지나 각종 파일은 생성된 시간과 삭제된 시간까지, 내려받은 파일의 일시도 다 기록되어 있었다. 잠자던 것들이 모두 부활했다.

"이것이 그 고발장 사진이죠?"
"맞아요. 몇 번이나 저장되어 있네요."

수만 장의 사진파일 속에서 '2020년 4월 3일자'와 '2020년 4월 8일자'로 보내진 2개의 고발장 사진 묶음은 여러 차례 복구되었다. 또 그 시기 휴대전화 메시지부터 통신 기록, SNS 기록까지 모두 촘촘하게 복구되는 것을 지켜보면서 조금이라도 사건 실체에 다가갈 수 있기를 바라고, 또 바랐다.

'……어?!'

사진 탭과 메시지 탭을 지나서 모니터에는 통화녹음으로 보이는 2개의 음성파일이 복구되어 있었다. 음성파일의 제목에는 숫자가 빼곡했는데, '010-'으로 시작하는 것으로 미뤄 휴대전화

번호와 통화 일시 등이 나란히 기록된 것 같았다. 파일 제목에서 보이는 번호를 휴대전화에 저장된 연락처에서 찾아봤다.

"저 번호, 김웅이네요."

그 음성파일의 통화당사자는 내 휴대전화에 저장된 '(미)국회의원 김웅'으로 확인되었다.

9월 10일 〈JTBC〉 앵커와 대담할 때는 김웅과의 통화나 음성녹취가 전혀 없는 줄 알았기 때문에 녹취가 존재하느냐는 앵커의 질문에 "없다"고 했다. 오직 기억에 의존해 인터뷰를 진행했다.

그런데 2020년 4월 3일 고발장을 처음 받은 그날, 김웅과의 통화로 보이는 2개의 음성파일이 눈앞에 떡하니 나타난 것이다. 두 분의 수사관과 배석한 검사까지 그 광경을 모두 지켜봤다.

-듣고 싶다.

수년이 지난 지금까지도 그날 그 순간만큼 무언가를 확인하고 싶은 충동에 휩싸인 적이 없다. 그 복구된 음성파일이 너무 듣고 싶었지만, 포렌식 참관의 경우 수사 중 복구된 정보에 접근하는 것까지는 허락하지 않는다. 포렌식 선별 과정에서도 수사 정보와 관련된 날짜나 관련자 등이 특정된다면 그 외의 불필요한 정보를 제거할 수는 있어도 복구된 수사 정보가 증거로 채택되기 때문에 그 좁은 장소에서 나는 들어볼 수가 없었다. 그 복구된 통화가 너무 중요하다는 것을 직감했다.

그렇게 수사절차에 협조하며 모든 포렌식 절차를 참관했다. 귀찮음보다 새로운 정보와 절차를 알아가는 것이 신기하고 흥미로웠기에 적극적으로 참여했고, 때로 증거들이 복구되면 신이 났던 것도 같다.

이후 대검 포렌식 센터와 9월 27일 공수처의 포렌식 절차를 참관하는 과정에서도 갤럭시 노트10, 갤럭시 S10에서 같은 내용의 사진파일, 메시지와 같은 제목의 음성파일이 복구되었다. 여러 수사기관에서 각각 그날의 파편이 하나둘씩 드러났다. 차츰 새롭게 쌓이는 증거들은 나에게 그다음 길을 안내하고 있었던 것이다.

같은 시기 윤석열 캠프와 국민의힘은 점차 도를 넘는 망언을 쏟아냈다. 저급하고 도무지 국회의원의 발언이라고는 상상조차 할 수 없을 정도로 처참한 발언들이었다. 공익신고가 된 사건임에도 공익신고자인 나에 대한 성적 희롱은 당연하고, 너무 허무맹랑한 수준의 허위사실을 유포하는 것은 물론 '국정원 정치 공작설'에 목을 매고 있었다.

그날도 서울중앙지검에서 헛소리와 모욕을 늘어놓던 윤석열 캠프의 주요 인사들과 국민의힘 의원들(장제원, 권성동, 김기현 등)을 고소하러 가는 길이었다.

"조 대표님, 검찰에서 발표했습니다. 검사들 범죄가 확인돼서 지금 검찰에서 공수처로 모두 이첩됐답니다. 고생하셨어요."

자주 연락하던 김태현 기자의 전화였다.

그리고 다음날인 10월 1일 국민권익위원회(위원장 전현희)는 공익신고자의 지위 인정과 보호조치 등을 인정하였다. 대검을 비롯한 여러 수사기관에서 텔레그램 등의 증거가 조작되지 않은 것을 확인했다는 기사가 하나둘씩 나오기 시작했다. 첫 성과였다.

그동안 함께 사건을 뒤쫓아 온 기자들이 없었다면 불가능한 일이다. 결국 디지털포렌식 절차로 대검 수사정보정책관 검사 손준성의 범죄 관여가 객관적으로 확인된 것이다. 그렇게 우리는 진실에 한 발짝 더 다가서게 됐다.

'손준성 보냄'

 2021년 9월 1일, 〈뉴스버스〉 보도 직전 전혁수 기자와 통화하면서 '김웅'과의 텔레그램 방을 삭제했던 것은 김웅이 '방 폭파'를 하면 내 대화방까지 없어진다고 생각했기 때문이다.
 '방 폭파'를 주문할 때부터 김웅은 고발장 전달의 위법성을 인식했다고 봐야 한다. 따라서 이미 전 기자의 반론 취재로 사건 내용을 알아차린 김웅이 나와의 텔레그램 대화방을 발견하면 그 즉시 방을 폭파해 증거가 인멸될지 모른다고 우려한 것이다. (*추후 확인해 보니 텔레그램 방 삭제의 경우 '전체 채팅방 모두 삭제'와 '본인의 대화방만 삭제' 중 선택할 수 있다.)

여러 수사기관에서 조사하는 과정에서 '방 폭파' 후유증이 발견됐다. 이미지로만 남은 대화방은 증거가 되기에 부족했다.

-그냥 아무 대책도 없이 대화방을 삭제할 내가 아닌데.
-분명 어디 보관을 해뒀을 텐데…

공익신고 후 며칠 동안 대검과 공수처의 포렌식에 참관한 나는 자신을 다그쳤다. 수사관과 검사의 아쉬운 듯한 눈빛이 더더욱 조급하게 만들었다.

2021년 9월 10일 새벽 4시.

"맞다!!!!!! 찾았다!!!!! 찾았어 엄마!!!!!!!!!!!!"

공익신고, 공수처, 기자회견, 기자들의 전화. 마지막 기자와의 통화까지 곱씹으며 잠을 설치던 어렴풋한 새벽에 갑자기 생각났다. 'QUO'.
침대에서 벌떡 일어나 새벽 4시가 조금 넘어서 소리를 질렀다. 매트리스를 쾅쾅 쳐 대며 얼마나 우렁차게 소리를 질렀으면 옆에서 자던 엄마가 비몽사몽간 "찾았어? 찾았다고?" 했을까.

"엄마, 찾았어. 내가 따로 보관해 놨어."

그래. 'QUO'. 'Talkatone'이라는 난생처음 써본 앱으로 만들어놓은 텔레그램 계정. 보통 메신저 앱은 휴대전화 번호로 계정을 생성할 수 있다. 8월 11일 그날 허겁지겁 만든 계정에 저장해둔 모든 것이 세상에 드러나게 되었다.

휴대전화를 다시 켜고 부랴부랴 텔레그램 앱에 접속했다. '손준성 보냄'이 태그된 상태로, 순서대로 전달된 메시지들이 존재하고 있었다. 엄마는 곁에서 자세한 내용은 알지 못해도 가장 중요한 증거를 찾아낸 것으로 알고 "정말 다행"이라고 몇 번을 말했다. 새벽 6시가 지난 지 채 몇 분이 되지 않았지만, 전혁수 기자에게 당장 알리고 싶었다.

보도가 시작된 즉시 다들 텔레그램 기능에 관심이 집중됐다. 김웅과 윤석열 측은 '대화방 이미지'는 전부 조작이라며 정치공작 타령을 하던 터라 텔레그램 메시지가 조작 가능한지, 진정성립***이 가능한지를 증명하는 문제로 한창 공방이 오갔다.

〈JTBC〉에 공익신고자임을 밝히기로 한 그날 새벽 찾아낸 '손준성 보냄'의 메시지였다. 오후 4시에 뉴스룸 사전 촬영이 시작

*** 문서의 작성과 내용이 명의자의 의사대로 이루어져 진정성이 인정됨(네이버 국어사전).

되었지만, 방송은 오후 8시였다. 그때까지는 모든 연락을 차단하고자 휴대전화까지 끈 상태였다.

방송을 마친 후 휴대전화를 다시 켜니 부재중 통화만 30여 통이었다. 〈JTBC〉 뉴스를 통해 신분이 드러난 지 겨우 몇 분 만에 나를 둘러싼 세상이 뒤바뀌어 있었다. 앞으로의 대응을 고민하는 것보다 먼저 뇌리에서 계속 확인한 것은 '손준성 보냄'의 메시지였다.

〈JTBC〉 최수연 기자를 비롯해 방송을 마치고 나오며 마주친 기자, 작가 몇 사람이 "텔레그램 기능 중 'ㅇㅇㅇ 보냄' 부분을 눌러봤느냐"고 물었다.

"그걸 누르면 뭐가 뜨나요?"
"전달했던 사람이 차단만 해놓지 않으면 원래 전달자 프로필이 떠요."

공익신고 사실을 공개한 후 그날 밤 12가 넘도록 폭풍우가 몰아쳤다. 몇몇 기자는 내 SNS를 뒤져 '정치공작' 프레임을 강화하려는 질문을 던졌고, 평소 알고 지내던 기자들은 내가 그동안 수사기관 절차로 인해 제보자가 아니라고 본의 아니게 거짓말을 한 것에 섭섭함을 토로하면서도 이해한다고 했다.

-'손준성 보냄'을 눌러봐야 한다고 했지.

그 와중에도 온 신경이 쏠린 것은 '손준성 보냄'이었다. '이걸 어떻게 확인하지?' 하며 눌러 봤더니 큰 나무가 있는 프로필 사진에 '손준성'이라고 떴다.

-진짜였어. 손준성이야.

마지막 절차가 남았다. 검사 손준성이 쓰는 전화번호상의 프로필과 지금 내 폰에서 보이는 손준성의 프로필이 동일한지를 확인하는 것. 나에게는 검사 손준성의 휴대전화 번호가 없었다.

금요일에서 토요일로 넘어가는 밤 늦은 시각이었지만, 가장 중대한 확인 절차를 늦출 수는 없었다. 전 기자에게 카톡을 했다.

고발사주 사건 보도 후 가장 극적인 순간이었다. 전 기자는 내가 손준성의 연락처를 알고 싶어한다고 생각했는지, 곧바로 손준성의 전화번호를 공유했다.

카톡으로 우리는 곧바로 '손준성'과 '손준성 검사의 연락처'의 프로필 사진을 동시에 보내 확인했다.

-맞네.

드디어 '손준성 보냄'으로 검사 손준성을 찾아냈다. 우리는 모두 흥분하고 즐거웠다. 전 기자가 보도한다는 것을 만류하고 먼저 수사기관에 제출하기로 했다.

그날 오후 8시 4분경, 공수처에서 고발사주 사건을 수사하는 부장검사의 텔레그램으로 직접 '손준성 보냄'의 메시지를 전달했다. 모든 것은 수사기관 먼저, 언론 보도는 그다음이었다. 수사기관이 가장 먼저 중요한 증거를 확보해야 보도 전 흔들림 없이 수사할 수 있었다.

다음 날 점심때 〈JTBC〉 이서준 기자가 텔레그램으로 연락해 왔다. 대학 시절 토론학회를 같이 했던 인연으로 정당 생활을 하면서 몇 년에 한두 번씩 학회 사람들의 결혼식 등에서 인사하던 기자이자 학교 선배였다.

"인터뷰 잘 들었어요. 수사가 시작됐으니 수사 부분은 저희

팀에서 보도하는데요"라며 하루 전날 〈JTBC〉의 단독 인터뷰를 잘 봤다며 안부를 겸한 메시지였다. 반가움에 곧바로 전화했다. '손준성 보냄'의 계정을 모두 확인했는데 먼저 공수처와 수사기관에 제출하겠다면서 새벽에 확인했던 내용을 알려줬다.

그 내용에 동의하던 이서준 기자는 "'손준성 보냄'의 손준성이 손 검사였다는 것만 확실하게 보여주면 많은 잡음을 걷어내고 수사 국면이 시작될 수 있지 않을까 생각합니다"라고 말했다.

-일단 수사기관에 전달한 후에 이서준 기자님께 메시지 전달해 드릴게요.

그날 오후 8시, 최석규 공수처 부장검사의 텔레그램으로 직접 메시지를 전달한 후 약 두 시간 뒤 답변을 받았다. 그쪽에서 요청한 대로 이메일로 같은 내용을 전달했다.

다음 날인 12일에는 〈SBS〉 뉴스의 사전 녹화 인터뷰가 있었다. 마치고 나니 오후 7시가 조금 넘었다. 수사기관에 충분히 전달됐다고 보고 이서준 기자에게 관련 내용을 모두 전달했다. '손준성 보냄'이 붙어있는 채로, 김웅이 나에게 전달했던 그 방식 그대로 이 기자에게 전달하자 "맞네요, 네네"하며 답장이 왔다.

다음 날 '손준성 보냄'은 'Deleted account(삭제된 계정)'이

	최석규 공수처 수사3부장 검사	조성은
22:13	조 대표님 위 문건과 종전에 카톡으로 보내주었던 자료를 제 이메일로 다시 보내주시기 바랍니다 그래야 증거로 쓸 수 있습니다. OOO@OOOO.kr	
22:30 22:31		네 이것은 자료로 보내드릴 텐데요 '손준성 보냄'을 눌러보시면 아실 겁니다 손준성 검사 번호가 있으시면 손준성 검사가 뜰 겁니다 이것은 텔레그램 기능에서만 확인할 수 있고 이 전달 메시지는 본 텔레그램방에서부터 시작된 내용을 전달한 것입니다
22:40	예 확인했습니다 보내시기 전에 확인했습니다 감사합니다	

라고 떴다. 방송에서 '손준성 보냄'이 손준성 검사라고 밝힐 증거를 찾았다고 하니 손준성 검사가 그 텔레그램 계정을 삭제한 것이다. 그들은 증거인멸에 여념이 없었다.

다음날 〈JTBC〉에서 또다른 보도가 나왔다. 이서준 기자였다. 손준성이 텔레그램 계정을 삭제하기 전 휴대전화 화면을 모두 녹화한 것이 뉴스에 흘러나왔다. 이는 나중에 재판 과정에서 '손준성 보냄'의 '손준성'이 검사 손준성임을 입증하는 데 중요한 단서가 됐다.

조성은에게 받은 '손준성 보냄'...누르니 '손 검사 전화번호'

[기자]
텔레그램의 '전달' 기능으로 파일을 보내면, 이전에 전달한 사람의 이름이 계속 남아 있습니다. 제게 텔레그램으로 파일을 받은 사람이 전달을 눌러서 또다른 사람에게 보내면 이렇게 '이서준 보냄'이 뜨는 겁니다.

'이서준 보냄'을 누르면 제 텔레그램 프로필이 나옵니다.
제 휴대전화 번호가 연결돼 있습니다.

JTBC는 어제저녁 제보자 조성은 씨로부터 '손준성 보냄'이 적힌 텔레그램 메시지를 전달받았습니다. 그동안 언론 등에 공개된 캡처본 복사 파일과 달리, 김웅 의원이 지난해 4월 조씨에게 고발장을 전달한 방식 그대로 고발장 사진파일을 전달받은 겁니다.

취재진은 휴대전화 화면 녹화 기능을 켠 채로 분석에 들어갔습니다.
텔레그램 화면에선 '손준성 보냄'이 '검사 손준성 보냄'으로 바뀝니다.

취재진 휴대전화에 이전에 취재를 하며 입력해둔 손 검사의 휴대전화 번호가 '손준성 검사'로 이미 저장돼 있었기 때문입니다.

─〈JTBC 뉴스〉 2021년 9월 13일

복구된
통화녹음 파일

"모두 복구되어 있어."
"모두 다 야무지게 녹음이 되어있다고요."

2021년 10월 3일. 개천절이자 일요일임에도 사건 수사가 긴박하여 출석을 바란다는 공수처의 요청에 따라 아침부터 참고인으로 출석했다. 분명 사건 보도 직후인 한 달여 전에 온 적이 있던 공간이지만, 그때와는 달리 340호 조사실에서 수사 담당 공수처 검사와의 대면은 낯선 느낌이 들었다.

문	진술인은 금일 본 조사 과정에서 실명으로 조사를 받는 것을 비롯하여 향후 수사 과정에서 귀하의 신분을 밝히는 것에 동의한 바 있지요.
답	예 그렇습니다.
문	진술인은 수사처에 본 사건을 신고하면서 진술인이 기자회견을 한 이후에는 실명으로 조사를 받겠다고 한 바가 있지요. 그렇다면 진술인이 2021. 9. 10. JTBC 뉴스룸에서 제보자임을 밝힌 이후부터 당 수사처에서 수사한 내용은 실명 처리를 해도 되는가요.
답	그것은 어렵습니다. 제가 동의서를 작성하여 제출한 이후부터 실명 처리를 해주시면 되겠습니다.

-진술조서 3p (고위공직자범죄수사처, 2021.10.03)

스스로 제보자임을 밝혔던 〈JTBC〉 인터뷰 이후에도 대검과 서울중앙지검에서 실시한 포렌식 절차 등이 겹쳐 객관적인 증거의 보전을 위해, 또 증거의 동일성을 위해, 모든 절차를 마친 이후 동의서를 작성하는 게 좋을 듯싶었다.

문	진술인은 2020. 4. 3. 김웅으로부터 위 자료 및 고발장을 전달받기 전이나, 전달받은 이후 김웅과 전화 통화를 하면서, 김웅이 위 자료와 고발장을 전달하는 이유, 경위에 대해 설명 들은 사실이 있는가요.
답	네 있습니다.
이때 검사는 진술인과 김웅 간 2020. 4. 3. 10:03:17 통화녹음 녹취서를 제시함	
문	진술인은 김웅이 최초 텔레그램으로 자료를 전송하기 시작한 2020. 4. 3. 오전 10시 12분 이전인 같은 날 오전 10시 3분부터 약 8분가량 김웅과 통화한 사실이 있는가요?
답	네 맞습니다.

-진술조서 3p (고위공직자범죄수사처, 2021.10.03)

기본적인 사안을 심문하던 공수처 검사가 대뜸 녹취서라고 적힌 문서를 내밀었다. 그것은 대검과 공수처 포렌식을 참관하며 눈으로만 확인해야 했던 그 '복구된 통화'의 녹취서였다.

"한번 쭉 읽어 보시죠."

공수처 검사가 충분한 시간을 주겠다는 눈빛으로 건넨 녹취서에는 상상하지 못했던 내용이 담겨 있었다.
저녁 때가 지나 과천에 있는 공수처에서 집에 도착했다.

-오늘 내가 뭘 본 거지?

다시 생각할수록 경악할 일이었다. 전 기자에게 곧바로 전화했다.

"여보세요? 잘 다녀왔어요?"
"모두 다 복구되어 있어. 모두 다 야무지게 녹음이 되어있다고요."
"아, 진짜?"
"네. 이거 틀면 김웅 울 거 같은데."

"뭐가 있었길래 그래요?"

"김웅이 통화에서 나한테 '이동재가 한동훈인 것처럼 다른 사람을 가장해서 한 것'****이라는 취지로 이야기했어요."

"뭐라고요?"

잠시 정적이 흘렀다.

"정말이면 이거 진짜 심각한 일이에요, 성은 씨."

"그것뿐만이 아니에요."

눈으로 읽어내렸던 두 개의 녹취서를 기억해 내느라 모든 힘을 쥐어 짜냈다.

"고발장 접수할 때, 대검을 찾아가는 느낌이어야 한댔어요. 검찰이 받기 싫은데 억지로 받는 것처럼 보여야 한다고 했어요"

"성은 씨... 그거 진짜예요?"

"문제가 그것뿐만이 아니에요. 김웅이 나에게 고발장 관련 내용을 길게 설명해. 다 알고 있는 것처럼 이야기하고 있어요."

"미쳤네."

**** 이동재 기자는 검언유착 의혹에 대한 〈채널A〉 자체 진상 조사 과정에서 자신이 제보자 지OO에게 들려준 녹음파일 속 '검찰 고위 간부 목소리'의 주인공이 한동훈 검사장이라고 밝혔으나, 나중에 "제3자"라고 진술을 번복했다.

"근데 이상한 점은, 고발장이 나한테 오기 전에 전화했을 때는 (서울)남부지검이 안전하다고 했거든요. 녹취가 두 개였다고 했잖아요?"

"남부지검이 맞았네. 그런데 뭐가 이상한 거예요?"

"고발장이 오고 나서 두 번째 전화가 왔는데, 녹취서에 보니 '대검으로 가야 된다'고 해요."

"그럼, 우리가 이야기한 게 다 맞았던 거네요?"

"응. 그리고 '저희가 고발장을 작성해서 보내줄 거예요' 뭐 이런 표현도 있었어."

사용한 지 오래돼 내게는 남아 있지 않은 음성파일이었다. 평소 선거를 치르고 나서나 일정 기간이 지나고 나면 메모리 용량 문제 때문에라도 불필요하다고 생각하는 파일은 삭제했기에 언제 지워진 지도 기억나지 않는 통화녹음이었다.

매 순간 진실은 늘 그 자리에 있었고, 우리가 자신을 발견하기를 인내하며 기다렸던 것이다. 정말 놀라운 사실은 기억조차 가물가물한 통화 속 김웅의 목소리가 다소 장황한 내 설명을 통해 2021년 5월 전혁수와의 대화와 2021년 9월 10일 〈JTBC〉 제보자 인터뷰 때 이미 녹아 들어갔다는 점이다. 모든 것이 기록되어 있던 것이다.

"성은 씨, 이게 정말 심각한 게 뭔지 알아요?"

하나라도 더 정확한 기억을 전달하려 애쓰는 나의 설명을 차분하게 듣던 전 기자가 긴 침묵을 깨면서 무언가를 던졌다.

"이동재가 한동훈인 척 다른 사람을 가장했다고 했죠? 2020년 4월 3일 통화라면 절대 그 이야기가 나올 수가 없어요."

"그게 무슨 의미예요?"

"그 사건이 그런 식으로 진행되었다는 것은 한참 뒤에나 나올 수 있는 내용이라는 거예요."

〈채널A〉 사건을 알지 못했다. 녹취서를 읽어 보면, 고발장을 건네받은 2020년 4월 3일 당일에도 그 설명을 듣고만 있지 따로 물어보지 않았다. 관심이 없던 사건이기에 김웅이 고발장을 설명하면서 왜 굳이 그 이야기를 덧붙였는지도 이해할 수 없었다.

사건을 잘 아는 전 기자는 무언가 짚이는 것이 있다는 듯이 "내가 좀 알아볼게" 하면서 〈MBC〉 'PD수첩'에서 연락이 왔다고 알려줬다. 이미 10월 1일에 나한테 연락했던 PD였다.

손준성의 '자백'

"Truth is generally the best vindication against slander."
진실은 일반적으로 중상모략에 맞서는 최고의 복수다.

—에이브러햄 링컨(Abraham Lincoln)

2021년 10월 10일 SNS에 올린 글로 시끄러워졌다. 김웅이 내게 두 차례 고발장을 전달했던 2020년 4월 3일과 8일, 윤석열과 한동훈의 행적에 관한 내용이었다. 가까운 기자를 통해 넘겨받은 윤석열 징계결정문이 정보의 출처였다.

윤석열의 이상한 휴가였다. 대검은 총선 기간에 선거범죄를 감시하기 위해서라도 무척 바쁘고 예민할 수밖에 없다. 윤석열은 4.15 총선 일주일 전에 휴가를 냈다. 추미애 법무부 장관의 지휘로 한동수 대검 감찰부장이 검언유착 의혹 사건과 관련해 한동훈 검사에 대한 감찰을 개시한 직후였다.

일부 언론이 윤석열과 한동훈을 변호하는 기사를 내보내면서 징계결정문 유출이 공무상비밀누설에 해당한다고 주장했다. 보도 직후 이름이 긴 무슨 시민단체에서 나를 고발했다. 조사를 받으러 가보니 공무상비밀 누설 방조 혐의라고 했다.

어떤 집단은 무엇인가 두려워하고 있음을 느꼈다. 혹은 무언가 매우 성가시고 불편한 낌새를 숨기지 않고 있었다.

-결국 진실의 방향으로 가고 있기 때문 아닐까?

그 누군가가 불편해하는, 가라앉은, 혹은 누군가 의도적으로 침몰시키는 진실이라는 배를 바다 위로 끌어 올리기로 했다. 또다시 나에게는 선택지가 하나밖에 없었다.

대검 감찰 과정과 검찰총장 징계 사안, 그리고 고발사주 사건, 즉 2020년 대검 총선개입 사건의 과정을 추론할 수 있다면 그 공익은 실로 엄청난 것이다. 고민할 것 없이 방송에서 모두 공개하기로 했다. 보도 다음 날인 10월 12일, 미리 일정이 잡혔던

〈YTN〉 '뉴스가 있는 저녁'에 출연해 전 국민에게 그 문서의 실체를 직접 공개했다.

이후 SNS에 그동안 문서상으로 파악했던 내용을 정리해서 포스팅했다.

피징계자(윤석열)와 증인 손준성이 진술한 '지시관계'

'2020.12.16. 윤석열 징계의결서'와 서울행정법원 판결문의 내용이다. 이 과정에서 흥미로운 것은 위 사건의 '증인'이던 손준성 수사정보정책관이 자신의 혐의를 벗어나기 위해 '윤석열의 지시'에 의한 행위였음을 적극적으로 진술했다는 점이다.

아래의 내용을 요약하자면, 2020. 02.에 판사사찰문건 작성을 윤석열이 지시함에 따라 ■공소유지에는 정말 쓸데없는 ■(자신들이 표현하기를) '검판사들 사이에 떠도는 소문들'과 함께, 여당 대상 사건 담당 판사들, 대통령 동문 판사들을 '주요 사건 담당 판사'라고 특정하여서, 서로 친족관계에 있는 정보들, 처제/처형 타령의 가족관계 같은 정보들을 담아 문건을 작성하여 피징계자 윤석열에게 전달했고, (아마 흡족해했으니) 윤석열은 대검 반부패부장에게 이러한 위법하게 작성된 판사 사찰 문건을 공판검사들에게 널리 배포하라고 '지시'하였습니다.
징계의결서 등에는 이미 오래 누적되어 작성·보고된 것과 같은 '습성'까지 발견됐습니다. 그리고 증인 손준성은 대검찰청 수사정보정책관이던 자신의 업무 과정과 체계를 진술하기를, '수사정보정책관(또는 수사정보2담당관 및 소속 검사들과 일부 공안부)의 정보 수집 ⇒ 대검찰청 수정관실 취합, 문건 작성(손준성 총괄 책임) ⇒ 피징계자 윤석열에게 보고 및 대응 지시'라고 하였습니다(징계결정문과 판결문 등의 내용).

누적된 절차의 보고/지시 체계였던 것입니다. 재판 과정에 현출되어 인정된 내용이지요. 아래의 내용에 함께 등장하던 성상욱 검사 역시 그 체계 속에 있던 손준성 수사정보정책관의 휘하 검사이고, 이번에 입건된 피의자이기도 합니다.

업무의 한 덩어리, 한 팀인 것이 객관적으로 확인이 되었지요.
저 체계를 보면 (1)왜 손준성 검사가 (2)자료들을 취합한 후 잘 정리하여 (3)텔레그램상 '손준성 보냄'의 최초 발송자가 되었는지 그 구조를 잘 알게 합니다.
누구의 지시를 받는지도 증인 손준성이 잘 진술했습니다.

■ 당시(2020.02.) 검찰청 사무기구의 규정 제3조의 4를 보면
② 수사정보1담당관은 다음 사항에 관하여 수사정보정책관을 보좌한다.
2. 대공 · 선거 · 노동 · 외사 등 공공수사 사건과 관련된 정보와 자료의 분석, 검증 및 평가에 관한 사항
3. 신문 · 방송 · 간행물 · 정보통신 등에 공개된 각종 범죄 관련 정보와 자료의 분석, 검증 및 평가에 관한 사항
③ 수사정보2담당관은 다음 사항에 관하여 수사정보정책관을 보좌한다.
2. 대공 · 선거 · 노동 · 외사 등 공공수사 사건과 정보와 자료의 수집 및 관리에 관한 사항
공안(선거), 신문, 방송 등 공개 범죄정보의 최종 담당자가 손준성 수사정보정책관이었습니다. 그랬으니 카톡방 만들어서 언론에 공개된 한동훈-이동재 사건도 대응하고, 선거업무인 고발장 작성의 최초 발송자도 [손준성 보냄]이 될

> 수밖에 없었겠지요. 피징계자 윤석열의 지시를 받는 분이기도 하고요.
>
> 같은 시기의 업무시간 내에 작성된 고발장 작성 과정은 유달리 저 프로세스에서 달라졌던 특별한 이유가 있었을까요? '피해자 윤석열, 피해자 김건희, 피해자 한동훈'의 이익을 위하여, 그들의 피해구제를 위하여 수사정보정책관의 직책으로 (아마도) 총괄적으로 작성과 배포를 책임졌던 것 같습니다.
> 이러한 모든 내용이 들어가 있기 때문에, 애초부터 반드시 채널A 진상보고서와 윤석열 징계의결사안(행정법원 판결문)과 함께 이 사건을 봐야 한다고 강력하게 많은 자료와 증거로 판단할 수 있는 내용을 말씀드리고 전달한 것입니다.

우리는 각자 발견한 '끊어진 조각'들을 하나씩 나열해 봤다. 시간순으로, 등장인물 별로, 관계성으로 하나씩 정리해 가며. 몇몇 기자는 추가 취재한 것으로 또 다른 조각들을 찾아냈다.

우연은 필연과 이어지는 것일까. 사실 나는 저 문서 2개를 손에 쥐고 나서 공개까지 결정하는 과정에서 이틀 뒤인 2021년 10월 14일에 윤석열이 행정법원에 청구한 '검찰총장 징계 취소 소송'의 판결이 나는지 전혀 모르고 있었다(나중에 기자들이 "선고 일정을 염두에 두고 공개한 것인 줄 알았다"고 했다). 시민단체가 나를 고발한 사건은 무혐의로 끝났다.

"거기서 왜
윤석열이 나와?"

"다행히 모든 수사절차가 임의제출 형태여서 휴대전화 원본 두 개 모두 포렌식한 다음에 제가 악착같이 들고 왔어요."

'PD수첩'의 PD와는 곧바로 만나기로 약속했다. 공수처 조사 과정에서 확인된 모든 증거는 저들이 온갖 흑색선전과 거짓말, 메신저 공격으로 훼손하고자 하는 '사건의 진실'에 조금 더 힘을 실어줄 것이다. 서울 한남동 모 카페에서 만나자마자 대뜸 PD에게 휴대전화의 화면 사진을 내밀었다.

"한 번 끝까지 쭉 읽어 보시죠" 하며 녹취록을 건넸던 공수처 검사가 설치한 지 얼마 되지 않았다며 영상녹화 설정을 살펴보기 위해 잠시 자리를 비운 사이, 본능적으로 녹취록 일부를 급히 촬영했다. 금요일 밤 대검 감찰부에 뛰어 들어갔던 그날처럼 이 사진 한 장이 불러올 힘이 어마어마하리라 직감했다.

-내가 백 번을 이야기해도 말만 해서는 아무도 믿지 않을 거야.

공수처 검사가 건넨 김웅과의 2020년 4월 3일자 통화 녹취록은 시작부터 눈을 의심케 하는 내용이었다. 김웅은 내게 열심히 검언유착 사건을 설명하면서, 어느 검찰청에 접수하면 되는지부터 어떤 장면까지 연출하면 좋을지까지 자세히 일러줬다.

김웅 : (중략) 남부지검에 내랍니다. 중앙지검은 위험하대요.

-뭐야. 진짜 이렇게 이야기했었잖아.

읽는 내내, 처음으로 제보자 신분을 밝혔던 〈JTBC〉 인터뷰에서 앵커가 "녹취록은 없느냐"고 묻던 장면이 기억났다. 포렌식 절차는 마쳤지만 복구되는 과정을 알 수 없던 터라 녹취 같은 게 없어 당시 통화를 증명할 수 없다며 아쉬워하던 내 모습도 떠올랐다. 그런데 그날의 진실이 모두 기록되어 있었던 것이다.

-도대체… 여기서 왜 윤석열이 튀어나와?

내 눈길을 오랫동안 사로잡고 몇 번이나 다시 읽은 내용은 바로 "〈MBC〉 보도가 윤석열 죽이기"라고 하던 김웅이 돌연 "제가 가면 '윤석열이 시켜서 고발한 것이다'가 나오게 된다"며 자신은 절대 대검에 고발장 접수할 때 나타날 수 없다고 강조하는 대목이다.

수사관들이 자리를 비운 2~3분의 틈을 타 녹취록의 주요 장면을 더 찍고 나왔다. 허투루 할 수 없어서 동영상으로도 짧게 찍고는, 그들이 했던 거짓말을 반격하고자 퍼즐 조각을 하나둘씩 더 찾아봐야겠다고 다짐했다.

사건을 진행하는 과정에서 전적으로 전혁수 기자를 믿었지만, 내심 자료를 건네는 것이 불안했다. 기사가 먼저 나감으로써 수사에 지장을 줄지도 모른다는 걱정이었다. 그리고 무엇보다도 윤석열이 첫 보도 이후 계속 〈뉴스버스〉와 제보자를 묶어서 공격했기 때문에 앞으로의 보도, 특히나 객관적 증거를 포함한 보도는 다양한 매체에서 나오는 게 좋을 듯싶었다.

"정말이었네요."

녹취록을 찍어온 사진과 영상을 몇 번이나 살피던 'PD수첩'의 PD는 음료가 다 녹는 것도 알아채지 못한 듯 자료에서 눈을 떼지 못했다. 공수처 조사를 마치고 돌아오던 길에 흥분해서 전 기자에게 알려준 내용을 PD에게 하나도 빠짐없이 전달했다.

"조 대표님, 원본 가지고 계신 거죠? 저희도 이거 포렌식 해볼까요?"
"저희가 직접이요?"
"네. 프로그램 하면서 늘 포렌식이 필요할 때 요청하는 곳이 있어요. 대법원 특수감정인이기도 하죠."

-내가 직접 그 대화를 복원하다니.
공수처 조사에서도 듣지 못한 이야기였다. 녹취서 내용만 읽어도 충격적인데, 공수처 검사도 조사 중 그 전후 과정을 심문하며 "직접 들어보면, 응, 응, 하면서 매우 적극적인 말투였다"고 설명했다.

"좋습니다."
"단, 저희가 한 가지 요청드릴 것은 방송 전까지 포렌식에 관한 내용은 어떤 것도 밖으로 알려지면 안 된다는 거예요."

프로그램 제작과 방송 시점에 차이가 있으니 꼭 필요한 사항이라며 양해를 구했다.

"저도 요청드릴 게 있어요. 이 사건을 거짓으로 덮으려고 엄청 노력하잖아요. 제가 대검, 서울중앙지검, 공수처 이렇게 세 군데서 모두 포렌식을 했으니 각각 이 파일을 복구해서 가지고 있을 거예요. 이런 내용이 복구되었다는 것 자체가 엄청난 압박이 될 거예요. 세 기관 모두에 정보공개를 청구하겠습니다."

"정보공개 청구요?"

흥미롭다는 표정으로 고개를 끄덕이며 PD가 반문했다.

"네. 어차피 수사 중에는 주지 않을 거로 생각해요. 그러나 복구가 다 이뤄질 때까지, 방송이 나갈 때까지 모든 객관적인 증거를 비교하기 위해 세 기관 모두에 정보공개를 청구하게 된다면 국감 기간에 의미 있게 사건을 진행할 수 있을 것 같아요."

"좋습니다. 포렌식 업체는 저희가 연락해서 일정을 잡겠습니다."

2021년 10월 5일. 지난 9월의 공익신고를 '제보사주'라고 나를 무고한 윤석열 등을 서울중앙지검에 막 고소하고 나오는 참이었다. 멀리서 처음 보는 여성이 인사를 건넸다. K 기자라고 자신을 소개한 그녀가 검찰청 주변 카페에서 차 한잔하자기에 흔쾌히 동행했다.

주로 공수처 조사 내용을 이야기하고 'PD수첩'에서 방송할 내용은 언급하지 않았다. 찍어온 녹취록 사진을 보여주자 커다란 눈을 더 크게 뜨며 "이게 진짜였군요. 중요한 내용을 알려줘서 감사하다"고 했다.

집으로 돌아오자마자 평소 교류하던 법조기자들에게 순차적으로 연락했다. 공수처 조사를 마쳤다는 사실이 알려지자 마자 많은 매체의 기자가 연락해 온 상태였다. 틈만 나면 매체당 한 명 이상의 기자와 연락하면서 비록 녹취록 내용은 자세히 말하지 않았지만 이미 복구된 음성파일의 존재를 알렸다. 그런데 정작 보도는 한 번도 연락한 적이 없는 〈경향신문〉에서 먼저 나왔다.

〈공수처, 조성은·김웅 통화 녹취 복구…고발장 경로 본격 추적〉

방아쇠가 당겨진 듯, 이내 복구된 통화 내용에 언론과 수사기관, 윤석열 캠프가 촉각을 곤두세웠다. 녹취록을 다룬 보도가 확산하고 어느 순간 김웅과의 통화녹음에 윤석열이 등장하는지가 가장 중요한 쟁점이 되었다. 고발장과 별개로 당시 미래통합당 총선 후보인 김웅과의 대화에서 윤석열이 등장한다는 것은 매우 의미심장했기 때문이다.

'서초동 OO 앞에서 뵙겠습니다' 하고 PD에게서 연락이 왔다. 드디어 증거 원본인 휴대전화 2대를 들고 포렌식 업체에 도착했다. 그 자리에 있던 모든 사람은 상기된 표정이었다. 업체를 방문하는 장면부터 촬영하겠다고 했다.

우리 일행을 반갑게 맞이한 업체는 대검을 포함한 수사기관들이 디지털 자료를 복구하는 원리와 같은 방식으로 포렌식하는 것이라고 설명했다. 얼마 지나지 않아 "다 됐습니다. 들어보시면 됩니다"라며 PD와 나에게 각각 한 쪽씩 이어폰을 건넸다. 고발사주가 있은 지 1년 반 만에, 모두가 궁금해하던 그 녹음파일이 살아 돌아온 셈이다.

10월 초부터 시작한 국회 국정감사에서 법제사법위원회(법사위)의 최대 쟁점은 고발사주였다. 대검과 각 지방검찰청, 법무부는 물론 설립 이래 첫 국감을 받는 공수처에 이목이 쏠렸다.

"조 대표님, 저희 방송 일정이 10월 12일로 잡혔습니다. 그동안 기다려 주셔서 감사합니다."
"'PD수첩'에서 고생이 정말 많으셨죠. 그런데 PD님, 제가 어려운 부탁 하나를 드려도 될까요?"

이미 예상했듯이 공수처를 비롯한 수사기관들은 '수사상 이유로' 김웅과의 통화 내용이 담긴 음성파일 공개를 거부했다. 빠른 제작 덕분에 'PD수첩' 방송 예정일은 10월 12일로 잡혔는데, 하필 공수처의 첫 국감 일정이 그날이었다. 공수처 수사에 협조하는 처지에서 국감 당일 밤에 방송에서 녹음파일이 흘러나오는 것은 무언가 성급하다고 느꼈다.

"공수처의 첫 국감이 12일이에요. 정말 말이 안 되는 부탁이지만, 저희가 이 수사를 방해하는 것처럼 보여서는 안 된다고 생각합니다."

"정말 어려우시겠지만, 방송을 한 주만 지연할 수 있을까요?"

나중에 엄청 원망을 들었지만, 가깝게 교류하고 사건에 대해 자주 이야기하던 〈MBC〉 보도국 기자에게도 'PD수첩'의 방송 내용을 알리지 않았다. 이미 여러 차례 들은 터라 음성파일 내용을 거의 외우다시피 했지만, 최소한 일주일은 조금 더 참아야 했다. "상의하고 알려드리겠다"던 PD는 방송을 한 주 미루는 데 동의했다. 그렇게 해서 2021년 10월 19일, 'PD수첩-누가 고발을 사주했나?'(17분 37초의 통화)가 베일을 벗었다.

고발사주와 검언유착

전혁수

한동훈의
대역

2021년 10월 3일, 조성은이 전화를 걸어왔다. 공수처에 조사를 받으러 다녀왔는데 2020년 4월 3일 고발사주 사건 당일 김웅과 통화한 녹음파일이 복구됐다는 이야기를 건네왔다. 조성은은 이날 해당 녹취록을 휴대전화에 담아왔는데, 가장 중요한 내용은 김웅이 조성은에게 "제가 가면 '윤석열이 시켜서 고발한 것이다'가 나오게 되는 거예요"라고 발언한 것이었다. 증거능력을 따지자면 제3자 전언에 불과하기에 의미가 퇴색될 수는 있겠으나, 발언 취지가 분명히 '윤석열이 시켜서 고발한 것을 걸릴 수 있다'로 보는 것이 맞는다고 판단했다.

이 밖에도 "우리가 고발장을 써서 보내주겠다"는 발언, 2020년 4월 3일 오전 통화에서는 "남부지검에 내랍니다"라고 했다가 오후 통화에서는 "대검을 찾아가라"라고 한 사실 등 구체적인 '사주'의 정황이 확인됐다. 이 자체로 특종감이지만, 공수처가 수사할 시간을 벌어줘야 했기에 최대한 보도를 늦추는 방법을 택했다.

이와 별개로 내 눈에 들어온 것은 검언유착 의혹 사건과 관련해 '한동훈의 대역'이라는 언급이 등장한 점이었다.

2020년 4월 3일 김웅-조성은 전화통화	
김웅	그... 이동재 기자가 뭐 이렇게 해서 이철이 그 라임에 이렇게 '협박했다' 뭐 이렇게 나오는 거 있잖아요? 그거가 인제 이것들이 공작인 것 같고, 그 목소리는 이동재하고 한동훈하고 통화한 게 아니고, 이동재가 한동훈이인 것처럼 다른 사람을 가장을 해서, 어, 녹음을 한 거예요.
조성은	대역 썼다는 거죠?
김웅	예, 예, 예.
조성은	시나리오를 짜서 대역을 썼다는 거죠?
김웅	그렇죠. 그렇게 해서 그걸 아마 오늘, 그, 밝힐 것 같고.

고발사주 사건 고발장은 검언유착 의혹 사건에 대한 부분이 골자를 이루고 있어 왜 한동훈 이야기가 고발사주 고발장에 들어있을까 의문을 가진 참이었다.

검언유착 의혹 사건 당시 〈채널A〉는 2020년 3월 22일 〈MBC〉로부터 검언유착 의혹 취재를 당하고 있다는 사실을 알았다. 보고서에 따르면, 이동재는 3월 23일 새벽 0시 25분 회사로 나와 13층 휴게실에서 새벽 5시경까지 제보자 지OO과의 통화·대화 녹음파일을 녹취록으로 작성하고 진행 상황을 정리해 사회부장과 법조팀장에게 카카오톡으로 보고했다.

이동재는 이때 법조팀장에게 '반박 아이디어'라는 한글파일을 보냈다. 이동재가 작성한 '반박 아이디어' 파일 내용에 대해 〈채널A〉 '진상보고서'는 다음과 같이 밝혔다.

@파일 일부 재녹음 할 것
〈검사장 녹음 문장 일부를 '백OO 기자'와 녹음할 것. '백OO 기자'가 한동훈 비슷한 목소리로 녹음. 만나면 일부러 스피커로 들려주기. 어제 녹음은 7초 정도 들려줬음. 이 파일을 이철 측근에 들려줘서 녹음하게 할 것. 목소리 파장 다르니까 알리바이가 생김〉

═새롭게 녹음할 부분(with '백OO 기자')═
─"(이철 측이) 검찰에 내가 이거 할 것도 달라질 것도 없는데 내가 이 기자님만 믿고 어떻게 하냐"는 거야. "(나는) 아니 너 20년 30년 두들겨 맞을 거 그래도 조금이라도.."
═◆아니 달라지지 왜 안 달라져. 검찰에도 무슨. 왜 안 달라지겠어.
─막말로 처음에 여기가 얘기한 건 제가 안 된다고 하긴 했는데 "검찰 쪽을 연

결해줄 수 있냐"는.
=◆연결해줄 수 있지. 예를 들어서 그거 하기 전에 이런 제보가 있다고 주는 건 문제가 없지.

검언유착 의혹을 자체 조사한 〈채널A〉 진상조사보고서에 담긴 이동재의 '반박 아이디어'는 김웅이 조성은에게 2020년 4월 3일 조성은에게 말한 내용과 사실상 같은 내용이었던 것이다. 참고로, 이동재는 이 사건 재판에서도 같은 내용을 주장했다.

그러나 '반박 아이디어'는 〈채널A〉 사회부장에 의해 거부당했다. 사회부장은 진상조사위원회에 "비슷한 문건을 본 것 같고 한동훈과의 통화 내용을 부인하겠다는 식으로 하겠다고 해서 '말이 안 된다'고 치우라고 했다"고 진술했다.

이 기자는 3월 23일(월) 작성한 '반박 아이디어' 문건에서 "파일 일부 재녹음할 것: 검사장 녹음 문장 일부를 백OO 기자와 녹음할 것. '백 기자'가 한동훈 비슷한 목소리로 녹음"이라고 적었다.

※ 다만 녹음파일 당사자에 대한 이 기자의 진술과 보고는 아래와 같이 일관되지 않다.
△3월 23일(월) 이 기자는 배 차장, 홍 부장에게 "한동훈 통화 싱크(7초 정도) 들려줌"이라고 스스로 작성한 문서를 제출함
→ △3월 31일(화) 배 차장은 "이 기자가 '다른 법조인과 통화한 것'이라고 말했다"고 정 본부장에게 보고함

→ △4월 1일(수) 배 차장은 해당 법조인이 "C 변호사"라고 이 기자에게 보고받았다고 진술함
→ △4월 3일(금) 이 기자는 김 본부장 면담에서 "C 변호사"라고 밝힘
→ △4월 6일(월) 이 기자는 조사위 1차 조사에서 "한동훈"이라고 진술함
→ △4월 22일(수) 이 기자는 조사위 2차 조사에서 "한동훈"이라고 진술함

(※ 이 기자는 변호인을 통해 5월 16일(토)자 '변호인 의견서'를 조사위에 전달했음. 의견서에서 "사실과 전혀 다른 녹취록을 제시한 바 있고, 지OO의 요구로 6, 7초간 들려준 녹음은 검사장이 아닌 제3자의 목소리를 들려준 것이라는 최초 진술이 사실에 부합함"이라고 밝혔음)

진상조사보고서에 따르면, 이동재는 추후 발언을 수차례 바꿨다고 한다. 이동재는 휴대전화를 교체하고 노트북을 포맷하는 등 사실관계를 확인할 수 없도록 증거인멸 행위를 벌였다.

고발사주 사건과 검언유착 의혹 사건의 구체적인 접점이 김웅-조성은 통화를 통해 확인되면서, 고발사주 고발장이 한동훈을 보호하기 위한 것은 아닌지, 혹시 그가 개입한 것은 아닌지 새로운 의심이 싹트기 시작했다.

윤석열의
한동훈 구하기

    2021년 10월 14일, 마침내 법원 판결이 나왔다. 2020년 12월 추미애 법무부 장관이 윤석열 검찰총장에게 내린 징계에 대한 첫 사법적 판단이었다. 나는 이미 윤석열 징계의결서 내용을 구체적으로 확인했던 터라, 이날의 재판 결과를 손꼽아 기다리고 있었다.

    1심 재판부는 윤석열에 대한 징계가 정당하다고 판결했다. 당시 법무부 징계는 정직 2개월이었는데, 재판부는 "면직 이상의 징계가 가능하다"며 오히려 징계 수위가 낮았다고 판시했다.

    윤석열이 대통령이 된 지 1년 반이 지난 2023년 12월, 2심 재판부는 윤석열 징계를 취소했다. 그런데 이는 법무부 징계 과정에서 발생한 일부 절차상 하자를 문제 삼은 판결일 뿐 사실관계는 판단조차 하지 않았다. 즉, 1심에서 판단한 윤석열의 징계사유에 대한 사실관계 판단은 여전히 유효하다는 의미다.

검언유착 의혹 사건은 2020년 3월 31일 〈MBC〉의 단독 보도로 불거졌다. 〈채널A〉 기자였던 이동재가 밸류인베스트코리아 사기 사건으로 수감 중이던 이철에게 유시민 비리를 제보하라고 압박했다는 게 골자다. 이 과정에서 이동재가 한동훈을 언급했다는 의혹도 함께였다.

해당 보도가 불거지자, 당시 대검 감찰부장 한동수는 한동훈 감찰이 필요하다고 판단했다. 그러나 윤석열은 한동훈 감찰을 하지 말라고 여러 차례 한동수에게 지시했다.

한동수는 2020년 4월 2일 대검 감찰3과장 허정수와 함께 윤석열을 찾아가 한동훈을 감찰하겠다고 보고했다. 추후 한동수 증언에 따르면, 윤석열은 책상에 발을 올리고 의자에 비스듬히 앉아 휴대전화를 보면서 한동수에게 보고서를 놓고 가라고 했다고 한다. 한동수가 감찰을 하겠다고 재차 보고하자, 윤석열은 몸을 일으켜 한동수에게 다가와 "조사해. 그런데 일일보고해"라고 지시했다는 것이다.

4월 6일 한동수는 윤석열에게 검언유착 의혹 사건의 제보자이자 고발사주 사건의 피해자인 지OO을 조사하고 자료 제출을 요구하겠다고 보고했다. 그러자 윤석열은 검언유착 의혹 사건의 진상조사를 하지 말라고 지시했다.

4월 7일 윤석열은 휴가를 갔다. 이날 한동수는 구본선 대검차장에게 'MBC 보도 관련 진상 확인을 위한 감찰 개시' 보고서를 보고했는데, 구본선은 휴가 중인 윤석열에게 직접 보고하라고 지시했다.

한동수는 이날 구본선에게 보고한 것과 같은 보고서를 윤석열에게 문자로 전송했는데, 윤석열은 한동수에게 "감찰을 개시했다면 중단하라"고 지시했다.

휴가 복귀한 윤석열은 4월 8일 수사권이 없는 대검 인권부에 진상조사를 지시한 후 한동수에게 "감찰 개시하지 말고, 감찰 활동을 시작했다면 인권부 절차 마무리까지 기다려라"고 지시했다.

감찰본부 규정 제4조 제1항은 '감찰부장이 감찰 개시 사실과 그 결과만을 검찰총장에게 보고한다'고 정하고 있다. 즉, 한동수가 적법하게 개시한 감찰을 윤석열이 수차례 감찰을 하지 말라고 지시함으로써 적법한 감찰 활동을 방해한 것이다.

윤석열은 감찰뿐만 아니라 한동훈에 대한 수사도 방해했다.

검언유착 의혹을 수사한 서울중앙지검은 6월 2일 이동재의 통화 상대방을 한동훈으로 특정했다. 윤석열은 자신과 가까운 한동훈이 통화 상대방으로 특정되자 검언유착 의혹 사건에 대해 일절 보고받지 않겠다며 대검 부장들을 중심으로 수사를 지휘하라고 지시했다.

그러나 6월 16일 중앙지검 수사팀이 한동훈의 휴대전화를 압수하자, 윤석열은 사건을 전문수사자문단에 회부하라고 대검 형사부장 김관정에게 지시했다. 수사자문단은 기소 여부 등을 심의하기 위해 검찰총장이 소집하는 대검 산하 기구다.

김관정은 사건을 대검 부장들에게 위임했으니 부장회의를 거쳐야 한다고 보고했지만, 윤석열은 반복해서 전문수사자문단 소집을 지시했다. 김관정이 지시를 따르지 않자, 윤석열은 대검 형사1과장 박영진에게 6월 18일 대검 부장회의에 제출할 검언유착 의혹 관련 보고서를 작성해 발표하라고 지시했다.

박영진은 '검언유착 의혹은 혐의 성립이 안 된다'는 내용의 보고서를 6월 19일 대검 부장회의에 보고했고, 중앙지검 수사팀은 검찰총장이 부당한 지시를 내린다고 반발했다.

이때 〈중앙일보〉가 6월 20일자로 "대검찰청이 강요미수 혐의를 받는 〈채널A〉 이모 기자의 사건을 전문자문단에 회부하기로 19일 결정했다"며 "대검은 검사장급 간부 회의와 형사부 내

실무진 회의 등 수차례 논의를 거친 끝에 사건을 전문자문단에 회부하기로 결론내렸다"고 보도했다.

이는 대검 부장회의에서 결정한 게 아니었기 때문에 명백한 오보였다. 대검 부장회의 구성원 일부는 김관정 형사부장에게 "왜 이런 오보가 났느냐"고 항의했고, 중앙지검도 보도 내용에 항의하고 나섰다. 김관정은 이정현 중앙지검 1차장검사와 〈중앙일보〉 오보에 대응하기 위해 구본선 대검 차장의 승인을 받아 "중앙지검은 대검으로부터 아무런 연락을 받은 사실이 없다"고 말하기로 합의했다.

그러자 윤석열은 중앙지검 대변인에게 직접 전화해 "그게 아니다"라고 말했고, 이정현이 김관정에게 윤석열이 전화를 건 사실을 전하며 항의하는 일이 벌어졌다. 한동수 증언에 따르면, 윤석열은 중앙지검 공보관에게 전화해 "오보 대응하지 말라"는 지시를 했다고 한다.

법원은 윤석열의 이러한 행위가 중앙지검의 검언유착 의혹 수사를 방해한 것으로 판단했다. 한동훈에 대한 수사와 감찰을 막기 위해 윤석열이 애쓴 것으로 보이는 대목이다.

이 사건은 추후 윤석열의 '직권남용권리행사방해죄' 사건으로 비화할 수 있다는 게 내 판단이다. 판결문을 제대로 읽어 본

많은 법조인도 의견이 같다. 직권남용을 뜻하는 "직무의 범위를 벗어나는 부당한 지시를 했다"는 문구가 판결문에 수차례 적시돼 있기 때문이다.

윤석열의 한동훈 감찰 방해에 대해 1심 재판부는 "원고(윤석열)가 이 사건 감찰을 부당하게 중단시킴으로써 한동수는 적법하게 감찰 개시를 보고하였음에도 감찰업무를 수행하지 못했다. 원고는 이 사건 감찰을 중단시킴으로써 직무상의 의무를 위반하였다고 할 것인바, 이는 검사징계법에서 정한 징계사유에 해당된다"고 적시했다.

재판부는 "원고의 이러한 행위는 공공감사에 관한 법률 제7조 제1항, 감찰본부 규정 제4조 등의 법령 및 규정에 의하여 인정되는 감찰업무의 독립성을 보장할 의무를 위반한 것이고, 자신의 직무권한을 행사하여 직무 관련 공무원인 한동수에게 직무의 범위를 벗어나는 부당한 지시를 한 것으로서 검찰청 공무원 행동강령 제13조의3 제2호를 위반한 것이며, 이로써 국가공무원법 제56조에서 정한 법령준수의 의무도 다하지 못하였다고 할 것"이라고 강조했다.

윤석열의 한동훈 수사 방해에 대해서는 "원고는 한동훈에 대한 감찰 혹은 한동훈이 관련되어 있는 감찰에 개입하여서는 안 되거나 최대한 개입을 자제해야 하는 직무상 의무를 부담하고 있었다"며 "그런데 이 사건 감찰은 한동훈에 대한 것이거나 적어도 한동훈이 관련되어 있었음이 명백하므로, 원고가 이 사건 감찰을 중단시킨 것은 국가공무원법 제59조 및 검찰청 공무원 행동강령 제5조를 종합하여 인정되는 공정한 직무수행의 의무를 위반한 것에도 해당한다"고 했다.

재판부는 "원고가 한동훈이 피의자로 특정되어 있는 〈채널A〉 사건의 수사에 개입하여 소집 요건도 갖추지 못한 전문수사자문단 소집을 지시한 것은, 국가공무원법 제59조 및 검찰청 공무원 행동강령 제5조를 종합하여 인정되는 공정한 직무수행의 의무를 위반한 것이고, 자신의 직무권한을 행사하여 직무 관련 공무원인 김관정(당시 대검 형사부장) 등에게 직무의 범위를 벗어나는 부당한 지시를 한 것으로서 검찰청 공무원 행동강령 제13조의3 제2호를 위반한 것이며, 이로써 국가공무원법 제56조에서 정한 법령준수의 의무도 다하지 못하였다고 봄이 타당하다"고 밝혔다.

한동훈의
김건희 감싸기

　고발사주 사건을 파고들면 들수록 한동훈이 연루된 검언유착 의혹 사건에 대한 깊은 취재가 필요하다는 생각이 들었다. 고발장 내용의 핵심이 검언유착 의혹이 사실이 아니라는 것이고, 앞서 밝혔듯 '한동훈 대역'이라는 기막힌 접점을 찾아냈기 때문이다. 게다가 윤석열이 검언유착 의혹 사건으로 궁지에 몰린 한동훈을 위해 수사와 감찰을 방해한 혐의로 징계를 받았고, 이 징계가 정당하다는 1심 법원의 판단까지 나온 상황이었다.
　검언유착 의혹을 취재한 기자들을 수소문해 어렵사리 이 사건 수사기록을 입수할 수 있었다. 그중 고발사주 사건과 관련해

눈길을 끈 것은 한동훈과 이동재의 문자메시지였다.

참고로 이동재는 〈채널A〉 사건 수사 당시 휴대전화를 분실하고 컴퓨터를 초기화하는 등 자기 증거인멸을 했는데, 이동재가 〈채널A〉 법조팀 단체 카카오톡 방에 보낸 휴대전화 캡처 파일을 저장해 둔 이동재의 후배 기자 덕분에 이 문자가 드러나게 됐다.

먼저 고발사주 사건 고발장에는 검언유착 의혹 외에 2020년 2월 17일 〈뉴스타파〉가 보도한 김건희의 도이치모터스 주가조작 연루 의혹이 사실이 아니라는 내용이 담겨 있다.

2020년 4월 3일자 고발장 10p
피고발인 지OO은 2020. 2. 초순경 같은 방식으로 뉴스타파 기자인 피고발인 심인보에게 "윤석열 검찰총장의 아내 김건희가 도이치모터스 주식 8억 원 장외매수 후 불법적인 주가조작을 통해 재산을 축적했다"라는 취지의 내용을 제보하고, 피고발인 심인보는 2020. 2. 17. 위 지OO의 제보 내용을 그대로 인용하여 뉴스타파를 통해 「윤석열 아내 김건희-도이치모터스 권오수의 수상한 10년 거래」라는 제목으로 '윤석열 검찰총장의 배우자 김건희가 불법적인 주가조작을 하여 재산을 축적한 의혹이 있다'는 취지의 내용을 보도하였다. 그러나 사실 김건희는 불법적인 주가조작에 관여한 사실이 전혀 없었다.

2020년 4월 3일자 고발장 13p
… 뉴스타파와 MBC를 통해 '윤석열 검찰총장의 배우자 김건희가 불법적인 주가조작을 하여 재산을 축적한 의혹이 있다' (중략) 그러나 사실 김건희는 불법적인 주가조작에 관여한 사실이 없었고…

특히 고발장은 김건희에 대한 〈뉴스타파〉 보도와 검언유착 의혹 보도가 고발장에 적시된 황희석, 최강욱 등 열린민주당 인사들을 2020년 4월 총선에서 당선시키기 위한 정치공작 성격을 띤다고 규정하고 있다.

> **2020년 4월 3일자 고발장 12~13p**
> 피고발인 황희석, 최강욱, 유시민은 자신들이 기획한 위와 같은 뉴스타파와 MBC의 일련의 허위 기획보도 시점을 전후로 하여 (중략) 피고발인 심인보, 피고발인 장인수 등은 뉴스타파와 MBC를 통한 일련의 '검찰 허위 비방' 보도가 4. 15. 총선에서 피고발인 황희석, 최강욱 등의 당선에 도움이 된다는 사실을 충분히 인식하면서 이들의 당선 및 여당 및 진보세력의 총선 승리에 보탬이 되도록 한다는 목적을 가지고 위와 같이 보도를 지속하였다.
>
> **2020년 4월 3일자 고발장 18p**
> 피고발인들의 4. 15. 총선 선거 개입을 목적으로 한 정치적, 조직적인 '일련의 허위 기획보도' 행위는 공직선거법위반죄와 정보통신망이용촉진및정보보호등에관한법률위반(명예훼손)죄에 해당하므로, 총선에 앞서 신속한 수사를 진행하여 엄히 처벌함으로써 이들이 국가와 사회, 그리고 피해자 개인들에게 미치는 중대한 해악을 신속히 중단시켜 주시기 바랍니다.

한동훈과 이동재의 문자에는 한동훈이 이 고발장과 같이 〈뉴스타파〉의 김건희 도이치모터스 주가조작 연루 의혹을 '공작'으로 인식하고 있던 사실이 드러난다.

2020년 2월 17일 〈뉴스타파〉가 김건희 도이치모터스 주가조작 연루 의혹을 보도한지 1시간 14분 후인 오전 9시 31분, 이동재는 한동훈에게 "청문회는 지들이 통과시켜 놓고"라는 카카오톡 메시지를 보냈다. 과거 윤석열이 검찰총장 청문회를 통과한 점을 들어 〈뉴스타파〉 보도를 평가절하한 것으로 보인다.

그러자 한동훈은 "기소도 아니고 검찰 송치도 안 된 10년 된 내사기록이 원본으로 유출?"이라며 "ㅎㅎㅎ 공작치곤 수준이"라고 이동재에게 메시지를 보냈다. 물론 〈뉴스타파〉 보도가 '공작'이라는 한동훈의 인식은 사실이 아니었다.

도이치모터스 내사 기록을 유출한 경찰관은 수사과 경력을 쌓기 위해 다른 경찰관에게 주가조작 사건 실제 기록을 요청했고, 해당 기록이 우연히 도이치모터스 내사 보고자료였던 것으로 확인됐다. 그는 재판에서 내사 자료 유출을 인정하면서도 "윤석열 대통령의 검찰총장 청문회 전후로 문제가 제기됐던 김건희 여사의 도덕성을 검증하기 위해 제보했다"고 주장했다.

법원은 "우연히 취득한 수사에 관한 내부 정보를 기사화하기 위해 유출해 죄질이 가볍지 않다"면서도 "범행으로 대가를 받거나 이익을 취한 바 없고, 내사가 중지됐던 사안에 대해 새로 수사가 개시돼 관련자들이 구속 기소되기도 하는 등 결과적으로 공익에 기여한 측면도 있다"고 판단했다.

'검언유착 녹음파일' 찾아다닌 검찰총장

검언유착 의혹 수사 기록에는 〈채널A〉 법조팀 관계자들이 〈MBC〉 보도에 대응하기 위해 나눈 대화 내용이 많다. 가장 눈에 띈 것은 한동훈을 보호하기 위해 윤석열이 직접 뛰어다닌 흔적이다.

2020년 4월 2일, 〈채널A〉 법조팀장 배OO은 회사 관계자에게 다음과 같은 문자메시지를 보냈다.

"윤석열 총장이 김O 기자 통해서 계속 물어오고 있나 봐요. 음성파일요."

이 메시지에서 지칭하는 '음성파일'은 한동훈과 이동재의 전화통화 음성파일을 의미한다. 기자가 작성한 녹취록은 법률적으로 증거능력이 없다. 반면 음성파일이 실존한다면 이는 수사, 재판 과정에서 증거로 사용될 수 있다.

윤석열이 검언유착 의혹과 관련해 법적 증거가 있는지를 직접 알아보고 다닌 정황으로 판단된다. 한동훈을 보호하기 위해 감찰과 수사를 방해한 것을 넘어 직접 증거가 있는지까지 직접 확인한 것이다.

이 음성파일은 검언유착 의혹 때 이동재가 제보자 지OO에게 대독했다는 내용이다. 〈채널A〉 진상조사보고서에 따르면, 이동재는 지OO에게 "한 뭐시기라고 있다. 윤석열 한 칸 띄고 최측근 이렇게 치면 딱 나오는 사람" "높은 검사장" 따위를 언급했다.

"언론에서 때려봐. 당연히 반응이 오고 수사에 도움이 되고"

"(이철) 얘기 들어봐. 그리고 다시 나한테 알려줘. 수사팀에 그런 입장을 전달해 줄 수는 있어."

"그 내용을 가지고 제보해. 범정(대검 수사정보정책관실)을 접촉해. 필요하면 내가 범정을 연결해 줄 수도 있어."

다만, 이 녹취록이 한동훈이 이동재에게 이야기한 것을 토대로 작성된 것인지는 확인되지 않는다. 이동재가 휴대전화를 초기화해 포렌식이 되지 않았기 때문이다.

이 수사 기록에는 검언유착 의혹 사건 대응으로 급박했던 〈채널A〉 상황이 고스란히 담겨 있다. 한동훈이 대응을 위해 배OO에게 십수 차례 전화를 걸어가며 공동 대응한 정황도 엿보인다. 한동훈은 〈MBC〉가 자신에 대해 취재를 시작하자, 〈MBC〉의 질문과 자신의 대응을 배OO에게 전달했고, 배OO은 이를 〈채널A〉 법조팀 기자들과 윗선에 공유했다.

배OO은 2020년 3월 30일 오후 3시 36분 후배 기자에게 "오늘 한동훈 검사장에게 장인수(MBC 기자)가 전화한 모양"이라며 "한동훈 검사장이 3차례 전화 안 받은 상태. 문자로도 취재할 게 있다고 통화하고 싶다고 했는데 답변 안 하고 있대"라고 말했다.

배OO은 같은 날 오후 5시 19분 〈채널A〉 보도본부장에게 〈MBC〉 기자가 한동훈에게 보낸 문자메시지를 포워딩하고, 오후 6시 24분에는 한동훈이 〈MBC〉에 보낸 반론 내용 메시지를 한동훈으로부터 받아 보도본부장에게 넘겼다.

배OO은 4월 2일 〈채널A〉 보도본부 부본부장에게 검언유착 의혹 대응 상황과 관련한 보고 메시지를 보내기도 했다. 3월 31일부터 4월 2일까지의 대응을 정리한 이 메시지에는 3월 31일

〈MBC〉 보도 전까지 한동훈과 10차례 넘게 통화했으며, 4월 1일 한동훈의 요청으로 보도본부장의 전화번호를 알려줬고, 한동훈이 보도본부장에게 보낸 문자메시지를 자신에게도 보냈다는 내용이 담겼다.

고발사주 사건을 보도한 후 검언유착 의혹과 윤석열 징계 사건까지 일련의 취재를 진행하면서 나는 한 가지 결론을 내렸다. 다른 사건 같지만 사실은 유기적으로 연결된 일들, 이 세 개의 사건이 사실은 하나의 사건이라는 게 내 취재의 최종 결론이었다.

윤석열과 윤석열 가족, 측근에 대한 검증 보도를 검찰에 대한 공격으로 인식했고, 이에 대응하기 위해 고발사주 공작을 벌였을 가능성이 높다는 것이다. 검언유착 의혹을 중심으로 벌어진 일련의 사건을 시간순으로 정리하면, 공교롭게도 세 사건이 유기적으로 연결된 것으로 해석할 여지가 크다.

〈표 1〉 검언유착 의혹 사건과 고발사주 사건 관련성

날짜	사건 경과
2020. 2. 6.	채널A, 이철 전 밸류인베스트코리아 대표 취재 돌입 "목표는 징역 12년은 재기불능, 당신은 정권의 희생양이라는 식으로 설득해 유시민 등 정치인들에게 뿌린 돈과 장부를 받는 것"
2020. 2. 14 ~2020. 3. 22	이동재, 이철에게 5차례 편지 및 지OO과 3차례 만남 이동재, 지OO 만남 발언 "안 하면 그냥 죽어요. 지금보다 더 죽어요" (2.24) "가족을 지키고 내 사람들을 지키고 싶으면..." (3.22)
2020. 2. 17.	뉴스타파, 김건희 도이치모터스 주가조작 연루 의혹 보도 한동훈, 뉴스타파 보도 관련 이동재에게 "공착치곤 수준이" 메시지
2020. 3. 9.	MBC, 윤석열 장모 최은순 의혹 보도
2020. 3. 10.	지OO, MBC에 검언유착 의혹 제보
2020. 3. 22.	이동재, 지OO 만나 한 발언 "통화한 사람이 검사장이고, 윤석열하고 되게 가까운 검사장이고 발언권은 굉장히 센 사람이고, 이런 특수 사건 굉장히 경험이 많은 사람" "'윤석열' 한 칸 띄고 '측근' 치면 나오는 사람" 채널A, MBC의 검언유착 의혹 취재 활동 인지
2020. 3. 23.	이동재, MBC 보도 대응용 '반박 아이디어' 문건 작성 채널A, 법조팀장과 한동훈 통화 후 이철 취재 중단
2020. 3. 30.	한동훈–채널A, MBC 취재 문자메시지 등 공유하며 공동 대응
2020. 3. 31.	윤석열–한동훈 전화통화 11회 한동훈–손준성 1대1 카톡 40회, 한동훈–손준성–권순정(대검 대변인) 카톡 53회 채널A, 검언유착 의혹 보도 전 MBC 리포트 빼내 한동훈에게 전달 MBC, 검언유착 의혹 보도

2020. 4. 1.	윤석열-한동훈 통화 12회
	한동훈-손준성 1대1 카톡 21회, 한동훈-손준성-권순정 카톡 45회
	채널A, 추가 보도 전 MBC 리포트 빼내 한동훈에게 전달
	MBC, 검언유착 의혹 추가 보도
2020. 4. 2.	윤석열-한동훈 통화 17회
	한동훈-손준성 1대1 카톡 108회, 한동훈-손준성-권순정 단체방 카톡 30회, 한동훈, 단톡방에 사진 60장 전송
	윤석열, 채널A 김모 기자 통해 채널A 측에 한동훈 검사장과 이동재 기자 사이 녹음파일 존재 여부 문의
	한동수 감찰부장, 윤석열 찾아가 "한동훈 감찰하겠다"고 보고
	윤석열 책상에 발 올리고 보고받은 후 "조사해. 그런데 일일보고해" 지시
2020. 4. 3.	한동훈-손준성-권순정 카톡 1회…새벽 1시 이후 대화 단절
	손준성, 1차 고발사주 고발장 및 지OO 실명판결문, 페이스북 캡처 등 사진 88장 전달…검언유착 의혹, 김건희 주가조작 의혹이 사실이 아니라는 내용
	피고발인 : 유시민 전 노무현재단 이사장, 최강욱 · 황희석 변호사(열린민주당 비례대표 후보), 장인수 등 MBC 기자들, 심인보 등 뉴스타파 기자들, 성명불상 제보자(제보자X 지씨)
2020. 4. 6.	한동수, 윤석열에게 검언유착 의혹 사건 제보자 조사 및 자료 제출 요구하겠다고 보고
	윤석열, 한동수에게 "검언유착 의혹 진상조사 하지 말라"고 지시

2020. 4. 7.	윤석열 휴가
	한동수, 구본선 대검 차장에게 'MBC 보도 관련 진상 확인을 위한 감찰 개시' 보고서 보고
	구본선, 한동수에게 "휴가 중인 윤석열에게 직접 보고하라" 지시
	한동수, 윤석열에게 'MBC 보도 관련 진상 확인을 위한 감찰 개시' 보고서 문자로 전송
	윤석열, 한동수에게 "감찰 개시했다면 중단하라" 지시
2020. 4. 8.	윤석열, 수사권 없는 대검 인권부에 검언유착 의혹 진상조사 지시
	윤석열, 한동수에게 "감찰 개시하지 말고 감찰 활동 시작했다면 인권부 절차 마무리까지 기다려라"고 지시
	손준성, 2차 고발사주 고발장 전달…최강욱이 〈매불쇼〉에 나와 한 발언이 공직선거법상 허위사실 유포에 해당한다는 내용
2020. 6. 2.	서울중앙지검 검언유착 의혹 수사팀, 이동재의 통화 상대방 한동훈으로 특정
2020. 6. 4.	윤석열, 한동훈 특정되자 스스로 대검 부장회의에 수사지휘권 넘김
2020. 6. 16.	중앙지검 수사팀, 한동훈 휴대전화 압수
	윤석열, 김관정 대검 형사부장에게 요건이 충족하지 않은 전문수사자문단 소집 지시
2020. 6. 18.	윤석열, 김관정이 전문수사자문단 소집 지시에 응하지 않자, 박영진 대검 형사1과장에게 대검 부장회의에 제출할 검언유착 의혹 관련 보고서 작성하도록 지시
2020. 6. 19.	박영진, 대검 부장회의에 "검언유착 의혹 사건은 혐의 성립이 안 된다"고 보고
	중앙지검 수사팀, "부당한 지시" 반발
2020. 8. 27.	미래통합당, 고발사주 2차 고발장과 판박이인 최강욱 고발장 접수

'친윤 언론'의 육탄 방어

이제 와 돌아보면 고발사주 사건 보도 중 가장 어려웠던 지점은 노골적으로 윤석열을 지지하는 일부 언론의 흠집 내기였다. 아마도 이 사건을 수사한 공수처나 최초 공익신고를 접수한 대검 감찰부도 상당히 곤욕을 치렀을 것이다. 일부 언론은 여론을 호도하고 취재 수사 동력을 떨어뜨리기 위해 최선을 다했다.

시작은 조작설이었다. 고발사주 사건 보도 직후 난무한 온갖 음모론 중 하나다. 내가 조성은으로부터 조작된 텔레그램을 제보받았다는 음모론으로, 텔레그램 상단의 '손준성 보냄' 글자가 일반적인 휴대전화와 글씨체가 다르다는 점에서 출발했다.

그러나 휴대전화 폰트를 다르게 설정하면 글씨 모양이 바뀌는 것은 휴대전화 설정 버튼만 눌러보면 확인할 수 있다. 상식을 가진 언론인이라면 이러한 점을 모르지 않을 텐데, 윤석열 측이 주장하는 내용을 그대로 기사에 실어주는 일이 벌어졌다.

대표적인 언론사가 〈중앙일보〉다. 이 신문은 고발사주 보도 다음날인 2021년 9월 3일 〈'尹 고발 사주' 대검 조사 착수…의혹 핵심 尹 측근은 휴가〉라는 제목의 보도에서 "검찰 일각과 윤 전 총장 대선 캠프 등 쪽에선 '여권의 공작에 기반한 허위사실의 의혹 제기일 수 있다'는 추측을 내놓는다"고 썼다.

그러면서 "무엇보다 2일 고발 사주 의혹을 폭로한 〈뉴스버스〉가 근거로 제시한 이미지 파일이 조작됐을 가능성을 강조한다"며 "'손준성 보냄'이라는 글이 포함된 판결문 이미지를 제시했는데 글씨체가 합성된 것처럼 조악하다는 주장"이라고 적었다.

9월 6일에는 〈윤측 "고발장 조작 가능성"…여권선 수세 몰린 윤의 사주 의심〉 보도에 〈윤측 "고발장 내 글씨체 다르다"〉라는 소제목까지 붙여가며 이 같은 음모론을 꺼내 들었다.

심지어 9월 9일에는 〈핵심은 텔레그램 캡처 화면…'손준성 보냄' 조작 가능성은〉 기사에서 ①"최종 수신인 제보자의 조작은 '가능'" ②"최초 발신자의 조작은 '가능'" ③"중간 전달자의 조작은 '불가능'"이라는 중간 제목을 달아가며 텔레그램 조작설의 군불을 지폈다.

흥미로운 점은 〈중앙일보〉의 이러한 주장은 열흘도 채 되지 않아 계열사인 〈JTBC〉에 의해 '허위'로 판명됐다는 점이다.

〈JTBC〉는 9월 13일 〈조성은에게 받은 '손준성 보냄'…누르니 '손 검사 전화번호'〉라는 기사를 냈다. 이 보도에는 〈중앙일보〉가 조작을 의심한 '손준성 보냄'을 클릭하니 손준성의 전화번호가 등장한다는 사실이 담겼다. 또 '손준성 보냄' 텔레그램 프로필과 조성은의 휴대전화에 있던 '손준성 보냄'의 프로필이 일치한다는 사실도 적시됐다.

〈조선일보〉는 조성은의 신상을 터는 메신저 공격을 주로 했는데, 그 신호탄이 바로 공익신고자 자격 시비였다. 윤석열 측에 우호적인 일부 법조인들까지 논란에 가세해 조성은의 공익신고자 지위를 문제 삼고 나섰다. 〈뉴스버스〉가 조성은이 공익신고에 나섰다는 점을 보도하고, 김웅이 기자회견에서 제보자 신상을 밝히지 못하게 되자, 논점 흐리기를 시도한 게 아닌지 의심됐다.

이 신문은 또 9월 9일 〈'고발사주 의혹' 제보자를 벼락치기 공익신고자로 만든 '한동수 감찰부'〉라는 보도에서 "법조계에서는 '친여 성향 한동수 감찰부장이 여당의 전방위 의혹 제기에 보조를 맞추려다 권익위 권한을 침해하는 모양새가 됐다'는 말이 나왔다"며 "검찰 관계자는 국민권익위원회도 공익신고 요건을 따지는 데 60일 가까이 걸리는 것으로 알고 있는데 감찰부가 며칠 만에 판단을 내린 것 자체가 의아했다"고 보도했다.

같은 날 〈'秋아들 의혹' 공익신고자 되는데 68일, '尹 고발 사주 의혹'은 6일〉이라는 기사에서 "공익신고자 지정의 주무 부서는 검찰이 아닌 국민권익위원회여서 월권 논란이 제기됐다"고 보도했다.

또 〈[법 없이도 사는 법] 제보자가 공익신고자? '공익신고자 보호법' 살펴보니〉 기사에서는 "정치적 파장이 큰 사건에서 대검 감찰부의 '벼락치기식' 공익신고자 인정은 편파성 논란만 키웠다"고 썼다.

그러나 이런 보도는 모두 사실과 다르다. 공익신고자보호법상 공익신고를 할 수 있는 기관은 복수로 규정돼 있다. 공익신고자 신분은 법이 정한 요건을 충족하면 획득하는 지위이고, 권익위의 판단과 결정을 거쳐 창설되거나 확인할 수 있는 것이 아니다. 실제로 2020년 5월 서울행정법원은 권익위 외 기관에 공익신고를 한 경우에도 '공익신고자' 신분을 획득해 보호조치 대상이 된다고 판결한 바 있다.

〈조선일보〉는 9월 8일 윤석열이 기자회견을 열고 고발사주를 '정치공작'이라고 비난하자, 기자회견 발언을 소재로 9개의 기사를 쏟아냈다. 기자회견 하나로 9개의 기사를 작성하는 것은 매우 이례적인 일이다.

〈윤석열, 고발사주 의혹 일축 "정치 공작 하려면 제대로 준비해서 하라"〉
〈윤석열 "'고발 사주'는 터무니없는 이야기"〉
〈윤석열 "나를 국회로 불러달라… 얼마든지 응하겠다"〉
〈윤석열, 고발사주 의혹 일축 "신빙성 없는 괴문서"〉
〈[전문] 윤석열 "'고발 사주 의혹' 터무니없는 정치공작"〉
〈윤석열, 與 향해 "내가 그렇게 무섭냐? 치사하게 공작 마라"〉
〈윤석열 "제보했다는 사람 행적 다 아는데, 어떻게 공익제보자가 되나"〉
〈윤석열 "제보자 뒤에 숨지 말고, 당당하게 나와서 의혹 제기 해달라"〉
〈尹 "괴문서로 공작, 내가 그리 무섭냐"… 與 "국민에 윽박지르나"〉

〈CBS〉 소속 〈노컷뉴스〉는 녹음파일 내용까지 허위로 보도했다. 2021년 10월 6일 나는 고발사주 사건 당시 김웅과 조성은의 통화 녹음파일이 복구됐다고 보도했고, 같은 날 〈MBC〉는 "제가 가면 윤석열이 (고발)하는 것이 된다"는 취지의 발언이 있다고 추가 보도했다.

그러자 다음날인 10월 7일 〈노컷뉴스〉는 〈[단독] 김웅-조성은 녹취파일에 '윤석열' 언급 없었다〉라는 기사를 게재했다. 이 기사는 주로 "파악됐다" "알려졌다" 따위의 서술어로 구성된 전언 형식의 기사였다.

〈노컷뉴스〉는 "CBS 노컷뉴스 취재를 종합하면 검찰은 지난해 4월 3일 있었던 김웅 의원과 조성은 씨 사이의 통화 녹취 파일 2건을 조씨의 휴대전화에서 복구해 공수처에 넘겼다"며 "이 녹음파일에는 '윤석열'이라는 이름이나 윤 전 총장으로 추정될 만한 대명사 등은 포함되지 않는 것으로 전해졌다"고 보도했다.

물론 이는 허위였다. 나로서는 조성은을 통해 이미 김웅이 2020년 4월 3일 오후 "제가 가면 '윤석열이 시켜서 고발한 것이다'가 나오게 되는 거예요"라고 발언한 사실을 알고 있었다.

〈노컷뉴스〉 보도 후 윤석열 측은 〈MBC〉가 허위 보도를 했다며 총공세를 폈다. 〈노컷뉴스〉 보도에는 "MBC가 공작질 했구만" "어떻게든 윤석열 관련지을려고(지으려고의 오기) 쑈(쇼의 오기)를 했구나" "제2의 김대업이 되가는(되어가는의 오기) 것 같네요" "엠XX의 허위보도 탈로(탄로의 오기)나다" "녹취록엔 윤석열의 윤자도 전혀 안나오는데 간 크게 녹취록을 조작을 하네 엠비씨가 ㅋㅋㅋ" "엠비씨 진짜 어이없네 ㅋㅋㅋㅋㅋㅋ" 따위의 댓글이 달렸다.

당시 시사평론가 진중권 씨는 〈노컷뉴스〉의 허위 보도를 근거로 〈CBS〉 라디오 '한판승부'에 출연해 "MBC 보도는 오보로 확인됐다고 CBS에서 보도했다. 녹취에 그런 게 없다는 것"이라며 "MBC는 항상 이런 식으로 공작을 많이 해왔다. 언론이 이런 장난을 하면 안 된다"고 맹비난했다.

〈노컷뉴스〉 허위 보도를 바로잡기 위해 10월 14일 나는 "제가 가면 '윤석열이 시켜서 고발한 것이다'가 나오게 되는 거예요"라는 내용이 녹음파일에 등장한다고 보도했는데, 〈노컷뉴스〉는 꿈쩍도 하지 않았다.

〈노컷뉴스〉는 10월 19일 〈MBC〉 'PD수첩'을 통해 "제가 가면 '윤석열이 시켜서 고발한 것이다'가 나오게 되는 거예요"라는 김웅의 음성이 보도된 후에야 잘못을 인정했다.

〈TV조선〉〈채널A〉〈조선일보〉〈중앙일보〉〈문화일보〉 등은 조성은이 박지원 전 국정원장과 친분이 깊다는 점을 들어 고발사주 사건의 배후에 박지원이 있다는 식의 보도를 쏟아냈다. 고발사주 사건 보도 전인 2021년 8월 두 차례 만났다는 게 보도 내용의 근거였다.

하지만 나는 2021년 7월 21일 조성은에게서 텔레그램을 받은 후 보도 직전까지도 조성은에게 추가 자료를 받은 일이 없었다. 박지원이 보도에 개입할 가능성 자체가 없었단 얘기다.

그럼에도 이들은 '박지원 끼워넣기'를 멈추지 않았고, 윤석열 측은 조성은이 박지원을 만난 날 홍준표 캠프의 국정원 출신 인사가 동석했다는 소문까지 기자들에게 퍼뜨렸다. 윤석열 캠프는 공수처에 박지원과 조성은, 성명불상의 전직 국정원 직원을 국정원법 위반 혐의로 고발하기도 했다.

그러나 윤석열 측이 퍼뜨린 소문의 당사자인 이필형(현 동대문구청장)이 조성은을 만났다고 한 날의 카드 내역 등을 통해 알리바이를 입증하면서, 윤석열 측이 허위사실을 퍼뜨린 것이 탄로났다. 윤석열 캠프가 고발한 사건은 무혐의 처분됐다. 수사 과정에서 나와 이진동이 박지원과 서로 연락을 주고받은 적도 없다는 게 밝혀졌다.

PART 05

조성은 | 9장 | **뱀의 혀**

국정원 요원, 마녀, 스파이

갈라진 혓바닥

공수처의 황당한 압수수색

홀로 기소된 자

전혁수 | 10장 | **검찰에서 벌어진 일**

손준성 기소와 증거인멸

검사들의 조직적 관여

첫 재판 다음 날 영전한 손준성

신혼여행 중 날아온 김웅 불기소 소식

검찰 수사관 면담보고서 조작 의혹

뱀의 혀

조성은

**국정원 요원
마녀
스파이**

　사전 녹화로 마친 인터뷰(2021년 9월 10일, 〈JTBC〉)였지만, 신분을 드러내는 방송을 실시간 뉴스로 마주하는 것은 낯설고 두려운 일이었다. 찰나였지만, 어느 순간보다 길었던 그 시간 동안 꺼놨던 휴대전화를 켜자 마자 부재중 통화와 메시지가 폭발적으로 쌓여 있었다.
　한숨을 길게 내쉬며 메시지를 읽어 내려가던 차에 〈TV조선〉 K 기자의 메시지가 눈에 띄었다. 내가 SNS에 올린 맛집 방문 사진을 문제 삼는 내용이었다. 〈중앙일보〉 H 기자의 메시지도 동일했다. 백여 통이 넘는 다른 언론사 기자들의 메시지는 주로 대검 공익신고와 고발사주 사건에 대해 질문하는 내용인데 두 매체에서 온 메시지만 달랐다. 대검 감찰부에서 처음 진술할 때도 언급한 '정치공작' 프레임이 시작된 것이다.

9월 2일 고발사주 사건이 처음 보도된 직후에는 우왕좌왕했던 윤석열, 김웅, 손준성 등이 드디어 적이 확정되었다는 듯이 대응을 정비했다. 〈JTBC〉 인터뷰 방송이 나간 지 5일 후인 9월 15일, 윤석열 캠프에서 이상한 단체를 만들었다.
'정치공작 진상규명특별위원회.'
윤석열이 "검사 선배 중 가장 신뢰하고 존경하는 인물"이라고 평한 김홍일 전 검사장이 위원장을 맡았다. 그 이상한 단체는 '제보사주'라는 괴랄한 단어를 앞장세웠다.

제보사주의 근거가 웃겼다. 내가 당시 국정원장 박지원과 친분이 있다는 것, 그게 다였다. 그들은 나의 고발사주 제보를 국정원의 제보사주라고 주장하며 '대검의 집단적 선거범죄'를 덮으려 했다. 내가 관여한 대검과 공수처 포렌식 절차가 조작됐다는 주장도 했다. 그들은 나를 하루아침에 유능한 해커이자 슈퍼 능력자로 만들었다. 컴퓨터 프로그램을 조작하고 심지어 텔레그램 계정까지 조작할 수 있는.

문재인 정권에서 검찰권을 남용해 권력을 찬탈하려던 음모가 들켜 쫓겨나듯이 대선 출마를 발표했던 윤석열. 사색이 되었던 첫 보도 때와는 달리 일사불란하게 정치공작설의 연기를 피웠다. 다 예상한 일이지만.

그들은 나를 국정원 요원으로 몰았다가, 마녀로 몰았다가, 스파이로 몰았다가, 더는 신선한 주장이 고갈되었는지 그들 스스로 갇혀버렸다. '자유'라는 단어로 덕지덕지 치장한 긴 이름의 어떤 시민단체들이 나를 '제보사주' 등을 이유로 고발했다.

그때까지 누구의 도움도 없었다. 모든 언론이 공표된 증거, 또는 제보자이자 공익신고자로 인정된 나의 신빙성을 검증하고자 했고, 몇몇 매체는 사건의 진실을 바라지 않는 듯이 완벽한 허위 기사로 인신공격을 감행했다. 악플이 쌓여가고, 하나씩 고소하기에도 벅찬 상태가 이어졌다. 그 유리 조각 같은 글들을 가족이 보지 않기를 바랐지만, 그조차도 내겐 사치였다.

대검에서 서울중앙지검으로 사건을 이관하는 바람에 추석 연휴 기간에도 중앙지검에 포렌식 참관하러 가야 했다. 그 와중에도 전화기는 울려댔고, '윤석열 캠프'는 나의 공익신고를 헐뜯으려 최선을 다했다. 10월 1일 국민권익위원회는 나를 공익신고자로 인정하고 관할 용산경찰서에 신변 안전 조치를 요청했다.

갈라진
혓바닥

 10월 중순 어느 날, 산 중턱의 암자는 저녁 8시가 되니 컴컴한 적막만 흘렀다. 그곳에는 은은한 촛불과 함께 불상만 덩그러니 있었다. 특정 종교를 갖고 있진 않지만, 생각할 것이 있을 때는 가끔 고즈넉한 궁이나 옛 사찰을 거니는 습관이 있다. 그날도 새벽부터 오후까지 정신없이 인터뷰를 마친 그 길로 어느 산 중턱의 절로 내달렸던 것으로 기억한다.

 고발사주 사건이 대통령 선거의 소용돌이에 휩쓸리면서 본격적인 정쟁이 시작되었다. 몇몇은 뱀과 같이 길고 갈라진 혓바닥으로 윤석열과 김건희, 한동훈를 엄호했다. '제보사주' '고발장 조작' '국정원의 정치개입' 등과 같은 허무맹랑한 소리를 늘어놓으며 사건을 뒤집으려 했다.

내 신분의 절반은 공익신고자이자 제보자였지만, 스스로 드러낸 이상 모든 것을 혼자 처리해야 했다. 정당에서 공보·선거 관련 일을 했던 때보다 더 치열하게 언론 대응을 하고, 전혁수 기자를 포함한 많은 기자, PD와 함께 관련 수사 기록과 자료를 좇아서 움직였다. 하루에 100통의 전화를 받고 대응하는 일이 부지기수였고, 목은 쉬어서 갈라진 목소리가 새어 나왔다.

야트막한 돌계단이 가지런히 놓여 있었지만, 한 칸씩 올라가는 발걸음이 무겁고 어지러웠다. 한 줄이라도 기사가 나면 SNS 상에서 이리 떼처럼 조직적으로 덤벼들었고, 그래도 꽤 오래 알고 지내던 국민의힘 출신 인사들은 유튜브에 나가서 함부로 떠들어 댔다.

적막이 감도는 암자의 불상은 그저 알 수 없는 미묘한 표정으로 그윽하게 날 내려봐 주는 것 같았다. 가슴 속 불구덩이가 심장도 아니고 명치도 아닌 그 중간 어디쯤에서 며칠 동안 꺼지지 않고 나를 잠식하고 있었다.

삐그덕거리는 나무 바닥에 그냥 엎드려 있었다. 옆에 단정히 놓인 방석에 앉으면 편안한 마음이 들까 봐 바닥의 찬기를 그대로 느끼는 것으로 스스로를 다그쳤던 것 같다.

-절대자가, 아니 신이 만약에 있다면 저에게 힘을 주세요.

방석을 옆에 두고 몇 번 절을 하고는 앉아 불상을 올려다보던 차였다. 목구멍에서 뭔가가 차올랐다.

-제가 올바른 일을 한다면 저따위 놈들에게 꺾여 위축되지 않도록 해주세요.
-제가 가치 있는 일을 시작하는 거라면 저런 놈들에게 두려움을 느끼지 않게 해주고 이겨내지 못할 시련을 주지 마세요.

운명론자인 나는 모든 것을 그대로 받아들였다. 거역할 생각은 애초부터 없었던 것 같다. 지금은 당장 알 수 없지만, 이 사건이 나에게서 비롯된 것조차 이유가 있으리라 생각했다.

-이 싸움에서 기어이 명예롭게 해주시고, 언젠가는 제 이름을 높게 빛나게 해주세요.
-결국 그렇게만 된다면, 10년이 걸려도 그렇게 된다면 저는

기꺼이 해내겠습니다.

-대신에 모든 고통은 저 혼자 지게 해주세요.

불상은 아무 대답이 없었다. 그것은 나에게 스스로 하는 이야기였다.

이미 한 달 새에 수십만 개가 넘는 악플과 말도 안 되는 기사들, 뾰족한 가시 같은 이야기들은 고소/고발을 준비할 수 없을 정도로 쌓여 있었다. 내가 그걸 읽는다면 난 아무것도 할 수가 없다고 생각했다. 그래서 기자들이 전화를 걸어오면 적극적인 대응은 하되 그들이 무엇을 쓰는지는 관심 두지 않기로 했다. 그것만이 나 스스로를 유일하게 지키는 길이었다.

문제는 가족이었다.

나를 휘감아오는 독을 품은 뾰족한 기사들은 가족에게도 영향을 끼쳤다. 가족은 쏟아지는 기사가 안기는 고통 속에서 각자가 홀로 화를 삭였다.

다정함과 장난기가 넘치던 엄마와 아빠는 서로 대화하지 않는 시간이 길어졌고, 나 역시 말을 줄였다. 그런 것을 왜 보냐며 퉁명스럽게 이야기하는 것 말고는. 아무렇지 않은 듯 심드렁한 표정으로 모르는 척하는 것만이 유일한 대처 방안이었다. 간혹 엄마가 이런 허위 기사는 고소해야 하는 것 아니냐며 불같이 화를 낼 때면, 나는 스스로조차 놀라울 정도로 차갑게 대꾸했다.

-엄마, 나는 감정적이고 화가 나면 정확한 판단을 못 해.
-내게 지금 필요한 건 화가 날 기사나 댓글을 보는 게 아니라, 모든 걸 정확히 판단하고 움직이는 거야.
-그러니깐 그런 걸 보지도 말고, 읽었더라도 내게 얘기하지 마.

늘 같은 톤으로 이야기해야 했다. 화가 나거나 감정적인 목소리로 이야기하면 신뢰도와 설득력이 떨어질 것이다. 또, 감정이 뒤엉키면 냉정한 판단을 할 수 없을 것이다.
모두 내 목과 등에 칼을 겨누고 내가 실수하기를 기다리고 있다. 만약 어느 한순간이라도 그런 일이 생긴다면, 지금까지 고발 사주 사건의 심각성을 인지하며 내게 응원을 보낸 사람들도 등을 돌릴 것이다.
한때 국민의당, 국민의힘에서 나와 가까웠다던 사람들은 각자의 목적에 따라 기자들을 붙잡고 있지도 하지도 않은 이야기를 떠들어 댔다. 쓰레기 더미처럼 쏟아지는 허위사실을 해명하는 데 매몰되다 보면 이 사건을 이야기할 공간이 줄어들 것이다.
내게 허용되는 보도의 지면 크기는 한정되어 있을 것이다. 황색 언론들은 이 사건이 왜곡되기를 바랄 것이기 때문에 그런 작전에 휘말리는 것은 윤석열을 돕는 행위다. 한때 알고 지냈다며 언론에 나를 팔면서 조금이라도 인터뷰 기회를 얻어 보려는 사람들에게 실망하고 마음을 다치는 것은 어리석은 짓이리라.

모든 상황이 빠르게 이해되었다. 잠시라도 홀로 멍하게 있을 때는 그 마음을 덮어 둘 수밖에 없었다. 평범하게 숨을 쉬었지만, 들리는 건 큰 한숨이었다. 그럴 때마다 엄마는 무언가 하고 싶은 말이 있을 법한데도 물끄러미 나를 바라만 보고는 말을 삼켰다.

그렇게 지나오며 억지로 평온을 유지하던 마음이 적막에 휩싸인 암자에서 휘청거렸다. 산 중턱에 있는 고요한 암자라 바람 소리만 낮게 일렁일 뿐 그 적막을 뚫고 나오는 불경 한 구절도 없었다. 적막 속 어둠과 차가운 공기. 따뜻한 불빛. 미묘한 표정의 불상.

그리고 어느 운명으로인가 던져진 나. 그것이 전부였고 그거면 충분했다.

여전히 그날을 또렷하게 기억한다. 지금까지 유일하게 북받쳐 울었던 날. 한참을 엎드려 온 얼굴을 적실 정도로 엉엉 울음을 쏟아낸 후 다시 불상을 올려다봤다. 여전히 같은 표정과 온도. 당연한 일이지만 모든 것은 그대로였다. 그러나 놀랍게도 그 순간, 나는 앞으로 내가 어떻게 해야 할지를 알고 있었다.

온전한 고립.

앞으로 내가 무엇을 선택해야 할지 이미 알고 있는 것처럼 느꼈다. 언젠가 누군가에게 어렴풋이 이야기했던 것처럼, 이 사건과 관련해 누구와도 손을 잡지 않고 증거를 부여잡고 오직 홀로 정면으로 맞서는 방법밖에 없었다.

누구에게도 호소하지 않고, 나를 봐달라고 하지 않고, 진실을 밝혀내야 했다. 사건의 진실을 추적하는 것, 가치를 훼손하지 않는 것, 그리고 정직하고 담백할 것. 그것이 유일한 무기이자 내가 선택할 수 있는 유일한 방법이었다.

어느 정당이나 어느 정치인이나 누구와도 손잡으면 안 되는 사건이었다. 이 사건을 추적하는 명분은 정치적 중립을 취해야 하는 검찰이, '선거 기간 내'에, '특정 정당에 기대 총선에 개입한' 범죄를 밝히는 것이다. 내가 조금 더 편해지자고 어떤 정치 세력이나 정당, 또는 누군가와 결탁한다면 사건 전체가 오염될 것이다. 당연히 안 하느니만 못하다.

물론 '견딜 수 있을까' 싶을 정도로 고통스럽겠지. 그렇지만 고통을 덜고자 무언가와 결탁하는 모양새가 된다면 결국 난 아무것도 지키지 못할 것 같았다.

30분 넘도록 그곳에 앉아있었다. 눈에 익숙해진 어둠 덕분인지 컴컴한 가운데 절의 모양과 산의 모양, 나무 모습과 하늘에 떠있던 반쪽 조금 넘는 달이 눈에 들어왔다.

-내가 조금 더 긴 고통을 감내할 자신이 있다면, 적어도 '지켜질 가치'라는 게 있을 거야.

그렇게 된다면 조금 시간이 걸려도 정당한 평가를 받을 수 있다고 생각했다. 그것이 얼마나 걸릴지 모르겠지만 가야 할 길이라고. 불길 속으로 던져진 것 같았다. 그 불길을 걷는다는 것은 보도 전에 상상해 봤던 그것보다 좀 더 고통스러웠다.

가끔 내가 28살에 한 정당의 공천심사위원이 되고, 최고위원이 되고, 대통령 탄핵을 추진하고, 국정조사를 준비했던 경험이 의아하게 다가올 때가 있다. 그때 내가 왜 그런 일을 했을까?

돌이켜 보면, 지나가는 바람 방향조차도 다 이유가 있었다. 내가 짊어지게 된 이 사건의 무게는 그런 경험이 없었다면 감당하기 쉽지 않았을 거다. 그때의 귀한 경험은 지금의 사건을 헤쳐 나가는 데 필요한 훈련이자 준비였을지 모른다. 아무렴 어때.

공수처의
황당한
압수수색

"저희도 조성은 씨가 언론에 사건을 제보하는 어떤 행위도 범죄를 구성할 수 없다고 판단합니다."

"그렇기에 설령 그것을 국정원장과 상의한 적이 있다고 해도 그 자체로는 범죄 구성요건에 해당하지 않는 부분을 인지하고 있습니다."

긴장 속의 대화였다.

"그럼에도 상의조차 하지 않았다는 점, 보도 직전까지 고발장의 그 어떤 내용도 보지 않았다는 것 역시 제가 증거로 소명했죠. 공수처에서는 이렇게 사건을 전혀 모르면서도 압수수색을 합니까?"

공수처 모 부장검사와 수사검사가 부장검사실의 테이블을 마주하고 정말 죄송하다며 사과했다.

"해당 수사관 이름이 뭔가요?"
"OOO 수사관입니다."
"제가 직접 공익신고를 하고 제출한 포렌식 자료에 대해 해당 날짜와 범위도 전혀 다른데도, 무고로, 그런 듣도 보도 못한 고발을 이유로 영장을 작성해서 이중으로 압수수색을 하는 것은 방법이나 내용이나 다 부적절합니다."
"오해가 있으신 것 같습니다."

발단은 제보사주 고발에 대한 수사가 개시되었다는 공수처 수사관의 전화였다. 고발사주 사건을 담당하는 부서가 아닌, 공수처의 다른 부서에서 제보사주 고발과 관련해 참고인조사가 필요하니 잠깐이면 된다고 연락해 왔다.

2021년 11월 16일, 전 기자가 전화를 걸어왔다.

"성은 씨, 제보사주 조사가 언제라고 그랬죠?"
"11월 00일이에요."
"그거 있잖아, 화내지 말고 들어요. 사건 보도 전날 9월 1일에 우리 통화한 거, 사실 녹음되어 있어요."
"진짜로요?"
"취재하는 입장에서는 어쩔 수 없었어. 미안해요. 그런데 제보사주 사건에 의미가 있을 것 같아 전달해 주려고 전화했어요."
"내가 왜 화가 나겠어? 그게 녹음되어 있단 말이죠? 우리가 처음 고발장 보고 깜짝 놀란 그 통화 말이지?"
"음. 그거 다 녹음되어 있어요. 이거 증거로 제시하면 누구도 다른 이야기 못 할 것 같은데? 그것도 성은 씨 모르게 내가 녹음한 거니까."
"정말 다행이에요. 정말 고마워요."
"이것도 원본 포렌식이 필요하면 내가 협조할 생각이에요."
"정말, 이 사건에서 기자님 아니었으면 어떻게 됐을까? 정말 고마워요."

모두 기록되어 있었다.

사실 적극적인 행위는 증명하기가 훨씬 간단하다. 행위의 이유를 소명하든, 행위 자체를 소명하든 외부로 발산된 행위는 당사자가 결백하다면 꽤 다양한 방식으로 증명할 방법이 있다.

그런데 그들이 뒤집어씌운 제보사주라는 기괴한 혐의는 "정치공작을 했을 것"이라는 망상에서 비롯된 무고였다. 윤석열 캠프의 정치공작 진상규명특별위원회라는 곳에서 저지른 무고 사건은 그 자체가 말이 안 되는 내용이라 큰 걱정은 없었지만, 수개월 동안 관계를 지속해 온 수사기관이 말도 되지 않는 혐의로 입건한 후 참고인으로 조사하겠다는 게 반갑지만은 않았다.

그런데 하늘이 도왔는지, 그 어렵다는 '하지 않은 것을 하지 않았다'고 밝힐 수 있는 증거가 나타난 것이다. 보도 전날 밤, 갑자기 다음 날 사건을 보도하게 되었다며 나눴던 통화 내용에서 고발장 자체를 처음 읽었던 순간, 생생한 보도 직전의 과정이 모두 녹음되어 있었다는 것은 고발사주 사건의 중대성, 우연성, 순수성을 보강할 수 있는 강력한 무기이기도 했다.

'제보사주-정치공작'이라는 음해의 유일한 '근거'는 〈뉴스버스〉의 최초 보도가 나오기 전 옛 국민의당 때부터 인연을 맺은 박지원 당시 국정원장과의 식사였다. 식사한 날은 2021년 8월 11일이고, 보도 전날 고발장을 처음 읽고 전 기자와 실랑이했던 것은 2021년 9월 1일이다. 아무리 간 큰 사람도 국정원장이라는 중책을 가진 사람과 공작을 한다면서 실제 고발장을 읽어 보지도 않고 허풍을 떤다는 것은 상식 밖의 일이다. 그만큼 어처구니없는 발상이었다.

그렇게 가진 증거만 제출하고 오면 끝날 줄 알았다.

2021년 11월 00일. 제보사주 사건 참고인조사 당일.

나는 지난 2년 동안 진행된 고발사주 사건 관련 조사에서 변호인 도움을 받은 적이 없다. 나의 지위가 공익신고자든, 참고인이든, 피고발인이든 늘 홀로 조사를 받았다. 자체적으로 확보한 증거와 전 기자가 전달해 준 증거를 제출하며 수사검사와 담당 수사관이 놀랄 정도로 구체적인 답변을 내놓았다.

"조 대표님, 아래층에서 포렌식 내용 잠시 확인하고 간단하게 서명만 하고 오면 될 것 같습니다. 이게 대검에서도 하는 방식인데 형식은 압수수색이지만 별것이 아니라서 금방 하고 다시 이곳으로 오면 됩니다."

담당 수사관의 안내를 받아 한 층을 걸어 내려가 이미 몇 차례 방문했던 포렌식 장소에 도착했다. 수사기관 내 압수수색이라고? 의아한 생각이 들었다. 윤석열 캠프에서 날 고발했다고 했지만, 피고발인이나 피의자가 아닌 참고인 신분이었다. 당연히 압수수색을 미리 고지하고 진행하지는 않겠지만, 진행 과정이 의아했다. 휴대전화로 녹음해 모든 과정을 기록해야겠다고 생각했다.

들어가니 어떤 남자 수사관이 들어오며 알렸다.

"지금부터 압수수색할 대상은 고발사주 당시 포렌식을 했던 디지털 자료입니다."

"네? 기간 등 여러 가지가 하나도 맞지 않을 텐데요. 그리고, 그것은 공익신고 목적으로 임의제출 된 자료입니다."

"그런 말씀하셔도 뭐."

"아뇨. 영장을 제시하셔야 할 것 같은데요. 이전에 제가 포렌식을 참관하면서 고발사주 사건과 관련 없거나 시기가 맞지 않는 디지털 자료는 모두 삭제하는 것을 확인했습니다."

"영장 여기 있습니다."

제시한 영장이 가관이었다. 관련된 사람이나 기간이 특정돼 있지도 않고 나를 사건의 공범처럼 기록해 놓았다. 위법한 수사라는 비판을 회피하려고 받아 놓은 영장임이 분명했다. 팔짱을 끼고 의자에 앉은 나를 내려다보길래 일어서서 항의하니 "앉아 있으라"며 내 어깨를 잡기도 했다.

"놓으시죠. 그리고 영장 내용도 잘못되었고, 지금 이 영장대로 집행하는 건 두 달 반 전에 진행된 공익신고의 포렌식 절차가 모두 위법하다는 것을 뜻하는 겁니다. 그런 의미의 영장입니까?"

빙긋이 웃던 해당 수사관은 "다 까야죠" "대포폰 썼는지 어찌 알겠습니까" 하며 웃었다.

"지금 (영장에) 나온 사람들은 회사 사람들이에요. 공수처가 왜 일반인의 정보를 압수수색하는 거죠?"
"아니, 그 사람들이 국정원과 관련됐는지 어찌 압니까?"
"지금 바로 위층에서, 5분 전까지 참고인조사 때 다 확인된 내용입니다. 올라가서 확인하고 오시든지요."
"제가 봤습니까?"

끼고 있던 팔짱을 풀지 않고 수사관이 황당한 답변을 했다.

"제가 피의자입니까? 제가 피의자라면 그 죄목이 뭡니까? 통화 내역 영장도 올해 5월로 제한되었는데, 심지어 국정원장 취임 전 통화까지 왜 까야 합니까?"

"아, 그냥 사인하시라고요."

"고발사주 사건으로 전혁수 기자를 만난 게 올해 5월입니다. 그러한데 왜 그 이전 기록이나 사건과 관련 없는 사람들의 정보를 모두 '까봐야 합니까'. 그 말은 매우 부적절하니 취소하셔야 할 겁니다."

"이전에 무슨 짓을 하고 돌아다녔는지 까봐야죠."

"무슨 짓이요? 영장에 나오는 날짜는 사건과 관련 없으니 그 어떤 정보도 있을 수 없습니다. 제가 참관하면서 수사 대상이 아닌 정보는 모두 영구 삭제했다는 확인서에도 서명했기 때문입니다. 영장 내용에 자신있으면 정식으로 제 휴대전화 원본을 압수하겠다는 영장을 다시 받아오세요. 그러면 모든 포렌식 절차에 협조하겠지만, 이런 내용에는 서명할 일도 없고, 더욱이 이런 식의 영장 집행은 매우 부적절하기에 공론화하겠습니다."

더는 어떤 협조도 하지 않겠다고 하고는 참고인조사를 진행하던 한 층 위로 다시 올라갔다. 영장 집행하던 수사관의 태도에 머리끝까지 화가 났지만, 목소리를 높이지는 않았다. 수사검사에게 왜 해당 영장이 잘못되었는지를 알리고는 밤 11시 30분이 넘어서야 과천의 공수처를 나섰다.

-손준성이 뭔 인권위 제소를 하네 마네 한다지만, 나도 해야겠네. 아, 짜증 나.

내가 할 수 있는 가장 강력한 항의를 했다. 공수처장에게 카톡으로 항의 메시지를 보낸 지 이틀 만에 공수처의 사건 담당 부장검사 및 수사검사와 면담했다.

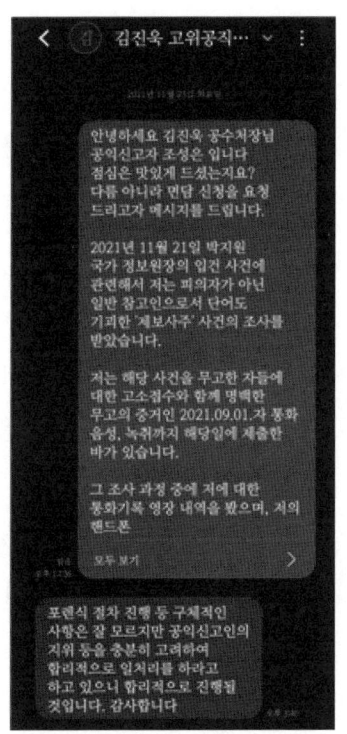

영장을 집행하는 과정에서 수사관이 보인 부적절한 언행에 대해 사과를 요청한다고 하자, "그런 일은 없었을 것"이라며 흐지부지 넘어가려 했다. "현장에 계시지도 않았으면서 없다고 단정하신다면 당시 오간 말을 직접 들어보시겠습니까?" 하니, 이내 "들을 필요가 없다"면서 "부적절한 행위에 대해 사건을 담당하는 책임자

로서 유감스럽다"고 답변했다.

포렌식 센터에 고발사주 담당 검사와 제보사주 사건 담당 검사, 그리고 관련 수사관들이 모두 모였다. 사실관계를 확인하고 재발 방지를 약속받고 최소한의 절차에 협조했다.

"전 정말 고발사주 수사가 이런 것으로 방해되는 것을 원하지 않습니다. 하지만 공수처에 공익신고를 했던 사람들은 누구나 다 저처럼 매도를 당하고 공격하는 세력으로부터 무고를 당할 수 있습니다. 이런 행위가 다신 발생할 수 없게 공익신고한 자료가 이중삼중으로 왜곡되어 사용되는 일이 없기를 바랍니다."

그렇게 조사는 하나씩 일단락되고, 당연하게도 모두 무혐의로 종결되었다.

몇 개월이 지나 윤석열이 대통령에 당선되어 정권이 바뀌고 그들이 국정원을 틀어쥐고 있음에도 더는 제보사주나 국정원의 정치공작 타령을 하지 못했다. 재판이 진행될수록 용산 대통령실과 한동훈, 국민의힘은 침묵했다. 당시 그들이 허위로 주장하던 '국정원 개입'이 사실이라면 윤석열 정권으로 바뀌자마자 모두 드러나지 않았을까?

어떤 정신의학자에 따르면, 인간의 뇌는 세 가지로 분류할 수 있다.

인간에게는 '3개의 뇌'가 있다. 가장 안쪽에 위치한 파충류(뱀)의 뇌, 중간층인 포유류(토끼)의 뇌, 가장 바깥층인 영장류(인간)의 뇌가 그것이다. 파충류(뱀)의 뇌는 공포, 위협을 느낄 때 작동하는 원시적인 뇌이므로 제일 파괴적이다. '뱀의 뇌'가 활동할 때는 비교적 이성적인 다른 뇌들이 활동을 멈춘다. 따라서 상대방이 '뱀의 뇌' 상태일 때는 어떤 말을 해도 통하지 않는다. *

그들은 권력을 놓칠까 봐 두려움에 휩싸여 도덕, 선, 법과 원칙 중 어느 것 하나 없이 뱀처럼 갈라진 혀를 날름거리며 권력의 냄새를 맡는 것에만 열중했던 것이다.

---

* 마크 고울스톤 《뱀의 뇌에게 말을 걸지 마라》(타임비즈, 2024)

홀로
기소된 자

 2021년 9월부터 폭풍같이 지나갔던 고발사주 사건은 반년이 꼬박 지나가는 시점까지 각자 조금씩 '무책임하거나, 뻔뻔하거나, 외면하는 방식'으로 용두사미가 되어갔다. 특히 2022년 3월 대통령 선거가 코앞에 닥치며 '정치적 중립을 엄중하게 지켜야 할 검찰의 총선 개입 사건'이라는 중대한 의미는 흐릿해지고 '검찰총장 출신 윤석열'을 공격하는 도구로만 쓰였다.
 무릇 태양이 바뀌는 시점에서는 낮과 밤이 뒤엉켜 하늘과 바다를 구별할 수 없을 정도로 어지럽기 마련이지만, 정권을 찬탈하려는 자와 정권을 유지하려는 자, 그리고 정권이 유지되든 말든 내 권력이 뺏기는 것을 참지 못하는 자들 간의 욕망만이 남은 선거였다. 갈등이 증폭되고, 증오가 서렸다. 권력을 다투는 자들이 지난날을 뉘우치기보다 거짓으로 일관하면서 세상은 온통 기괴함과 암흑으로 뒤덮였다.

-제가 요청드릴 것은 고발사주 사건 전체를 국정조사 해주시는 것, 오직 하나입니다. 이 사건은 대검찰청의 집단적인 총선 개입 사건이므로 어떤 정쟁적 이익으로도 왜곡될 수 없는 중차대한 가치가 있습니다. 고위 검사라는 직책 뒤에 숨게 할 수 없습니다. 국회와 국민 앞에 그들의 모습을 공개하고 청문해야 합니다. 사건의 실체를 밝힐 힘이 거기에 있습니다.

정치권에 대한 세 번의 직간접적인 요청이 묵살당한 2021년 겨울이었다.

그해 11월 5일 국민의힘 대통령 경선의 승리자는 (당연하게도) 윤석열이었다. 나는 2020년 2월 미래통합당에 입당한 후 '빨갱이 새끼'라는 공격을 받은 후로는 당에 나가본 일도 없었다. 당 지도부로 몸담았던 국민의당이 분당이 되고 3지대의 고난 속에 이리저리 휩쓸렸던 기간에 겪은 일은 10여 년간 정당 생활을 그만두게 하기에 충분한 경험이었다.

언제일지 기약 없이 정당과 거리를 둔 후 일상으로 돌아간 지 1년 반이 지나던 시점이었다. 고발사주 사건으로 다시 대통령 선거 한가운데에 다시 서게 되리라고는 상상조차 한 적 없었다. 탈당에도 명분이 필요했다.

박근혜 탄핵의 동력이 된 국정농단 특검의 수사팀장 출신 검찰총장 청문회에서 부인과 장모 범죄 혐의를 가장 맹렬하고 난폭하게 비난했던 정당이 바로 그 당사자와 기어이 한 몸이 되는 광경을 지켜봤다. 윤석열의 국민의힘 대통령 후보 쟁취는 내가 탈당하기에 충분한 명분이 되었다. 2021년 9월부터 2달의 시간이 천겁 같았지만, 인내하고 기다려야 했다.

[많은 일들 사이에 말씀을 못 드리고 시간이 너무 많이 지나가 버렸습니다. 이 시간도 또 지나가겠지요. 방금 전 탈당서를 팩스로 내고 마음이 후련했지만, 인연을 가볍게 여긴 것이 아니어서 인사를 드리고 싶었습니다. 한 바람이 지나가면 편한 마음으로 인사드릴 수 있을 시간이 꼭 오기를 바랍니다. -조성은 드림]

그렇게 마지막 인사를 남기고는 홀연히 떠났다.

제20대 대통령 선거가 다가올수록 대한민국은 절반으로 쪼개졌고, 누구 편에 서 있는지는 타인을 규정하는 가장 중요한 잣대가 되었다.

-온전하게 홀로 증인으로, 공익신고자로 서 있는 것이 나의 역할인 것 같아요.

2021년 12월은 길거리에 크리스마스 캐럴이 들리지 않던 겨울로 기억한다. 고발사주를 폭로한 2021년 9월부터 2022년 3월까지 6개월 동안 더 격렬해지던 정쟁과 분열, 극단으로 치닫던 대통령 선거 분위기로 인해 국민권익위원회에서 정한 '공익신고자의 신변 보호 기간'이 줄어들지 않았다. 용산경찰서에서 순찰과 보호에 최선을 다했고, 나는 수사기관 방문이나 꼭 필요한 방송 출연 외에는 최대한 외출을 자제했다.

민주당에 몇 차례 국정조사를 요청했지만 묵살당하고, 수사는 진척되지 못한 채 새로운 정부가 탄생하게 되었다. 2022년 3월, 윤석열이 대통령에 당선되었고, 새 정권이 출범하기 며칠 전인 5월 4일 손준성은 홀로 기소됐다.

윤석열, 김건희, 한동훈 등에 관한 수사가 제대로 이뤄졌는지 알 수 없지만, 공수처는 사건을 종결했다. '공범' 김웅은 사건 당시 고위공직자 또는 검사의 신분이 아니었다는 이유로 검찰에 기소를 요구했다.

검찰에서 벌어진 일

전혁수

손준성 기소와 증거인멸

2022년 5월 4일, 공수처는 정부 과천청사에서 고발사주 사건 수사 결과를 발표했다. 이날 발표는 이 사건 주임검사인 여운국 차장검사가 직접 맡았다. 법조기자단만 참여할 수 있는 검찰 브리핑과 달리 공수처 브리핑은 기자 신분만 증명하면 참석이 가능하다. 덕분에 법조기자단 소속이 아닌 나도 공수처 브리핑에 참석할 수 있었다.

공수처는 고발장 최초 전송자인 손준성을 공직선거법 위반, 공무상비밀누설, 개인정보보호법 위반, 형사사법절차전자화촉진법 위반 혐의로 불구속 기소했다. 손준성이 전송한 고발장, 실명 판결문, 페이스북 캡처 파일 등을 조성은에게 전달한 김웅에 대해서는 공직선거법 위반의 공범으로 판단해 검찰에 기소 의견을 달아 이첩했다.

다만, 고발장에 피해자로 적시된 윤석열과 한동훈은 무혐의 처분했다. 사실 어느 정도 예상된 결과였다. 공수처가 이들에 대해 사실상 수사를 진행하지 못했기 때문이다. 공수처는 수사 과정에서 고발장 작성자를 특정하지 못했고, 윗선으로 의심받던 윤석열, 한동훈을 조사할 수 없었다.

손준성이 지휘했던 대검 수사정보정책관실 검사들도 불기소 처분을 받았다. 수사정보정책관실 검사들이 고발사주 사건 고발장 전송 때 첨부된 실명 판결문을 검색하고 열람한 사실은 있지만, 고발 사주가 목적이라는 것을 알았다고 단정할 수 없다는 이유에서다.

다음은 공수처가 언론에 내놓은 설명자료다.

대검 수사정보정책관의 총선개입사건 수사결과
'고발사주' 의혹 촉발 前 대검 수사정보정책관 불구속기소

고위공직자범죄수사처 수사팀(주임검사 여운국)은 이른바 '고발사주' 의혹으로 촉발된 대검 수사정보정책관의 총선개입 사건과 관련하여 2022. 5. 4.자로,

· -검사 A○○(前 대검찰청 수사정보정책관)을 공직선거법위반, 공무상비밀누설, 개인정보보호법위반, 형사사법절차전자화촉진법위반으로 불구속 기소하고, 그 외 직권남용권리행사방해 등 부분은 무혐의 처분하였음.

-김웅(국민의힘 소속 국회의원)의 공직선거법위반 부분에 대해서는 검사 A과의 공모관계가 인정되나 공수처법상 기소 대상 범죄에 해당하지 않아 검찰에 이첩하고, 직권남용권리행사방해 등 부분은 무혐의 처분하는 한편 나머지 범죄는 공수처법상 수사 대상 범죄에 해당하지 않아 검찰로 이첩함.

-그 외 고발된 피의자 6명(前 검찰총장 윤석열, 사법연수원 부원장 한동훈, 국민의힘 소속 국회의원 정점식, 검사 B·C·D)은 무혐의 처분을 하고,

-고위공직자가 아닌 피의자 1명은 고위공직자범죄에 해당하는 직권남용권리행사방해 등 부분은 무혐의 처분하고, 나머지 범죄는 공수처법상 수사 대상 범죄에 해당하지 않아 검찰로 이첩함.

※공수처법상 "고위공직자"(법 제2조 제1호)에 해당하지 않는 자(김웅 역시 이 사건 당시 검찰에서 퇴직 후 국회의원선거에 입후보한 민간인 신분이었으므로 이에 해당함)의 경우 고위공직자가 범한 "고위공직자 범죄"(동조 제3호)와 공동정범 등 공범 관계에 있는 경우에만 "관련 범죄"(동조 제4호)로서 공수처의 수사 대상이 되고, "고위공직자 범죄"가 아닌 다른 범죄(개인정보보호법위반 등)를 공범으로 범한 경우는 공수처의 수사 대상이 되지 아니하므로 검찰 등에 이첩해야 함

⊙ 공수처는 공소 유지에 만전을 기하는 한편 앞으로도 정치적 중립의무를 위

> 반하여 선거에 부당한 영향을 끼치는 고위공직자 범죄행위를 엄단하여, 민주주의의 근간이 되는 공명한 선거풍토 확립을 위해 최선을 다하겠음.

많은 언론이 '용두사미'라며 공수처 수사 결과를 비난했다. 나로서도 당시에는 답답함이 있었던 것은 사실이다. 하지만 뒷날 이 사건 공판 과정에서 나타난 각종 기록을 보면 공수처 검사·수사관들의 노고는 결코 무시할 일이 아니다. 적어도 수사를 방해하기 위해 공직자의 본분을 잊고 온갖 법 기술을 동원했던 검사들, 윤석열 측 주장을 퍼 나르며 수사를 방해하다시피 한 일부 언론은 공수처를 비난할 자격이 없다.

공수처의 고발사주 수사 결과 발표가 나온 지 이틀 뒤인 2022년 5월 6일, 새로운 소식이 들려왔다. 고발사주 사건을 공수처에 고발했던 시민단체 '사법정의바로세우기시민행동(사세행)'이 공수처로부터 받은 윤석열, 한동훈 등의 불기소 이유서에서 고발사주 사건 관련자들의 대대적인 증거인멸 행각이 확인됐다는 것이었다.

소식을 듣자마자 '사세행'에 연락해 불기소 이유서를 받았다. 불기소 이유서에 드러난 증거인멸 행각은 고발사주 사건 보도 당일부터 이뤄진 것으로 확인됐다.

먼저 고발사주 사건이 보도된 2021년 9월 2일 김웅은 휴대전화를 교체했다. 수사정보정책관실에서 근무하던 임홍석 검사는 이날 '10일 전 교체했던 PC의 하드디스크'를 또다시 교체했고, 9월 7일에는 텔레그램 및 카카오톡 대화 내용을 삭제했다.

본격적인 압수수색에 나선 9월 10일, 공수처는 김웅 차량의 블랙박스를 확보했지만, 압수수색 장소로 이동하는 과정에서 블랙박스 자료가 모두 삭제됐다. 같은 날 공수처는 손준성의 아이폰을 압수했지만, 손준성은 휴대전화 비밀번호 제공을 거부했다.

9월 13일 손준성은 텔레그램을 탈퇴했고, 김웅은 다음 날 휴대전화 통화 내역을 삭제했다. 임홍석은 9월 16일 텔레그램과 카카오톡 내역을 삭제했고, 다음 날 서울중앙지검 조사를 받기에 앞서 수사정보정책관실의 수사정보2담당관으로 자신의 상관이던 성상욱과의 통화 내역과 텔레그램 비밀채팅방을 삭제했다. 임홍석은 9월 21일 삭제 정보 복구를 방해하는 안티포렌식 어플리케이션을 설치하기도 했다.

공수처는 9월 28일 압수수색영장을 받아 성상욱의 휴대전화를 확보했지만, 성상욱 역시 휴대전화 비밀번호 제공을 거부해 포렌식을 진행하지 못했다. 김웅은 10월 초순 휴대전화를 초기화하고 모든 내용을 삭제했다.

공수처는 11월 15일 대검 수사정보정책관실의 HDD, SSD 등을 수색했지만, 수색 결과 모두 포맷되거나 초기화되는 등 기록 삭제 작업이 진행돼 있었고, 손준성과 성상욱, 임홍석이 주고받은 검찰 내부 메신저의 구체적인 대화 내용도 서버에 저장돼 있지 않았다.

공수처 불기소 이유서에서 드러난 이 같은 사실은 〈한국일보〉 〈연합뉴스〉 〈대한경제〉 〈세계일보〉 〈노컷뉴스〉 〈민중의소리〉 〈데일리안〉 〈이투데이〉 〈KBS〉 〈미디어스〉 〈MBN〉 〈투데이코리아〉 등(보도 시점 순)에서 대대적으로 보도됐다.

이 과정에서 휴대전화 비밀번호 제공을 거부한 피의자 중 김웅이 포함돼 있다는 모 언론사의 오보가 있었다. 김웅은 휴대전화를 교체한 것이지 잠금 해제를 거부한 것은 아니었다. 앞서 설명했듯 휴대전화 잠금 해제를 거부한 피의자는 김웅이 아닌 손준성과 성상욱이다.

그러자 김웅은 "압수수색 직후 공수처 검사와 수사관에게 휴대전화 잠금 해제 패턴을 알려줬고 당시 공수처 수사관은 압수수색 조서에 그 패턴을 그려 넣은 사실도 있다"며 "만약 불기소 결정문에 실제로 이런 허위 내용이 포함됐다면 이는 허위공문서 작성죄에 해당돼 엄중한 처벌을 받을 것임을 경고한다"는 입장문을 냈다.

김웅 입장에서 이미 2021년 9월 2일 교체한 새 휴대전화를 9월 10일 압수한 공수처에 잠금 해제해 주지 않을 이유는 없을 것으로 보인다. 물론 보도는 정확해야겠지만, 고발사주 보도 당일 휴대전화를 교체한 김웅이 입장문을 내어가며 항변하는 것을 지켜보면서 헛웃음이 나왔다.

손준성이 2021년 12월 2일 구속영장실질심사 때는 비밀번호를 해제하겠다고 약속했던 사실도 확인됐다. 공수처는 수사 결과를 발표하면서 "2차 영장심사 기일에 손준성의 압수된 휴대폰이 2개 있는데 재판장 앞에서 비밀번호 해제에 협조하겠다는 의사를 밝혔다"며 "이후 출석 조율을 여러 번 했지만 손준성은 결국 나오지 않았다"고 말했다.

손준성은 2022년 8월 진행된 공판준비기일에서도 약속과 달리 끝까지 휴대전화 비밀번호 제공을 거부했다. 공수처는 손준성이 휴대전화 잠금 해제를 거부한다는 것을 조서에 남겼다.

고발사주 사건 보도 초기 이 사건을 함께 수사했던 서울중앙지검 수사팀이 대검 수사정보정책관실을 압수수색했을 당시 PC

25대의 하드디스크가 포맷돼 있었다는 증언도 나왔다.

2022년 12월 19일 공판에서 서울중앙지검에서 고발사주 사건 초기 수사를 담당했던 J 수사관은 대검 수사정보정책관실에서 연구관으로 근무하던 검사 임홍석의 휴대전화에서 검사·수사관들이 PC 하드디스크를 포맷하는 동영상과 사진파일이 나왔다고 증언했다.

이들이 포맷을 한 시각은 고발사주 보도 당일인 2021년 9월 2일 오후 8시 16분부터 8시 45분까지다. 대검 수사정보정책관실이 PC 25대를 교체한 시기는 2021년 8월 20일인데 10여 일 만에 야근까지 해가며 하드디스크를 포맷한 것이다. J 수사관은 이 같은 내용을 수사보고서로 작성해 편철한 인사다.

〈2021년 12월 19일 증인신문〉

공수처 2021년 9월 27일 본인이 작성한 수사보고서가 맞지요?

J 수사관 100% 제가 작성했습니다.

공수처 어떤 내용인가요?

J 수사관 임홍석 휴대전화를 포렌식해 자료 분석을 나눠서 한 게 있고, 제가 이 부분을 확인해보니 PC를 분해해서 어떤 작업을 했던데 이건 드문 경우였습

니다. 검찰에 정보통신과가 있어 직원들이 컴퓨터 작업을 해줍니다. 20시가 넘은 그 시간에 검사가 PC를 분해하는 것은 이례적입니다. 그래서 검사에게 말했고, 검사가 의심이 되는 부분이 있으니 수사보고서를 구체적으로 작성해 달라고 했습니다.

공수처 내용을 여쭤보겠습니다. 임홍석 휴대전화를 포렌식하니 수사정보정책관실 PC 저장 장치 포맷 관련 사진이 발견됐다는 내용이 있습니다. 맞나요?

J 수사관 맞습니다.

공수처 그 부분을 대검 정보통신과에도 문의한 것 같습니다.

J 수사관 네, 제가 전화해서 확인했습니다.
(중략)
공수처 SSD만 PC에서 떼어내서 다른 PC에 연결해 포맷했다는 내용이 맞나요?

J 수사관 정확히 기억은 안 나지만 전문가인 정보통신과 직원에게 확인해서 작성했습니다.

〈표 2〉 대검 수사정보정책관실의 '증거 인멸' 일지

언론보도 / 공수처·검찰 수사	날짜	대검 수사정보정책관실 동향
뉴스버스, '윤석열 검찰, 총선 코앞 정치공작' 보도	2021. 9. 2.	김웅, 휴대전화 교체
		임홍석, 10일 전 교체한 대검 수사정보정책관실 PC 하드디스크 교체
뉴스버스, 조성은 공익신고 보도	2021. 9. 7.	임홍석, 텔레그램·카카오톡 대화 내역 삭제
KBS, 고발사주 2차 고발장 '판박이' 고발장 8월 접수 보도		
공수처, 손준성·김웅 압수수색	2021. 9. 10.	손준성, 휴대전화 비밀번호 제공 거부
		김웅 차량 블랙박스, 압수수색 장소 이동 중 자료 모두 삭제
조성은, CBS 출연, '손준성 보냄'의 손준성이 검사 손준성이라는 증거 공개	2021. 9. 13.	손준성, 텔레그램 탈퇴
대검 감찰부 수사 전환, 서울중앙지검 공공수사1부 사건배당	2021. 9. 15.	
	2021. 9. 16.	임홍석, 텔레그램·카카오톡 대화 내역 삭제
검찰, 대검 감찰부 압수수색	2021. 9. 17.	임홍석, 성상욱과 통화 내역 및 텔레그램 비밀대화방 삭제
검찰, 고발사주 수사팀 검사 3명 증원	2021. 9. 18.	
	2021. 9. 21.	임홍석, 휴대전화에 안티포렌식 앱 설치
공수처, 성상욱 휴대전화 압수	2021. 9. 28.	성상욱, 휴대전화 비밀번호 제공 거부

검사들의
조직적
관여

 고발사주 사건 불기소 이유서에는 손준성 외에 대검 수사정보정책관실 다른 검사들이 고발사주 고발장 작성에 관여한 것으로 의심되는 정황이 다수 담겼다. 공수처는 이 검사들을 무혐의 처분했지만, 향후 1심 법원은 해당 검사들이 고발사주 고발장 작성에 관여했다는 판단을 내린다.
 불기소 이유서에 따르면, 수사정보정책관실에 파견된 검사였던 임홍석은 1차 고발사주 사건 당일인 2020년 4월 3일 오전 9시 14분경부터 9시 21분경까지 '지OO' '지OO 주가' '지OO 주가 조작' '지OO 주가 사기'라는 키워드를 넣어 제보자 지OO에 대한 판결문을 검색하고, 같은 날 오전 9시 21분경 판결문 조회시스템을 통해 지OO에 대한 판결문 2건을 검색해 조회하고 열람했다. 임홍석이 검색한 판결문은 1차 고발사주에 담긴 판결문과 일치한다.

성상욱은 2020년 4월 3일 오전 9시 31분과 47분, 10시 9분 3회에 걸쳐 손준성과 검찰 메신저로 대화하고, 같은 날 오전 10시 12분경부터 10시 16분경까지 지OO에 대한 판결문들을 검색했다. 또 10시 17분경에는 '지OO' '사기' '주식'이라는 키워드를 넣어 판결문을 검색했다. 판결문을 검색한 직후인 오전 10시 19분, 성상욱은 손준성과 검찰 메신저로 대화를 나눴다.

손준성은 성상욱과 대화한 지 9분 만에 지OO에 대한 실명 판결문 3건의 출력물 사진을 김웅에게 최초 전송했다. 손준성이 전송한 판결문은 성상욱이 검색한 판결문 6건에 포함돼 있고 임홍석이 검색한 3건 중 1건과 일치했다.

성상욱의 지시를 받은 수사정보2담당관실 수사관은 4월 3일 10시 40분경부터 11시 21분경까지 '지OO' 키워드를 넣어 통합사건검색을 수차례 시도했다.

임홍석은 이날 오후 1시 42분 01초경 검찰청 내부망인 이프로스(e-PROS)**를 통해 법률신문에 로그인한 후 한국법조인대

** 검찰지식관리시스템으로, 검찰 직원만 접근할 수 있는 내부 전자게시판을 뜻한다.

관 검색 사이트에 접속했다. 이날 검찰청 소속 IP로 오후 1시 42분 09초 고발사주 피고발인인 최강욱이 검색됐고, 오후 1시 47분 24초에는 역시 피고발인인 황희석이 검색됐다. 다만, 해당 IP가 임홍석인지는 확인되지 않았다.

고발사주 1, 2차 고발장에는 피고발인 최강욱의 주민번호 앞자리가 '680324'로 기록돼 있다. 그러나 최강욱은 주민등록상 1968년 5월 5일 생으로 돼 있고, 오직 법조인대관에만 자신의 실제 생일인 1968년 3월 24일을 기재했던 것으로 확인됐다.

2차 고발사주 사건이 벌어진 2020년 4월 8일 임홍석은 오전 11시 12분경부터 13분경까지 '진실과 화해' 키워드로 허위사실공표에 의한 공직선거법 위반 판결문을 검색하고, 판결문 조회 시스템으로 판결문 3건을 검색했다.

손준성은 그날 오후 4시 2분경 텔레그램을 이용해 2차 고발장 출력물 사진을 김웅에게 전달했는데, 2차 고발장 고발 근거로 임홍석이 검색한 판결문 3건 중 2건의 사건번호와 그 판시내용이 인용돼 있었다.

또 2차 고발장에는 최강욱이 출연한 2020년 4월 2일자 팟빵 〈매불쇼 오피셜〉 방송의 시청자 수가 57만 명으로 기재돼 있는데, 이는 2020년 4월 8일 12시 31분 기준 시청자 수로 밝혀졌다.

첫 재판
다음 날 영전한
손준성

서울중앙지검 형사27부 심리로 진행될 손준성 재판은 '2022고합326' 사건번호가 부여됐다. 재판장은 김옥곤 판사였다. 검사 출신 류의준 판사가 배석 판사였던 것은 공교로운 일이었다.

손준성 측은 2022년 6월 27일 첫 공판준비기일부터 혐의를 강하게 부인했다.

2022년 6월 27일 제1차 공판준비기일

재판부 제출하신 의견서를 보면 공소사실을 부인하는 취지의 의견서를 제출하셨습니다. 피고인 측 입장을 간단히 요지만 말씀해주세요.

변호인 말씀하신 대로 공소사실에 대해서는 일응(일단) 부인하는 취지입니다. 전반적인 경위와 절차의 부당성에 대해 의견서에서 설명했습니다. 배경 사실은 검사 측이 일방적이고 편향적으로, 객관적 사실을 사회적 상황에 맞춰 재구성했습니다. 1, 2차 고발장을 김웅에게 전송하거나 공모한 사실이 전혀 없습니다.

공수처는 손준성 측의 주장을 반박했다.

2022년 6월 27일 제1차 공판준비기일

재판부 수사처에서도 의견 내실 것이 있습니까?

공수처 쟁점 세 가지를 추렸습니다.
첫째, 피고인이 고발장을 전송한 사실이 인정되는가. 이 부분에 대해서는 수사 과정에서 실시한 포렌식, 중앙지검 포렌식이 동일한 결론에 도달했습니다. 피고인이 지OO의 실명판결문, 고발장을 접수한 것은 부인할 수 없는 사실입니다.
둘째, 김웅과의 공모관계가 인정되는가. 각 자료를 전송한 시점과 김웅이 조성은과 통화한 시점이 매우 근접하고, 자료의 분량이 방대해 조성은에게 전달하는 데 시간이 필요한 여러 사정 등에 비춰보면 피고인이 김웅에게 전달한 것이 인정됩니다.
셋째, 피고인이 수사정보정책관실 직원들을 통해서 지OO 판결문 등 수집을 지시하고 전달받은 사실이 있는지. 성상욱은 전송 10분 전에 판결문 3건을 검색

> 했는데, 평소 판결문을 검색하지 않았습니다. 김웅에게 전달하기 위한 목적으로 성상욱이 검색한 것으로 추정됩니다. 임홍석도 판결문을 검색했습니다. 두 사람은 판결문 검색한 부분에 대해 납득할 만한 해명을 하지 못했기 때문에 김웅에게 보내기 위해 피고인이 지시한 것으로 봅니다.

이날 공판준비기일에서 변호인은 증거목록만 250쪽에 달하고 증거 전체가 4만여 쪽에 달한다며 아직 자료를 검토하지 못했다고 말했다. 공수처가 이번 사건을 얼마나 공들여 수사했는지를 엿볼 수 있는 대목이다.

공판준비기일 다음 날인 2022년 6월 28일, 법무부는 하반기 검찰 중간 간부 인사를 단행했다. 윤석열 정부 출범 후 법무부 장관이 된 한동훈이 실시한 대규모 물갈이 인사였다. 이 인사는 '윤석열 사단'이 대다수 요직을 점령한 것으로 평가됐다.

이 인사에서 대구고검 인권보호관이던 손준성은 서울고검 송무부장으로 영전했다. 서울고검 송무부장은 국가를 대리해 진행하는 소송을 총괄하는 직책으로 과거 검사장급으로 대우받던 자리다. 지금도 검사장 승진코스로 손꼽힌다.

고발사주 사건이 발생한 당일 제보자 X의 판결문을 검색했던 성상욱도 부산지검 서부지청 인권보호관에서 서울중앙지검 형사7부장으로 자리를 옮겼다. 서울중앙지검의 부장검사 자리는 검사라면 누구나 가고 싶어 하는 주요 보직이다.

고발사주 사건으로 재판을 받는 손준성이 영전한 것을 두고 이해할 수 없다는 반응이 쏟아졌다. 재판받는 검사는 관례상 징계를 받거나 좌천되는데 도리어 좋은 자리로 보낸 것을 이해하는 것이 더 이상한 일일 게다. 고발사주 사건을 홀로 뒤집어쓴 공로로 사실상 승진한 것이 아니냐는 뒷말이 나왔다. 다수 언론은 윤석열 정권이 손준성을 입막음하는 것이라고 분석하기도 했다.

마침 한동훈은 2022년 5월 18일 검찰 간부 인사를 단행하면서 자신이 연루됐다는 의심을 받았던 2020년 〈채널A〉 사건 수사 당시 서울중앙지검장이던 이성윤을 법무연수원 연구위원으로 좌천시켰다. 〈채널A〉 사건 수사책임자인 이정현, 정진웅도 법무연수원으로 발령났다. 이정현은 2021년 고발사주 사건에 대한 대검 감찰 당시 대검 공공수사부장으로 공직선거법 위반이 성립한다는 의견을 낸 바 있다. 이 밖에 고발사주 사건 수사가 진행될 당시 서울중앙지검장이던 이정수, 대검 반부패강력부장이던 심재철도 법무연수원으로 밀려났다.

한동훈은 그해 6월 법무연수원 정원까지 늘렸다. 더 많은 검사를 좌천시키기 위해서라는 말이 나왔다. 그는 2022년 6월 16일 기자들에게 "최근 감찰이나 수사를 받는 상태가 오래 지속되는 고위급 검사가 많이 늘어나는 상황에서 그런 분들을 직접 수사하거나 공판 업무를 하는 부서에 장기간 두는 것에 문제가 있다고 생각한다"고 말했다.

한동훈의 이러한 기준이라면 손준성 역시 좌천되는 것이 당연했다. 손준성은 재판은 물론 대검 감찰도 받는 상황이었기 때문이다. 그러나 고발사주 사건의 피고인 손준성은 좌천은커녕 영전하는 예외 사례가 됐다. 손준성에게 무언가 신호를 보냈던 게 아닐까?

신혼여행 중 날아온 김웅 불기소 소식

고발사주 재판이 진행되던 중 나는 인생에서 가장 큰 전환점을 맞이했다. 2022년 9월 25일 결혼을 한 것이다. 외신기자인 아내는 고발사주 사건 제보부터 취재 및 보도 과정을 겪으면서 신경이 곤두서있던 내 옆을 지켜준 사람이다.

결혼식을 마치고 2022년 9월 28일 영국으로 신혼여행을 떠났다. 런던에서 하루를 묵은 후 스코틀랜드의 수도인 에든버러, 잉글랜드의 맨체스터, 런던을 차례로 여행하기로 했다. 공교롭게도 조성은도 업무 관계로 미국 보스턴 출장이 예정됐는데, 우리와 출국 날짜가 같았다.

9월 28일 오전 인천공항을 출발해 17시간여를 비행해 런던에 도착했다. 우크라이나와 러시아 간 전쟁이 발발해 러시아 영공을 통과할 수 없어 4~5시간이 더 걸렸다. 런던에 도착해 숙소에서 짐을 풀고 잠을 청하고 있을 무렵 갑자기 기자들과 조성은으로부터 연락이 왔다. 검찰이 김웅에게 무혐의 처분을 내렸다는 것이었다.

런던 숙소 와이파이를 연결하고 한국에 보도되는 기사들을 찾아봤다. 검찰이 지금까지 확보된 증거와 진술만으로 김웅의 혐의를 입증하기 어렵다고 판단했다는 보도가 대부분이었다. 공수처는 "이미 진행 중인 관련 재판의 공소 유지에 만전을 기하겠다"는 입장을 냈다는 소식이 담겨 있었다.

2022년 5월 4일 공수처가 손준성을 기소한 후 신혼여행 출발 전까지 세 차례의 공판준비기일이 열렸다. 향후 공판이 열리는 주기를 2주에 한 번씩 월요일에 열기로 하고, 증인 출석 순서를 정하는 등의 절차가 진행됐다. 이 과정에서 손준성 측은 주로 공수처의 압수수색 과정에서 위법한 행위가 있었다고 주장하던 터였다.

밤잠을 이루기 어려웠다. 시차 적응 문제도 있었지만, 공수처가 수사해 기소까지 된 사건의 공범 혐의를 받는 김웅이 무혐의 처분을 받았다는 것은 검찰이 공수처와 완전히 다른 판단을 내렸다는 것이기 때문이었다. 내 입장에서도 취재해 보도한 내용을 뿌리부터 흔드는 내용이니 신경이 곤두설 수밖에 없었다.

한편으로는 내가 해외에 나와 있는 기간에 김웅이 무혐의 처분을 받은 것이 의아하게 느껴졌다. 공교롭게도 나뿐만 아니라 조성은도 한국에 없어 적절한 대응을 하기 어려운 상황이었다. 아마 조성은은 나보다 더 많은 기자의 전화를 받았을 것이다.

다음 날 아침 에든버러로 가는 기차를 타려고 하는데 조성은에게서 전화가 왔다. 조성은은 검찰이 공수처 수사 결과를 흔들려고 의도적으로 김웅을 무혐의 처분했다는 의혹을 품고 있었다. 나 역시 같았다.

나중에 알게 된 사실이지만, 검찰이 참고인조사 전 조성은에게 연락을 해왔다고 한다. 조성은은 이때 전혁수 기자도 참고인으로 부를 것인지를 물었고, 검찰 측은 "그렇다"는 취지로 답했다고 전해왔다. 조성은은 검찰과 날짜를 조율하기 위해 자신과 내가 해외에 나갈 일정이 있다는 취지로 검찰에 설명해줬다고 한다. 검찰이 2022년 9월 29일 김웅에게 무혐의 처분을 내린 것이 과연 우연인지 궁금해지는 대목이다.

신혼여행에서 돌아와 2022년 10월 11일 손준성과 김웅을 고발했던 시민단체로부터 김웅의 불기소이유서를 받아봤다. 검찰의 김웅 불기소 이유는 크게 두 가지였다. 첫째, 손준성과 김웅 사이의 제3자 존재 여부가 입증되지 않아 공모관계를 인정할 수 없고, 둘째, 고발장이 접수되지 않아 공직선거법 위반의 기수(既遂)***에 이르지 않았다는 것이다.

*** 이미 일을 끝냄. 어떠한 행위가 일정한 범죄의 구성요건으로 완전히 성립하는 일(네이버 국어사전).

검찰 수사관
면담보고서
조작 의혹

　손준성 측은 재판 과정에서 지속적으로 공수처가 수사 과정에서 확보한 증거물의 위법성을 따지고 들었다. 고발사주 사건 수사 초기 감찰을 맡았던 대검의 감찰자료, 서울중앙지검이 수집한 증거자료 입수 과정에 문제가 없는지도 일일이 다퉜다. 이 때문에 이 사건 감찰과 수사에 참여했던 검찰 수사관 여러 명이 증인으로 출석해 압수수색 과정에 하자가 없었다는 점을 증언해야 했다.

　2022년 12월 5일 열린 공판에서는 대검의 포렌식 수사관들에 대한 증인신문이 진행됐다. 손준성 측 변호인은 오후 신문에서 중앙지검에서 3년 7개월가량 포렌식 전문 수사관으로 근무한 P 수사관에게 김웅 불기소 처분의 근거자료가 된 면담보고서에 대해 질문했다.

이 면담보고서는 김웅을 불기소 처분한 중앙지검 공공수사1부 부장인 이희동이 직접 작성한 것이었다. 당시 재판 내용을 복기해보면 해당 보고서는 손준성이 고발장 최초 전송자가 아닐 가능성이 있다는 취지의 내용이 있었던 것으로 보인다. 그러나 P 수사관은 이 면담보고서 내용대로 답변한 적이 없다고 증언했다.

2022년 12월 5일 공판 중 손준성 측 증인신문

변호인 올해 8월 29일에 서울중앙지검 내에서 (이희동 부장검사와) 면담하신 게 있죠. 그걸 여쭙겠습니다. 김웅 씨에 대한 사건 이첩에 따라 추가 수사 과정 관련 증인을 면담한 것 같습니다.

P 수사관 무슨 일로 했는지는 모르겠지만, 면담하겠다고 해서 답변했습니다.

변호인 2022년 8월 29일 17시 30분경 조성은 휴대폰 포렌식 결과와 관련해 중앙지검 912호실에서 이희동 부장검사와 강모 수사관과 면담했습니다. 손준성 관련 질문을 받았는데 기억납니까?

P 수사관 아니오. 텔레그램에서 뭘 보냈다면, 이런 식으로 질문받았습니다.

변호인 뭘 보냈다면, 4가지 가능성에 대해 질문했나요? 4가지로 나누셨는데 천천히 읽겠습니다.

①손준성 파일 저장 전달 → 김웅 전달 → 조성은 수신
②손준성 파일 저장 전달 → 제3자 전달 → 김웅 전달 → 조성은 수신
③제3자 파일 저장 전달 → 손준성 저장 전달 → 김웅 전달 → 조성은 수신
④제3자 파일 저장 전달 → 손준성 저장 전달 → 제3자 전달 → 김웅 전달 → 조성은 수신

이렇게 나눠 대화했는데 기억나나요?

P 수사관 그건 부장님(이희동)이 임의로 나눈 것 같습니다. 저는 A가 B에게 준다면, 이렇게 이야기했습니다. 물어서 답변했고, 제가 4가지로 나누지 않았습니다.

변호인 그러니까 4가지로 구분해서 물었냐고요.

P 수사관 특별히 구분했던 건 제 기억으로는 3가지입니다.

변호인 보고서는 4가지로 돼 있어서 물었습니다. 그러면 이렇게 3가지든 4가지든 구분하면서 최초 전달자가 손준성이 아닐 가능성도 대화를 나눴나요?

P 수사관 아니오. A가 B에게 파일을 보낼 때 시간값 기준이 어디냐고 물었습니다. 텔레그램 서버를 통해 보내니 용량이 크면 보내는 행위가 끝났을 때가 생성시간일 가능성이 있고, 보낸 시간일 것이라고 답했습니다.

변호인 제3자가 중간에 개입하고 이런 것에 대해서는 안 했나요? 3가지 나눠서 했다면서요.

P 수사관 A가 B에게 서버를 통해서, B가 C에게 이런 식으로 3가지 시간값에 대해 질문했습니다.

변호인 나머지는 생략하겠습니다.

P 수사관의 증언에 손준성 측은 당황하는 기색이 역력했다. 고발장, 증거자료, 실명판결문 등 사진파일을 최초 전송한 것이 손준성이 아닐 수도 있다는 가능성을 P 수사관을 통해 제기하려 했는데 무산됐기 때문일 것이다.

손준성 측 변호인의 질문이 끝나자 오히려 공수처가 면담보고서의 진실성에 대해 질문하며 반격했다.

2022년 12월 5일 공판 중 공수처 증인신문

공수처 오랜 시간 감사합니다. 김숙정 검사입니다. 올해 8월 중앙지검 면담 부분에 대해 변호인이 질문하셨는데, 그거 관련해 한두 가지 묻겠습니다. 이희동이 경우의 수를 3가지라고 질문했다고 하는데, 그러면 증인이 기억하는 것은 시간값에 대한 대답만 했지, 피고인이 어떤 식으로 개입했다는 등 의견 관련 진술은 없었다는 것인가요?

P수사관 네.

공수처 증인은 텔레그램을 사용 중이신가요?

P수사관 해볼 수밖에 없습니다. 안 해봤으면 답변이 불가능합니다.
(중략)
공수처 면담보고서에 제3자의 개입 여부가 중요한 내용이라고 작성돼 있는데 그것과 관련해 질문을 받은 적이 없다는 건가요?

P수사관 없습니다. 그렇게 물었다면 저는 내용을 몰라서 설명이 불가능하다고 했을 것입니다.
(중략)
공수처 8월 중앙지검 면담할 때 면담 내용이 문답으로 돼 있습니다. 읽어 드릴 테니 맞는지 확인해주세요. 가능성 중에 3, 4번째가 모두 가능하므로 손준성이 최초 전달자가 아닐 수도 있음, 전달자라 할지라도 그 파일 작성을 의미하지도 않음. 여러 가능성 중 실체가 무엇인지 확인할 필요가 있음. 이 내용 중 증인이 말한 게 있나요?

P수사관 없습니다.

　P수사관의 증언대로라면 김웅 무혐의 처분의 근거가 된 면담보고서가 실제 면담과 다른 내용으로 작성된 셈이다. 그렇다면 이 보고서를 작성한 이희동이 허위공문서를 작성해 김웅에게 무혐의 처분을 했다는 의혹이 제기될 수밖에 없다.

이날 손준성 측은 텔레그램 반송 가능성도 제기했다. 텔레그램은 최초 전송과 전달 기능이 있는데 제보받은 고발장을 '반송'했을 수도 있다는 기괴한 논리를 펼친 것이다. 메신저를 통해 접수된 것을 굳이 반송할 이유도 없겠지만, 최초 전송자의 이름이 'OOO 보냄'으로 뜨는 텔레그램 특성상 단순 반송이라면 제보자의 이름이 찍히는 게 당연하다. 그럼에도 손준성 측은 반송 가능성을 수사 때부터 꾸준히 내세워 왔다.

그러나 이러한 주장은 2022년 12월 5일부로 제기할 수 없게 됐다. 텔레그램에 반송이라는 기능 자체가 없다는 게 P 수사관의 증언으로 확인됐기 때문이다. 당연한 내용이 사실로 확정되는 데 참 오랜 시간이 걸렸다.

2022년 12월 5일 공판 증인신문

공수처 텔레그램에 반송이라는 절차도 있나요?

P 수사관 반송이라... 지금까지 본 적이 없습니다.

공수처 누군가가 나에게 텔레그램 메시지나 파일을 보낸 것을 내 폰에 저장하고 보내준 사람에게 다시 돌려보내 주는 것은 무엇인가요?

P 수사관 그것도 전송이나 전달입니다. 반송은 없습니다.

변호인 텔레그램에 답장 기능 있나요? 항목은 답장으로 돼 있지만 기술적으로는 전달이나 전송인가요?

P 수사관 네.

변호인 받은 걸 그대로 줘도…

P 수사관 본인 의도는 반송이라고 할지라도 전송이나 전달이죠.

변호인 그러면 A로부터 B가 받아서 전달 기능으로 보내면 전달이고, B가 받아서 그걸 본인 매체에 저장해서 저장된 걸 새롭게 보낸다면 그건 전송인가요?

P 수사관 하…

변호인 로컬에 새로 저장해서 하면…

P 수사관 로컬에 새로 저장해서 보내면 전송이 맞습니다.

이 재판 10일 후인 2022년 12월 15일 민주당은 이희동을 허위공문서 작성 등의 혐의로 공수처에 고발했다. 민주당은 "검찰이 불기소로 결론을 내려놓고 짜맞추기식 수사를 한 정황"이라고 주장했다. 이 사건은 아직 공수처에 계류된 상태다.

PART 06

전혁수 | 11장 | **고발사주 재판**

대검 조직이 총장 일가의 로펌?
검찰 최고 정보부서의 유튜브 사랑
대검이 왜 총선 여론조사를?
한동훈이 전송한 사진파일 60장
'증인' 조성은, 김웅, 한동수

조성은 | 12장 | **은폐와 영전**

부장검사와의 티타임
검사가 검사 범죄를 수사하는 방식
보스턴, 새벽 2시의 긴급통화
11시간 증인신문
남부지검의 출석 통보

고발사주 재판

전혁수

대검 조직이 총장 일가의 로펌?

고발 사주 사건 1심 공판의 핵심 쟁점은 두 가지였다.

1. 미래통합당에 넘어온 고발장은 검찰이 보낸 것인가?
2. 손준성과 김웅 사이에 제3자가 끼었을 가능성이 있는가?

사건 관계인들이 증거인멸 행각을 벌였고, 그 결과 공수처는 구체적 물증 확보에 한계가 있어 고발장 작성자를 특정하지 못했다. 공수처는 다수의 정황 증거를 제시해 논거를 강화하는 방식으로 재판을 진행했다. 당연히 고발장의 출처가 검찰이란 사실을 입증하는 데 총력을 기울였다.

이 과정에서 대검에서 벌어진 윤석열의 검찰권력 사유화의 정황이 밝혀지기 시작했다. 2020년 4월 3일 손준성이 최초 전송한 고발장에는 윤석열의 장모와 처의 범죄 의혹에 관한 내용이 담겼다. 그런데 고발장 전송 약 한 달 전후로 대검 수사정보정책관실은 윤석열 장모 최은순이 연루된 사건에 대한 정보를 수집했다.

공수처는 이 부분을 집요하게 파고들었다. 손준성의 범행동기와 1차 고발장 내용이 대검 수사정보정책관실에서 수행한 것으로 의심되는 '윤석열 지키기'와 관련이 있다는 점을 입증하기 위해서다.

공수처가 손준성을 재판에 넘기면서 작성한 공소장의 '배경사실'에는 대검 수사정보정책관실이 윤석열 검찰총장의 가족을 변호하는 듯한 문건을 다수 생산한 사실이 드러나 있다. 고발사주 사건 범행의 동기가 윤석열과 윤석열의 가족, 검찰을 보호하기 위한 것이었다는 범행동기를 설명하는 대목에서다.

공수처의 손준성 초기 공소장

2020. 4. 15.로 예정된 국회의원 총선거를 두 달가량 앞둔 시점 무렵부터 언론과 범여권 유력인사들은 검찰총장, 그의 가족 및 검찰 조직에 대해 각종 의혹 및 비판을 잇달아 제기하였다.

2020. 2. 17. 뉴스타파는 「윤석열 아내 김건희 – 도이치모터스 권오수의 수상한 10년 거래」라는 기사를 보도하며 검찰총장의 배우자 김건희가 주가조작에 연루되었다는 의혹을 제기하였고, 2020. 3. 9. MBC '스트레이트'는 「장모님과 검사 사위(1편)」, 뒤이어 2020. 3. 16. 「장모님과 검사 사위(2편)」을 각 방영하며 검찰총장의 장모 최은순이 잔고증명서를 위조한 사건에 대한 검찰 수사가 제대로 진행되지 못하고 있다는 의혹을 제기하였다.

2020. 3. 31. MBC는 「가족 지키려면 유시민 비위 내놔라…공포의 취재」라는 제목의 이른바 검찰과 채널A 간 '검언유착' 뉴스를 방영하며 채널A 기자가 검찰총장의 최측근인 한동훈 검사장과 공모하여 수감 중인 제소자를 협박해서 유시민의 비위를 캐내려 했다는 의혹을 보도하였다.

(중략)

이와 같이 언론 및 범여권 정치인들의 검찰총장, 그의 가족, 검찰 조직에 대한 공세가 거세어지자, 피고인은 2020. 2.경 수사정보정책관실 검찰공무원을 동원하여 관련 정보수집을 하는 등 적극적으로 대응하기로 마음먹었다.

피고인은 2020. 3.경 검찰총장의 장모 최은순에 대한 수사 방해 등의 의혹 보도가 잇따르자, 수사정보정책관실 소속 공무원들에게 지시하여 최은순 관련 형사사건 정보 및 판결문 기록을 검색·수집·검토하게 하였고, 2020. 3. 11.부터 2020. 3. 19.까지의 기간 동안 최은순이 관련된 형사사건들의 개괄·경과를 정리하게 하였으며, '최은순의 입장에서 의혹 제기에 대응하는 문건' 등 다수의 문건을 보유하게 하였다. 대검찰청 대변인이던 권순정은 2020. 3. 18. 다수 언론사의 기자들을 대검찰청 대변인실로 불러 위 대응 문건을 열람케 하며 설명하였고, 2020. 3. 19.에는 일부 기자들에게 카카오톡 메신저 등을 통해 추가로 최은순 입장에서의 해명이 기재된 문건 사본을 송부하였다.

피고인은 2020. 3. 31. MBC의 '채널A 검언유착 의혹'이 보도된 직후 한동훈, 권순정의 사이에 개설된 카카오톡 단체대화방과 한동훈과의 카카오톡 1:1 대화방에서 2020. 3. 31. 93회, 2020. 4. 1. 66회, 2020. 4. 2. 138회 각 카카오톡 메시지를 주고받으며 의혹 대상자로 지목된 한동훈으로부터 검언유착 의혹과 관련한 해명을 들었다. 피고인은 그 무렵 MBC의 위 검언유착 의혹 보도, 뉴스타파 및 MBC의 검찰총장 배우자 및 장모에 대한 각종 의혹 보도의 제보자가 지OO이란 사실을 파악한 후, 2020. 4. 3.경 수사정보정책관실 성상욱, 임홍석 등에게 지OO 등을 피고발인으로 하는 1차 고발장에 첨부할 지OO에 대한 실명 판결문 등 수집·검토를 지시하였다.

2023년 4월 10일 진행된 고발사주 사건 공판에는 고발사주 사건 당시 대검 대변인이던 권순정이 증인으로 출석했다. 공수처는 위 공소장에 기재된 배경 사실을 구체적으로 언급하며 권순정을 신문했다.

공수처가 이날 재판에서 밝힌 바에 따르면, 당시 손준성은 권순정과 성상욱 등에게 윤석열의 가족이 관련한 각종 보도에 대해 변호하는 내용을 담은 것으로 추정되는 제목의 문건을 검찰 메신저를 통해 전송했다. 전달한 문건의 제목과 전달경로는 다음과 같다.

〈표 3〉 손준성이 전달한 문서 파일(재판 내용 재구성)

날짜	전달경로	파일명
2020년 03월 12일	손준성 → 권순정	정대택 * 사기미수, 강요 등 판결문 3건
		200311 가족[수정].hwp
2020년 03월 13일	손준성 → 성상욱	가족 관련 스탠스-1.hwp
2020년 03월 16일	손준성 → 권순정	백OO 변호사법 위반 판결문.hwp
		정대택 재심 판결문.hwp
2020년 03월 17일	손준성 → 권순정	200316 장모 등 의혹 제기 관련 팩트체크-3.hwp
	손준성 → 성상욱	안OO 파일, 가족 관련 스탠스
2020년 03월 18일	손준성 → 권순정	200317 스트레이트 보도 등 팩트 체크(대변인실)(언론제공용)(적색부분 수정 의견)-2.hwp
		200318 JTBC 임OO 관련 스탠스-1.hwp
		200318 JTBC 임OO 관련 스탠스-2.hwp
		200318 JTBC 임OO 관련 스탠스-3.hwp

* 최은순 씨의 한때 동업자로, 최씨와 20여 년째 민 · 형사 소송 중인 사업가. 2012년 3월 대검과 법무부에 윤석열 검사(당시 대검 중수1과장)와 김건희 씨의 관계에 대한 진정서를 제출하며 감찰을 요구하기도 했다

2020년 03월 19일	손준성 → 권순정	200319 뉴스타파, 스트레이트 등 허위보도 내용-2.hwp
		200319 잔고증명서, 안OO 사기 행각 관련 설명기조-1.hwp
		200319 가족 관련 언론기조-2.hwp
2020년 03월 20일	손준성 → 권순정	200319 뉴스타파, 스트레이트 등 허위보도 내용-4.hwp
2020년 03월 26일	손준성 → 권순정	뉴스타파 보도 관련[최종2].hwp
2020년 04월 07일	손준성 → 권순정	200407 스트레이트 대응기조-2.hwp
		200407 스트레이트 대응기조-3.hwp
2020년 04월 08일	손준성 → 권순정	200408 의료법 위반 관련 정리.hwp

권순정은 이 문건들이 대변인실 업무상 필요한 것이었다고 주장했다. 언론 대응을 위해 대검 수사정보정책관실이 문건을 생산해 전달했다는 취지다.

하지만 첨부파일의 제목으로 미뤄봤을 때 대검이 윤석열의 장모와 관련한 문건을 지속적으로 생산한 것이 일반적이지 않다는 의문이 들 수밖에 없었다. 어쩌면 대검 수사정보정책관실이 윤석열 장모의 개인 변호사 노릇을 했는지도 모를 일이다.

이에 공수처는 윤석열 장모 최은순에 관한 대응을 왜 대검이 나서서 하느냐고 지적했다. 그러자 권순정은 검찰 관련 보도에 대응한 것이라고 주장했다. 윤석열 장모에 대한 고발 보도가 검찰의 신뢰도를 떨어뜨렸다는 논리다.

2023년 4월 10일 공판 증인신문

공수처 증인, 대검 대변인일 때 기자들을 대변인실로 불러서 2020년 3월 18일 장모 대응 문건 보여주면서 설명한 적 있는가요?

권순정 증언 거부하겠습니다. 이건 장모 대응을 위한 것이 아닙니다. 검찰의 대응을 위한 것입니다. 마치 사적인 이해관계를 도모하기 위해서 검찰에서 이런 검토를 했다고 보도하는 건 불쾌한 얘기입니다. 공적인 검찰의 신뢰를 지키기 위해서 내용을 검토한 것이다.

공수처 증인, 2020년 3월 19일, 카톡으로 일부 기자에게 해명 기재된 문건 사본 송부한 적 있는가요?

권순정 증언 거부하겠고, 가족 입장에서 전달하거나 그런 문제가 아닙니다. 확정판결, 유죄판결 받은 분들이 그 말이 사실이라고 본인 입장을 밝히고 검찰을 비판하니, 검찰이 수사 안 한 게 뭔지 양 당사자의 진술이 엇갈리니 하나로 단정하기 어렵다는 겁니다. 가족 입장을 전달한 걸로 이해했다면 잘못 이해한 것입니다.

    공수처도 해당 문건들의 내용을 확인할 수는 없었다. 문건이 작성돼 검찰 메신저를 통해 전달된 시점은 2020년 3월경이지만, 대검 감찰부와 공수처가 이들의 메신저 송수신 기록을 압수수색한 시점은 내가 고발사주 사건을 보도한 2021년 9월 이후기 때문이다. 검찰 메신저 송수신 기록은 확인이 가능하지만, 메시지 내용과 첨부파일 등의 보관기간은 1년이다. 심증은 있지만 물증은 없는 상황이다.

권순정은 공수처가 첨부파일의 제목만으로 추론한다는 점을 잘 알고 있었던 것 같다. 그는 구체적인 내용에 관한 질문에는 '기억나지 않는다'는 취지로 즉답을 피해 나갔다. 재판부가 나서서 "이 문건이 검찰총장인 윤석열 관련한 주요 이슈인데 기억이 나지 않느냐"며 날카로운 질문을 했지만, 권순정은 노련한 검사답게 '기억나지 않는다'는 태도를 견지했다.

2023년 4월 10일 공판 증인신문

재판부 (MBC 스트레이트, JTBC 보도 등은) 어쨌든 수사와 관련된 보도들이고 수사정보정책관실하고 자료 주고받은 거 아닌가요?

권순정 수사정보정책관실에 한정해서 자료 받은 건 아닙니다. 수사정보정책관실 생각이 저희랑 다를 수 있고, 다양한 의견을 들어서 최종적으로 어떤 정보와 답변을 (기자들에게) 드릴지 결정합니다. 수사정보정책관실에서 저희에게 온 내용이 절대적인 책임이 있는 의견이 아닙니다.

재판부 언급하는 파일들이 '보도 팩트 체크, 괄호하고 대변인실'이라고 돼 있습니다. 대변인실에서 '팩트 체크' '언론제공용' 이런 부분들이 있습니다. 제목으로 보면 대변인실 명의로 팩트 체크 발표하는 내용 같은데요.

권순정 제공받는 건 그럴 수 있을 것 같습니다. 대변인실에서 1차 팩트 체크하는 경우가 있습니다. 아까 말씀드린 대로 여러 의견 듣고 저희가 최종 결정하니 물었을 수 있습니다.

재판부 '적색 수정 의견', 이건 대변인실과 수사정보정책관실 사이에 확인 작업이 이뤄진 것으로 보이는데 어떤가요?

권순정 모든 과랑 같이 확인하고 수사정보정책관실에 국한하지 않고 자료 받고 의견도 모든 것을 묻는 것이기 때문에 주고받았을 수도 있고, 실제 그랬던 것으로 기억합니다.

재판부 검찰총장에 관한 내용이고 대변인실과 직결되는 자료로 보여서 그렇습니다. 그렇다면 증인이 주고받는 과정, 수정하는 과정에 대해서 기억이 있을 것 같은데요?

권순정 의견이 수정되고 이런 건 일반적으로 있는 과정이고, 이거 아니어도 통상 있는 일입니다. 하나하나를 정확하게 말씀드리기 어렵습니다. 파일이나 이런 게 있으면 보여주시면.

재판부 기억에 따라 말씀하세요. 중요도 낮은 거면 기억이 안 날 수 있는데 총장 관련 이야기고 중요한 이슈인데, 그에 대해서라면 파일 제목만 봐도 증인이 기억이 있지 않을까 해서 여쭤보는 겁니다.

권순정 큰 틀에서는 기억이 나는데 파일 하나하나가 어떤 내용인지 기억하기 어렵습니다.

2023년 6월 12일 진행된 공판에는 대검 수사정보정책관실에서 손준성과 함께 근무하며 직접 윤석열 장모와 관련한 판결문을 검색했던 K 수사관이 증인으로 출석했다. 그는 윤석열 장모 최은순과 처 김건희 관련 사건의 판결문을 다수 검색한 것으로 드러났다.

2023년 6월 12일 고발 사주 공판 증인신문

공수처 (윤석열 장모 관련) 판결문을 검색한 경위는 무엇인가요?

K 수사관 아마 이게 기억하기로는 정대택이란 분이 나와서 백윤복** 관련해서 사건이 있었다고 하면서 피해를 봤습니다. 이렇게 주장을 해서 무슨 내용인지 확인한 것입니다.

공수처 증인은 2020년 2월 17일 정대택을 검색하고, 오전 10시 27분부터 33분까지 정대택 사건 검색을 7번 했나요?

K 수사관 네.

공수처 정대택 관련해서 사건 상세 조회 수리 검사, 법원 선고에 대해 검색한 사유는 무엇인가요?

** 2003년 최은순 씨와 정대택 씨가 서울 오금동 스포츠센터 경매 사업을 두고 약정서를 쓸 당시 입회한 법무사. 이후 진행된 두 사람 간 소송에서 "최은순한테 돈을 받고 정대택에게 불리한 증언을 했다"고 '양심선언'을 했으나 외려 변호사법 위반 혐의로 구속돼 실형을 살았음. 2012년 사망.

K 수사관 처음에 했던 건 정대택의 인적사항을 몰라서 이름을 검색해 본 것 같습니다. 시기가 지나서 명확하지 않은데 이 무렵 전에 정대택 이분이 서울의소리에 피해자라고 많이 나왔습니다. 정대택 이분 인적사항을 몰라 이름을 검색했고, 나이대도 주민번호를 확인해서 추가로 검색했던 것 같습니다.

공수처 사건 검색 결재자가 모두 김영일(당시 수사정보정책관실 수사정보1담당관)인데, 김영일 담당관에게서 정대택 검색해보라고 지시받은 건가요?

K 수사관 사건 검색 같은 경우는 1담당관이 결재자입니다. 당연히 김영일이 적시됐을 것이고, 지시했는지는 기억이 안 납니다. 지시를 받은 것인지, 제가 궁금해서 확인하려고 했는지 모르겠습니다.

공수처 증인은 궁금해서 사건 수리 정보, 검사, 판결을 검색한 사례가 또 있나요?

K 수사관 이 건은 검찰총장 관련해서 장모님 관련해서 피해자라는 사람이 계속 언론과 유튜브에 나와서 피해를 이야기하고 그랬기 때문에 어떤 연유로 저러는지 몰라서 확인했습니다.

공수처 증인, 2020년 2월 17일 10시 53분 백윤복 키워드로 다시 판결문 검색했지요? 경위가 무엇인가요?

K 수사관 기억나지 않습니다.

공수처 증인은 그 외에도 윤석열 배우자 및 장모 실명 등 키워드로 판결문을 검색했지요?

K 수사관 그랬던 것 같습니다.

공수처 '안소현'*** 키워드로도 검색했지요? 이러한 판결문들을 검색한 경위가 무엇인가요?

K 수사관 정대택이 서울의소리에 나와서 피해를 봤다고 해서 내용을 확인하려 했습니다.

공수처 증인, 판결문 검색한 다음에는 무엇을 했나요?

K 수사관 ...

공수처 증인이 구체적으로 실명과 죄명까지 넣어서 검색했습니다.
(중략)
공수처 실명 판결문은 일반인은 못 구하고, 검찰청 단말기 통합사건 조회를 통해 할 수 있지요? 중요한 수사 정보도 담겨 있지요? 유튜브를 보고 단순히 궁금해서 검색했다는 건가요?

K 수사관 제가 이분들에 대해 개인적으로 궁금해서 할 수 있는 것은 아니고, 판결문을 검색해 보라고 한 건 모르겠지만, 유튜브에서 사건이 언급되고 하니, (검사가) 지시를 했는지는 모르겠습니다.

*** 2013년 최은순 씨가 벌인 경기 성남시 도촌동 땅 차명투자 사업의 동업자. 300억대 은행 잔고증명서 위조의 주체를 두고 최씨와 소송을 벌였다.

대검 최고
정보 부서의
유튜브 사랑

유튜브는 정보의 보고로 많은 사람의 사랑을 받는다. 그러나 정치 유튜브는 지나치게 편향적이고 허위사실이 난무해 공적인 기관이 정보를 수집하는 창구로 쓰기에는 부적절하다는 게 내 의견이다. 추후 유튜브에도 저널리즘이라는 것이 안착하면 그때는 정보를 수집하는 창구가 될 수 있지 않을까.

대검 수사정보정책관실의 정보 수집은 사건 정보, 판결문 수집에 그치지 않았다. 이들은 TV 리포트는 물론 유튜브까지 시청해가며 자료를 수집했다. 그리고 이러한 정보수집의 키워드는 '윤석열 가족'과 '정치'였다. 대검 수사정보정책관실은 정치 유튜브를 보수·우파, 진보·좌파로 나눠 20개 채널에 대한 방송 정보를 수시로 수집한 것으로 드러났다.

2020년 4월 3일 손준성이 최초 전송한 1차 고발장에는 지OO의 변호인이던 민병덕 의원이 유튜브 〈서울의소리〉에 출연한 사실, 2020년 4월 8일 2차 고발장에는 최강욱이 유튜브 〈매불쇼〉에 출연해 한 발언과 당시 구체적인 조회수, 채널의 구독자 수까지 적혀있다.

공수처는 평소 대검 수사정보정책관실이 유튜브를 지속적으로 시청하며 정보를 수집하고 이 정보를 고발장에 담은 정황을 내세워 고발 사주 범행의 동기를 입증하려 했다.

> 더불어민주당 내 '검찰공정수사촉구 TF' 소속 위원을 역임하고 이번에 더불어민주당 국회의원 후보 안양시 동안구갑 지역구 공천을 받은 민병덕 변호사가 위 지OO의 변호인 겸 법률대리인 역할을 해온 사실이 확인되었으며(민병덕 스스로 2020. 3. 6. 인터넷 유튜브 서울의소리 방송 등에 출연하여 자신이 뉴스타파의 제보자 X의 변호인이라고 설명함)...
>
> —2020년 4월 3일 1차 고발장 중

> 피고발인(최강욱)은 2020. 3.경 위와 같이 제21대 국회의원 선거의 열린민주당 비례대표 후보로 출마한 뒤, 2020. 4. 2.경 약 25만 4,000명의 구독자들과 불특정 다수의 비구독자들이 시청하는 인터넷 유튜브 방송인 팟빵 매불쇼 오피셜 방송에 출연하여, '열린민주당 비례대표 후보' 신분으로 자신을 소개하면서 위

> 방송의 진행자인 최욱과 인터뷰를 하던 중…
> —2020년 4월 8일 2차 고발장 중

공수처가 고발 사주 사건에서 윤석열, 한동훈 등을 불기소 처분하면서 내놓은 불기소 이유서에 나타난 인정 사실에는 대검 수사정보정책관실이 유튜브를 시청하며 정보를 수집한 구체적인 정황이 담겼다.

> 아래와 같이 고발장 작성 전후의 상황은 인정된다.
> (중략)
> 2차 고발장의 경우, 피고발인 최강욱이 출연한 2020. 4. 2.자 팟빵 매불쇼 오피셜 방송의조회수가 57만 명이라고 기재되어 있는데, 이는 2020. 4. 8. 12:31 기준으로 확인됨에 비추어…
> (중략)
> —수사정보정책관실 소속 수사관 OOO는 성상욱의 지시로 정치 유튜브 방송을 "보수 · 우파성향", "진보 · 좌파성향"으로 구분하고 1위부터 20위까지 정리하여, 그중 순위가 높은 ①"보수 · 우파 성향" 1. 신의 한수 2. OOOO방송 3. 펜앤드마이크 4. 가로세로연구소 5. OOO의 뉴스브리핑, ②"진보 · 좌파성향" 1. 사람사는 세상 노무현재단 알릴레오 2. 딴지방송국 3. 김어준의 뉴스공장 4. 팩트TV 뉴스 5. 서울의소리 등을 정기적으로 모니터링해서 '유튜브 반응' 보고서를 작성한 다음, 이를 성상욱, 임홍석에게 보고함.
> —성상욱, 임홍석은 위 '유튜브 반응' 보고서를 주기적으로 수신하였고, 그중 서울의소리 방송도 포함되어 있었는데, 1차 고발장 16쪽 '4. 고발이유'에는 "민병

덕 스스로 2020. 3. 6. 인터넷 유튜브 서울의소리 방송 등에 출연하여 자신이 뉴스타파의 제보자 X의 변호인이라고 설명함"이라는 방송 내용이 기재되어 있음(성상욱과 임홍석이 평소 수집해 온 자료를 활용하였을 가능성이 높음)

-2022년 5월 6일 자 불기소 이유서 중

고발 사주 재판 과정에서도 대검 수사정보정책관실이 유튜브를 보며 정보를 수집한 사실이 쟁점이 됐다. 특히 공수처는 유튜브를 통해 윤석열 장모에 대한 정보를 수집한 게 아니냐고 집요하게 지적했다.

2023년 6월 12일 진행된 고발사주 공판에서 대검 수사정보정책관실에서 근무했던 K 수사관이 '유튜브 보고서'에 대해 증언했다.

2023년 6월 12일 고발사주 사건 증인신문

공수처 증인, 유튜브 파일 보고했나요?

K 수사관 맞습니다.

공수처 어떤 내용을 보고한 건가요?

K 수사관 내용 자체는 검찰 관련한 유튜브, 진보 유튜브, 보수 유튜브 이렇게 특정했습니다. 채널 중에 검찰 관련 내용이 있으면 '유튜브 반응'이라는 제목을

쓰고 취지를 쓰고, 이런 식으로 (보고서를) 써서 쪽지로 전송했습니다.

공수처 공개정보분석팀은 어떤 경위로 유튜브 채널을 보고한 건가요?

K 수사관 2019년 12월인지 2020년 1월인지 정확하지는 않은데 2과장님이 저를 불러서 유튜브를 진보, 보수로 나눠줬습니다. 한 장짜리 페이퍼에 각 채널의 이름이 나와 있었습니다. 채널을 보면서 검찰 관련 무슨 말을 하는지 제목이라든지 써보라고 해서 작성하게 된 겁니다.

공수처 구체적으로 2과장이라면 성상욱 담당관 말씀하는 건가요?

K 수사관 네, 맞습니다.

공수처 방으로 증인을 불러서 성상욱이 '진보, 보수 나눠보자' '검찰 수사나 재판에 대해 봐보자'?

K 수사관 그렇습니다.

공수처 무슨 말씀을 하면서 지시했나요?

K 수사관 딱히 그 말씀 외에 기억이 안 납니다.

공수처 증인은 수사정보1담당관실 직원입니다. 어떤 연유로 2담당관이 지시했나요?

K 수사관 왜 2담당관이 일을 시켰는지 모르겠는데, 1담당관-2담당관 체계가 나눠 있는데, 마주 보고 있고 해서 제 입장에서는 상급자가 하라고 시키니까 한 것입니다.

공수처 1담당관께도 보고했나요? 2담당관이 지시했다고 한 것을?

K 수사관 그런 업무를 시켰다는 걸 보고했는지까지는 기억이 안 나는데, 쪽지로 작성해서 2담당관, 1담당관, 임홍석, 이정훈에게 보내라고 지시했습니다.

공수처 수행하지 않던 업무인데 갑자기 2019년 12월 말, 2020년 1월 무렵 생긴 이유가 뭔가요?

K 수사관 모르겠습니다. 좀 부담스러운 업무였습니다.

공수처 어떤 면이 부담스러웠나요?

K 수사관 하다 보니 매일 (유튜브) 쳐다보고 들어봐야 하니까. 안 하던 업무를 하니까 부담스러웠습니다. 업무량도 많았습니다.

K 수사관은 조국 전 법무부 장관의 부인 정경심 씨에 대한 유튜브 반응도 정리해 보고했다. 이른바 조국 사태는 윤석열이 문재인 정부와 갈라서게 된 결정적인 계기로, 2020년 4월 3일자 1차 고발장에 구체적으로 언급된다.

K 수사관은 검언유착 의혹 사건과 관련한 유튜브도 시청한 후

보고한 것으로 나타났다. 2020년 4월 3일자 1차 고발장의 주요 내용 중 하나는 '검언유착 의혹은 사실이 아니다'라는 것이다.

> **공수처**: 증인, 지금까지 보고한 유튜브 내용 중 기억에 나는 것이 있나요?
>
> **K 수사관**: ... 저도 뭐 아까 조서 보고 기억이 나는 건데요. 2020년 2월인지, 3월인지, 코로나19로 인해서 신천지 압수수색하라고 진보 유튜브 쪽에서 강하게 했었던 것을 기억합니다.
>
> **공수처**: 증인, 재판 관련한 경우 정경심 재판에 대해서 검찰 수사가 잘못했다고 얘기하면 정리해서 보고했죠?
>
> **K 수사관**: 네.
>
> **공수처**: 채널A 사건(검언유착 의혹)에 대한 많은 내용이 유튜브에 있어서 정리해 보고했죠?
>
> **K 수사관**: 채널A 사건은 제가 썼는지 모르겠습니다. 그 사건은 보도가 많이 됐고, 그래서 썼는지 확실히는 모르겠습니다. 정경심은 기자들이 설명해서 제가 그런 걸 좀 적은 기억이 있는데, 채널A 사건은 기사화됐고, 이런 걸 유튜브로 하는 게 내용이 특별했다면 작성했을 것 같긴 한데...
>
> **공수처**: 이미 관심 사안이라서 안 했을 수도 있다는 건가요?

K 수사관 : 네, 그럴 수 있습니다.

공수처 : 유튜브 제목과 발언 취지를 기재했다고 했습니다. 유튜브 반응 보고서, 진보 측 서울의소리, 뉴스공장, 시사타파, 보수 쪽 가세연, 펜앤드마이크, 황장수TV 보면서 검찰 관련 발언이 나오면 발언 취지를 기재해 보고했나요? 이 외에도 김어준의 뉴스공장, 알릴레오 모니터링했나요?

K 수사관 : 네, 뉴스공장은 했고, 알릴레오는 주기적으로 하지는 않았습니다.

(중략)

공수처 : 혹시 유튜브 분석 보고하는 경우 수사정보담당관들이 추가적인 검토를 지시하는 경우가 있었나요?

K수사관 : 거의 없었습니다.

공수처 : 비정기적으로 특정 내용을 (모니터링)하라고 지시한 적 있나요?

K수사관 : 당시 가끔 비정기적으로 윤석열 총장 장모 관련해서 서울의소리에서 많이 언급을 해서, 피해자라는 사람이 나와서 그런 게 있었는데... 한 번씩 무슨 얘기하는지 들어보라고 했었습니다.

    손준성의 변호인은 1차 고발장에 적시된 2020년 4월 6일 유튜브 〈서울의소리〉 방송 내용이 대검 수사정보정책관실과 직접적인 연관이 없다는 측면을 부각하려 했다. 그러나 그 과정에서 윤석열 장모와 관련된 유튜브를 K 수사관이 시청하며 정보를 수집했다는 내용이 재차 확인됐다.

변호인 : 2020년 4월 6일 서울의소리 유튜브 방송 관련해서 증인이 유튜브 방송 정리할 때 그 채널 담당이었나요?

K 수사관 : 네.

변호인 : 공수처에서 조사받으면서 2020년 4월 6일자 서울의 소리 방송 기억 안 난다고 진술했는데 혹시 기억 나는 게 있나요?

K 수사관 : 기억 안 납니다.

변호인 : 제보자 X와 관련한 방송 내용을 2020년 4월 6일자는 8시 3분에 작성했는데 방송은 11시에 방영됐습니다. 김영일, 성상욱, 임홍석에게 보고한 내용에 포함이 안 됐죠?

K 수사관 : 아마...

변호인 : 성상욱이 유튜브 반응 살피라고 하면서 총장 관련 사항도 있는지 보라고 했나요?

K 수사관 : 총장 관련... 그런 이야기했던 것 같기도 합니다.

변호인 : 증인은 2020년 10월 20일 공수처 조사받을 때 성상욱이 총장 가족 관련 유튜브 반응을 보라고 했는데 "이게 수사 범위에 포함되나요?" 했더니 "명백하게 모르겠다"고 답변했다던데 이게 무슨 취지인가요?

K 수사관 : 총장 가족 관련이라고 한다면 가족의 피의자들이 나와서 진술한 것이었다면 명백한 수사 정보는 아니라고 봤고 대신 총장이나 검찰이 관련된 거라면...

변호인 : 총장 관련 가족에 대해 언급하면서 당시 검찰 수사가 적절했는지 (수집)하는 거니까 당연히 관련 있는 것 아닌가요?

K수사관 : 네, 그렇게 봤습니다.

대검이 왜
총선 여론조사를?

 2023년 8월 21일 공판에는 대검 수사정보정책관실 수사정보 2담당관이던 성상욱 검사가 출석했다. 성상욱은 고발사주 사건과 관련한 다른 혐의로 수사를 받고 있다며, 증언을 대부분 거부했다.

 하지만 이날 공판에서 공수처는 2020년 3~4월 총선을 앞두고 성상욱이 수사정보1담당관이던 김영일과 총선 여론조사 결과를 수집해 주고받았다는 사실을 공개했다. 이는 고발사주 사건 손준성의 주요 혐의인 공직선거법 위반의 동기를 입증하기 위한 것으로 보인다. 검찰이 당시 정치 상황에 큰 관심을 가졌다는 것을 보여주는 대목이다.

2023년 8월 21일 성상욱 증인신문

공수처 증인, 2020년 3월부터 4월경 김영일로부터 21대 총선 관련 여론조사 파일을 수신했습니다. 경위가 무엇인가요?

성상욱 아마 총선 전이라서 각종 언론보도나 선관위 자료 등에 선거 관련 자료들이 많이 제공되고 있었습니다. 그래서 그걸 공유한 것 같습니다.

공수처 선거 관련 여러 정보를 공유했다는 것인가요?

성상욱 언론보도도 많았고, 지라시****도 김영일이 받으면 주기도 하고, 선거 관련 자료들을 같이 봤습니다.

공수처 김영일이 자료를 공유하는 것은 좋습니다. 그런데 2020년 4월 3일 오후 5시 28분에 증인이 피고인에게 '총선 후보 등록 현황' '5시 현재 여론조사 반영'이라는 첨부 메시지를 보내는데 왜 자꾸 여론조사 결과를 반영해서 보냈나요? 왜 시간별로 여론조사 결과를 반영해서 수사정보정책관실에서 공유한 이유는 뭔가요?

성상욱 김영일이 지라시라든지 관련 자료를 받으면 공유하기도 했는데, 그게 왔던 것 같고, 쪽지 이름만 봐서는 구체적으로 내용이 어떤지 잘 모르겠습니다.

**** 일본어 원뜻은 '광고 전단지'이지만, '미확인 정보지'라는 뜻으로 통용된다.

공수처 그 이후에도 2020년 4월 6일 '여론조사 총괄표' 오전 9시, 오후 5시 하루에 두 번씩 계속 각 전국 지역에 있는 총선 후보 여론조사 동향표를 계속 보내요. 4월 7일에도 보내고 8일에도 보냅니다. 모두 오전 9시와 오후 5시에. 이건 매일 언론에 나오는 자료가 아닌데요. 언론은 가끔 여론조사를 하지 여론조사 총괄표를 만들지 않는데 수사정보정책관실에서 전국 지역 여론 지지율을 오전 9시, 오후 5시에 공유하는 이유가 뭔가요?

성상욱 쪽지 첨부파일 제목만 가지고는 내용을 정확히는 알 수 없고 내용이 포함됐을 수 있는데 어떤 경위로 김영일에게 받았는지 정확히 알 수 없습니다. 제가 만들어서 보낸 건 기억하기 쉬웠을 텐데 오는 걸 받은 내용까지는 모르겠습니다.

재판부도 통상적이지 않다고 판단했는지 성상욱에게 추가 질문을 했다. 선거 여론조사 정보가 수사 정보가 아닌데 왜 수집했느냐는 취지였다. 하지만 성상욱은 '기억이 나지 않는다'는 취지로 즉답을 피했다.

2023년 8월 21일 성상욱 증인신문

재판부 지역별 여론조사 총괄표, 총선 후보 등록 현황, 이런 파일들을 수사정보정책관실 내에서 공유했던 것으로 보이는데요. 제목만 보면 이건 후보 등록 현황이나 지역별 여론조사. 이런 게 범죄 정보라고 보긴 어려워 보이네요. 이런 부분을 수사정보정책관실에서 평소에도 공유할 만한 내용인가요?

성상욱 제목만 가지고는 구체적으로 내용을 알 수 없습니다.

재판부 제목만 갖고 추정을 해보면, 내용은 그대로잖아요. 그런 관점에서 그런 내용을 수사정보정책관실에서 공유할 만한 내용인지 여쭤보는 거예요. 내용을 떠나서.

성상욱 선거가 다가올수록 언론에 보도가 되고 주고받는 지라시에도 언급되는데요. 그런 자료들이 왔다갔다했던 것 아닌가 합니다.

재판부 총괄표라는 명칭이 여론조사를 특정한 게 아니라 모았다는 건데요.

성상욱 제가 잘 모르겠습니다.

재판부 범죄정보라고 보기 어려운 거라서요. 공유됐다면 이례적이고, 업무와 직결되는 게 아닌데. 내용이 기억이 안 나요?

성상욱 선거 앞두고 관련 지라시, 언론 기사, 선거방송심의위원회 올라오는 자료들도 서로 왔다갔다하고 그런 기억은 납니다. 특별히, 하도 선거판이라 그래서 그냥 주고받았던 거라 생각합니다.

재판부 수집한 정보면 원 소스가 따로 있을 것 같은데요. 내용만 보면 정리한 느낌이거든요. '반영'은 다른 걸 보고 작성했다는 뜻이고, '총괄'은 여러 자료를 모아서 정리했다는 의미이고, 그래서 그런 자료 정도면 증인이 내용을 기억할 법도 한데요.

성상욱 제가 만든 자료가 아니라서...

대검 수사정보정책관실이 총선 여론조사 결과를 수집했다면 이는 고유업무를 뛰어넘는 것으로 볼 여지가 크다. 문재인 정부 첫 검찰총장인 문무일이 검찰개혁 일환으로 대검 범죄정보기획관을 수사정보정책관으로 바꾸면서 정보수집의 범위를 '수사에 필요한 정보'로 한정했기 때문이다.

무엇보다 문제가 되는 것은 법적인 문제를 떠나 수사기관인 검찰이 정치권 동향을 확인하려 했다는 점이다. 검찰은 선거 기간 공직선거 관련 수사를 위해 필요한 정보라고 주장하지만, 이는 선거 범죄 혐의로 수사하는 곳을 한정해 최소한으로 정리하면 될 문제다. 또 선거 관련 범죄가 반드시 여론조사 동향을 알아야 입증할 수 있는 것도 아니다.

결국 대검 수사정보정책관실이 총선 여론조사 결과를 수집한 것은 검찰이 정치 정보를 수집해 향후 유불리에 따라 선택적 수사를 하려고 한 것은 아닌지, 고발사주 사건의 양상에 비춰봤을 때 검찰이 선거에 개입하려던 것은 아니었는지 따져봐야 할 필요가 있다.

한동훈이
전송한 사진파일
60장

 2023년 4월 10일 재판에서는 한동훈이 고발사주 전날인 2020년 4월 2일 손준성, 권순정과 함께 있던 단체 카카오톡방에 사진파일 60장을 전송한 사실이 확인됐다. 1차 고발사주 당시 손준성은 고발장 사진파일을 보내기 전 증거자료 격인 각종 캡처 파일 88장을 보낸 적이 있기에 한동훈이 보낸 사진이 고발사주 사진파일에 포함된 건 아닌지 의혹이 제기됐다.

 한동훈과 손준성, 권순정은 2020년 3월 31일부터 4월 2일까지 고발사주 직전 3일간 100여 차례 메시지를 나눴다. 2020년 3월 31일 53회, 4월 1일 45회, 4월 2일 30회 등이다. 고발사주 당일인 4월 3일에는 메시지가 단 한 건으로 대화가 사실상 단절됐다.

이 시기 손준성은 한동훈과 1대1 카카오톡 대화도 나눴는데, 이를 합하면 3월 31일 93회, 4월 1일 66회, 4월 2일 138회가 된다. 공수처는 고발사주 사건 전날인 2020년 4월 20일 오후 7시경 한동훈이 3인 단체 카톡방에 내용을 알 수 없는 사진파일을 두 차례에 걸쳐 30장씩, 60장을 올린 것에 주목했다.

재판에서 공수처 검사는 증인으로 출석한 권순정에게 "3명이 대화를 나누는 과정에서 사진파일을 보신 적이 있느냐"고 하자, 권순정은 "단톡방 대화가 어떤 내용인지 정말 기억이 안 나고, 사진은 평소에도 주고받는다"고 말했다. 공수처 검사는 "일반적인 사진파일이 아니다"라며 "2020년 4월 2일 카카오톡 송수신 내역을 보면 10여 초 사이에 사진이 30장씩 올라왔다. 카카오에 확인해보니 대용량 사진 전송시 나타나는 패턴"이라고 설명했다.

공수처 검사는 권순정에게 고발사주 고발장에 첨부된 검언유착 의혹 제보자 지OO의 페이스북 캡처 등을 넘긴 후 "파일 중에 혹시 본 파일이 있는지 봐달라"고 말했다. 3인 단체 카톡방에 한동훈이 올린 사진파일이 고발사주에 활용된 것이 아닌지 확인하려는 의도였다.

권순정은 "언론에 보도된 건 봤는데 그때 본 걸로 기억한다"며 "그리고 법조기자들이 알고 있는 것, 자신이 갖고 있는 것을 수시로 보내주기도 한다. 그런 것 중에 어떤 건지는 모르지만 기사가 보도되면 정보가 빠른 기자들이 대변인에게 참고로 보내주고 하는데, 뭐가 있었는지 기억하기 어렵다"고 빠져나갔다.

질의응답이 겉돌자, 재판부가 나섰다. 재판부는 "한동훈 검사장과 피고인(손준성), 증인(권순정)의 카카오톡 대화방에서 보여준 사진 내지 파일들을 보신 적이 있느냐"고 물었고, 권순정은 "본 적 없다"고 부인했다.

권순정은 알리바이도 제시했다. 해당 단톡방 개설 시점이 2020년 3월 14일이었기 때문에 이 사건과 관련이 없다는 취지였다. 그는 "3월 14일이면 〈채널A〉 사건 보도는 3월 31일인데 보도를 예상하고 개통하는 것도 말이 안 되고, 통상적으로 (단체 카톡방이) 개설됐다가 폐쇄되는 자연스러운 과정이라고 생각한다"고 선을 그었다.

그러나 공수처는 여전히 의심의 눈길을 거두지 않았다. 세 사람의 단체 카톡방이 개설되기 하루 전인 2020년 3월 13일은 검언유착 의혹을 받았던 한동훈과 이동재가 보이스톡을 한 날이기 때문이다. 이날 이동재는 한동훈과 보이스톡을 한 후 지OO을 만났다.

'증인'
조성은, 김웅, 한동수

2023년 6~8월에는 주요 증인에 대한 신문이 이뤄졌다. 고발사주 사건 공익신고자인 조성은, 고발사주 고발장 전달책이었던 김웅, 조성은과 김웅을 취재한 내가 증인으로 채택됐다.

공수처와 손준성 측 변호인은 증인신문 순서를 놓고 신경전을 벌이기도 했다. 아무래도 조성은은 공수처 측에, 김웅은 손준성 측에 유리한 증인이 될 가능성이 컸기 때문이다. 서로 자신에게 유리한 증인을 후순위로 미뤄 재판에서 유리한 고지를 차지하려 했다.

결국 재판부의 중재로 조성은-김웅-전혁수 순서로 증인신문을 진행하기로 했다. 2023년 6월 2일 조성은, 7월 10일 김웅, 8월 7일 전혁수였다.

재판부는 조성은에게 당시 김웅의 고발장 제출 의도가 얼마나 적극적이었는지를 확인하고자 했다. 김웅이 '밝힐 수 없는 자가 제보한 자료를 단순히 조성은에게 전달만 한 것 같다'는 취지로 주장하며 손준성과의 고발사주 공모 의혹을 부정했기 때문에 이에 대한 사실관계를 확인하려는 의도로 보였다.

공수처가 "김웅이 '최강욱에 대한 고발장을 총선 전에 제출해야 나중에 당선되더라도 의원직을 상실시킬 수 있다'는 취지로 말했느냐"고 묻자, 조성은은 "그렇다"고 인정했다. 조성은은 "김웅이 이때 '보낸다'는 표현을 썼다. 고발을 통해 최강욱이 정치활동을 하지 못하게 하려는 의도가 아니었을까 싶다"고 강조했다.

2023년 6월 2일 조성은 증인신문

공수처 (김웅) 사무실 찾아갔다고 했는데 언제인지 기억하나요?

조성은 제가 기억하기로는 토요일, 그 주 토요일로 기억합니다. 4월 3, 4일로 기억합니다. 제가 당시 n번방 TF 전면에 나서는 부담감을 토로했던 걸로 기억합니다. 사실 그날 신박한 이야기나 중대한 이야기는 안 했습니다.

공수처 김웅이 '대박사건이다'라며 선거 전 고발장을 빨리 접수해야 한다고 재촉한 사실이 있나요?

조성은 소통관에서 같이 이동하면서 대화 나눈 적이 있습니다.

공수처 방금 질문드린 내용과 같이 재촉했다는 취지인가요?
(중략)
공수처 당시 김웅이 최강욱 고발장 접수해놔야 의원직을 상실시킬 수 있다는 취지로 말했나요?

조성은 '보낸다' 이런 표현을 했던 걸로 기억한합니다.

공수처 보낸다는 게 무슨 의미인가요?

조성은 보낸다는 건, 적절한 설명이 될지는 모르겠지만 고발 조치를 통해 정치적인 활동을 하지 못하게 하는 그런 취지가 아니었을까, 이건 내 추측입니다.

재판부 검사님이 물어본 워딩으로 말했나요?

조성은 제가 기억하는 걸로는 최강욱 당시 후보에 대해서 대화 전후로 몇 차례나 적대적인 표현을 했던 걸로 기억합니다.

재판부 그런 취지의 정확한 워딩을 '보낸다'로 기억하나요?

조성은 고발장 관련해 그렇게 말했고, 부연해 '보낸다'라고 한 걸로 기억합니다.

조성은은 이날 김웅과 처음 만난 자리가 〈중앙일보〉 사장과 만난 자리였다고도 털어놨다. 조성은은 공수처가 김웅을 알게 된 경위를 묻자, "2020년 3월 중하순 언론인들과 미래통합당 후보의 식사 자리에 초청돼 알게 됐다"고 밝혔다.

2023년 7월 10일에는 '손준성 보냄' 고발장을 조성은에게 전달한 김웅의 증인신문이 열렸다. 김웅은 2020년 4월 3일 1차 고발사주 전후 조성은과 통화한 녹음파일을 듣고는 자신의 목소리라고 인정했다. 그러나 내용은 기억나지 않는다고 말했다.

2023년 7월 10일 김웅 증인신문

공수처 두 개의 녹취파일이 있습니다. 그걸 들려드리겠습니다. 첫 파일은 조성은과 통화한 7분 58초짜리, 두 번째는 9분 35초짜리. 듣다가 본인 음성 맞고 통화한 게 맞으면 중간에 (헤드폰을) 내려놔도 됩니다.

김웅 지금 이거 듣는 이유가 제 목소리가 맞는지 확인하는 건가요?

공수처 본인 음성 맞는지 확인하는 것 맞습니다.

김웅 네.
(중략)
공수처 (첫 번째 녹음파일 들은 후) 다 들었나요? 본인 음성 맞죠?

김웅 네, 제 음성 맞는 듯합니다.

공수처 당시 (조성은과) 통화한 적 있는 거고요?

김웅 이런 통화했는지 잘 기억 안 나는데 당시 통화했을 것 같습니다.
(중략)
공수처 (두 번째 녹음파일 들은 후) 증인 음성 맞죠?

김웅 네.

공수처 그렇게 통화한 적도 있죠?

김웅 내용은 잘 기억 안 나는데 목소리는 제 목소리가 맞습니다.

김웅은 이날 재판에서 통화 내용 대부분이 기억나지 않는다고 주장했다. 본인이 통화를 한 것은 맞지만, 사건과 관련해서는 아무것도 기억이 안 난다는 것이다. 보다 못한 재판부가 공수처와 손준성 측의 신문이 끝난 후 "기억에 남아야 정상 아니냐"며 추가 신문을 진행하기도 했다.

2023년 7월 10일 김웅 증인신문

재판부 사건 당일 자료가 세 번에 걸쳐서 증인에게 오잖아요. 1차 고발장만 관련해서 보면, 맨 처음 신문 기사, 페이스북 자료, 그다음에 지OO 관련된 판결문, 그다음에 고발장 초안이 왔잖아요. 세 번에 걸쳐서 왔기 때문에 다른 제보보다는 기억에 더 남아야 정상 아닌가요?

김웅 일단 제가 사실은 이런 부분에 대해 기억 못 하는 것에 대해서는 저도 사실 답답한 편인데... 반대로 생각하면 제가 이게 터졌을 때 전혀 기억이 안 났었는데 재판장께서 이야기한 그런 게 있고, 이례적인 것인 데도 기억을 못하냐고 하면 제가 사실 할 말이 없습니다. 실제로 기억이 안 났고, 누구한테 전했는지도 모르는 상황에서 궁색하게 '기억이 납니다'라고 할 수 없는 상황이잖아요. 정말 기억이 났으면 그 당시에 전혁수 기자님 믿고 있었고, 그랬으면 뭔가 좀 다르게 얘기했겠죠.

(중략)

재판부 검찰 신문 내용이나 공소장을 보면 '고발장 초안은 저희가 만들어서 보내드릴게요' 이런 표현이 있고, '남부 아니면 좀 위험하대요'라는 표현이 있고, '고발장은 다시 보내드리겠습니다' 이런 게 있는데, 증인이 (고발장을) 작성한 건 아니라는 거죠?

김웅 네.

재판부 증인의 워딩을 보면 고발장 초안이나 그 관련 자료에서 뭔가 증인이 제보자 측과 소통하고 있는 것으로 읽혀지는데 어떤가요?

김웅 당연히 소통되는 거죠. 예를 들면 이런 내용이 있으니 문제 제기 해달라고 얘기하면, 모르는 사람이면 혹시 누구시냐, 신원 밝혀달라고 얘기했을 수도 있고. (중략) 일단 들어오면 다 전달해버리고...

(중략)

재판부 지금 어쨌든 피고인이 피의자로 수사받고, 증인도 일종의 피의자로 의심받아 수사받았던 건데 최대한 진실을 밝혀서 범죄에 연루되지 않았다고 반대로 증명하고 싶다는 생각이 들 것 같은데, (증인이) 어떻게 전달받은 것인지를 확인하는 게 더 자연스럽지 않나요?

김웅 확인할 방법이 없는 것이고 기억이 없는 거니까. 저는 이게 터졌을 때 제보받아 전달하는 게 크게 문제 될 것이라거나 범죄가 된다고 단 한 번도 생각해 본 적이 없습니다.

고발사주 사건을 직접 감찰했던 한동수도 2023년 10월 5일 증인으로 출석했다. 한동수는 윤석열이 총선에 큰 관심이 있었던 것 같다고 증언했다.

공수처가 "혹시 대검에서 21대 총선 관련한 특별한 회의가 있거나, 윤석열 검찰총장의 지시가 있거나 한 적이 있나"라고 묻자, 한동수는 "윤석열이 공공수사부, 선거수사지원과 등 소관부서와 관련해 총선에 관한 관심을 표명했다"며 "대검에서 전국 지청장까지 포함한 규모로 확대한 선거대책회의가 있었고, 그때 '가짜뉴스는 엄벌'이라는 메시지가 나왔다"고 전했다.

한동수는 "김오수 검찰총장은 선거에 관해 중립을 유지하자는 관점이었는데, 윤석열은 '가짜뉴스 엄벌' 이런 쪽이었다"며 "그런 틀 속에서 '이분은 선거에 관심이 많으시구나' 생각했다"고 말했다.

그는 "참고로 말씀드리면, 검찰 관련 뉴스들은 공공수사부와 범정(수사정보정책관실) 이런 데서 모니터링을 하는 것 같았다"

며 "예를 들어 '유시민이 해외로 출국한다' '조국 장관이 페이스북에 올렸다' 이런 사실들이 거의 실시간으로 어떤 경로를 통해서 한동훈 반부패부장에게 보고가 되고, 그것들이 검찰총장(윤석열)에게 직보됐다"고 주장했다.

한동수는 공수처가 고발사주 사건을 수사하면서 윤석열에 대해 부실수사를 했다고 질타하기도 했다. 고발사주 직전 손준성이 윤석열의 비서 격인 부속실 직원과 메신저를 나눴는데, 왜 해당 직원을 조사하지 않았냐는 것이다.

한동수는 "고발장 내용 측면에서 윤석열 총장을 탄압받는 존재로 부각하고 배우자 김건희의 주가조작과 한동훈 검사의 채널A 사건이 무고하다는 내용이 담기는 등 당사자성이 강하다"며 "첫 번째 고발장 전달 이전에 손준성이 검찰총장 부속실 실무관과 메신저로 대화한 기록이 있다. 이런 중요 문서는 (윤석열에게) 대면보고해서 컨펌(확인) 받았을 가능성이 있다"고 지적했다.

한동수는 "부속실 실무관은 굉장히 중요한 인물"이라며 "이 사건의 전모를 알려면 손준성 검사가 윤석열에게 대면보고를 했는지에 대해 실무관이 와서 진술을 해줘야 한다"고 강조했다.

은폐와 영전

조성은

부장검사와의 티타임

"저희가 그냥 있는 자료로 정리하면 되는데, 출석하실 필요가 없고요."

2022년 9월 14일 오전 11시.

발신번호 02-530-XXXX인 전화가 걸려 왔다. 서울중앙지검 920호라고 했다. 참고인조사가 굳이 필요 없다면서 조사받으러 오지 않아도 된다고 했으나, 나는 출석을 자청했다.

"아뇨. 제출할 추가 증거들이 있습니다. 제가 가겠습니다. 전혀 귀찮지 않아요."

"제출할 증거가 있으시다고요?"

"네. 다만 제가 9월 말에 곧 보스턴 출장 있습니다. 출국 날짜 이전에만 조사 일정을 잡아주시면 제가 다른 일정들은 조정하겠습니다."

공수처에서 지난 5월 손준성을 기소하며 사건 당시에는 검사 신분이 아니었던 국회의원 김웅을 공범·기소 의견으로 서울중앙지검에 사건 이첩한 내용이었다.

검사실에서는 굳이 올 필요가 없고 기존에 수사한 자료로 처분할 수 있다고 했지만, 나는 추가 증거를 제출할 것이며 참고인 자격으로 자발적으로 출석하겠다고 했다.

"기자들에게 알리고 오실 건가요?"

"뭐, 기자들에게 알려도 되고 그냥 조용히 다녀와도 됩니다."

"아, 그러면 민원인 주차장에 주차를 하시면 수사관이 데리러 갈 겁니다. 저희 별개 통로가 있어요. 도착하시면 전화 주세요."

서울중앙지검.

사건이 발생한 뒤에 윤석열과 김웅, 그 외 노골적으로 명예훼손과 허위사실을 유포하던 윤석열 캠프 사람들을 고소하러 몇 차례 방문했던 기관이다. 익숙하게 민원인 주차장에 주차하고 나니 수사관이 날 데리러 왔다. 공익신고를 한 이후 조사를 받으며 익숙해진 방식이다.

"저희는 고검 건물을 통해 참고인 조사하는 곳에 갈 겁니다."
"아, 그래요?"

아까 이야기했던 그 통로인가 보다.

"제가 수사기관 그랜드 슬램을 했군요. 대검찰청, 공수처, 중앙지검. 그동안 서울고검 빼고는 다 와봤는데."

안쪽 문 안에 있던 엘리베이터를 기다리면서 이야기했다.

"드디어 손준성 검사가 근무하는 서울고검까지 와보네요."

웃으면서 말했다. 그러자 수사관이 멋쩍은 듯이 날 빤히 쳐다보며 어색한 웃음을 지었다. 3층에 서울고검과 중앙지검을 연결하는 통로가 있다고 했다. 그 통로를 지날 때쯤 누군가 멀찍이 서서 우리를 지켜보는 눈빛이었다. 누구지? 기자인가? 하면서 중앙지검 9층 조사실로 올라갔다.

"잠시만요, 부장님께서 잠시 차 한잔하자고 하십니다."

서울중앙지검 공공수사1부. 김웅 사건이 이첩되어 배당된 곳이었다. 공공수사1부 부장검사 이희동. 인터넷에서 검색해 보니 '윤석열 사단' '대표적 친윤 검사' 따위의 수식어가 붙어 있었다.

늘 일상적인 조사였다. 어느 수사기관에 조사를 받으러 가거나, 누군가가 검찰 인사명단에 올라가거나, 새로운 사실이 등장하거나, 손준성이나 한동훈 등 사건 주요 인물에 관해 조금이라도 특이사항이 발견되면 가까운 기자들과 함께 상의하고 그 내용을 정리해 놓곤 했다. 이희동도 그런 차원에서 알아놓았던 사람이다.

수사기관에 출석할 때마다 변호인 참관이나 조력 없이 홀로 조사를 받았다. 물론 법적 지식이 필요했지만, 내가 사건을 가장 잘 아는 사람이고 주로 공익신고자 지위에서 조사를 받았기 때문에 굳이 변호인 조력이 필요 없다고 생각했다.

기자들과 통화한 이야기가 종종 기사화됐는데, 같은 말이라도 매체와 기자에 따라 뉘앙스가 다르게 보도됐다. 언론의 오보에 대응하고 나 자신을 방어하기 위해서라도 휴대전화에 자동통화녹음을 설정하게 됐다. 또한 공수처에서 몇 차례 조사를 받으면서 내가 한 말을 복기하는 차원에서라도 녹음이 필요하다고 판단한 이후 수사기관 진술이나 증인신문 내용을 녹음하는 습관이 생겼다.

-그런데 왜 갑자기 윤석열 측근 검사가 나에게 티타임(tea-time)을?

그 짧은 시간 동안 화장실에서 손을 씻고 나오며 잠시 생각에 빠졌다. 그래, 별것 아닐 수도 있지만 녹음은 해놔야지. 그렇게 휴대전화 녹음기를 켠 채 부장검사실에 들어갔다. 이희동 검사는 검사실 안쪽에 있는 자신의 방 밖에까지 나와서 나를 맞이했다. 이 대화가 또 다른 사건으로 이어질지는 몰랐다.

서울중앙지검 공공수사1부 부장검사의 참고인조사 (티타임, 2022. 09. 23.)

이희동 그래서 오늘 저희는 공개를 바로 하실 줄 알았는데 비공개로 해달라고 하셔서 저희는 뭐 원하시는 대로다.

조성은 아니요, 저는 오는데 수사검사님이 필요하시면 뭐 제가 노티스(Notice) 하고

이희동 아 그랬나요?

조성은 네.

이희동 저희는 뭐 무조건 참고인 조성은 씨 위해서 하는 거여서.

조성은 저는 오히려 작년에 제가 워낙 기사가 많이 났다 보니 제가 엄청 막 떠드는 줄 아는데, 제가 필요 내용 말고는 아예 다 거절했거든요.

이희동 그러신 것 같습니다.

조성은 불필요한 것들은 할 생각이 없고요. 저는 오히려 오늘 조사가 다 끝나고 나서 나중에 필요하면 이제 뭐 공공수사1부가 수사를 지연시키지 않았다, 잘 받고 나왔다, 이런 식으로 얘기를 하는 것들은 모르겠지만요.

사실 참고인조사를 비공개로 먼저 요청한 것은 검사실이었다.

조성은 이게 좀 궁금한 게요. 제가 호기심이 많은 성격이라 그럴 수도 있는데, 이 사건 우리, 그 1부에서 송치된 사건은 사실 김웅 관련 내용이잖아요. 그럼 이 사건에서 김웅 관련 제한을 해서 수사를 하시는 건가요, 아니면 어쨌든 공안부니까 이 사건 전체가 공직선거, 이게 어떤 공직선거 관련 사건이다 보니, 사건 전반적인 수사를 하세요?

이희동 어떤 전반적인. 예를 들면?

조성은 예를 들면 뭐...

이희동 다른 뭐 다른 사건?

조성은 아니요. 이 사건에서 이제 파생되는 사건.

이희동 파생되는 사건?

조성은 예를 들면

이희동 예를 들면?

조성은 예를 들면, 뭐 한동훈?

이희동 아

부장검사는 갑자기 듣지 말아야 할 단어를 들은 것처럼 화들짝 놀라며 손을 휘저었다.

이희동 아, 그거는 공수처에서 이미 혐의없음으로 해버렸어요.

조성은 그렇지는 않죠. 그러니까 거기 관련해서 오늘 기사들이 났고, 이제 공수처도 따로 하는 얘기들은 있어요. 그러니까 그런 부분들이니까 저도 한동훈 법무장관에게 개인적 감정 없고. 근데 이 사건 자체가 사실 손준성 검사 이름도 없잖아요. 고발장에는 명백하게 한동훈...

이희동 아니, 근데 저희는 뭐냐면 그 검사 관련된 거기 때문에 공수처에 우선 수사권이 있어서 공수처에서 다 하고, 네, 김웅은 그만둔 이후 민간인 신분이라고 해서 그것만 온 거여서 저희는 좀 한계가 있습니다. 왜냐면 한동훈 장관도 그때는 검사였고 해서. 저희가 그건 봐야 될 것 같아요.

조성은 한동훈 이름이 있잖아요?

이희동 그게 오히려 이제 공수처를 설치한 입법 취지도 이제 그런 셈인 거죠. 검사는 하지 말고 검사는 공수처라는 곳에서 하고, 이제 김웅같이 그만둔 민간인 신분에서의 행위만 하라는 그런 거여서 저희가 수사하는 그런 건 좀 어려움이 있습니다. 근데 그거는 공수처에서 일단 혐의 없으면 해버려서...

조성은 아니요. 왜냐하면 그 김웅 사건으로 제한해서, 김웅 관련 인적 관할 딱 제한을 해서 사건을 보시면 제가 드릴 수 있는 자료가 한계가 있어서, 왜냐하면 사실 다 이어지는 사건인데.

이희동 일단 보내보시면 제가 보고 최두헌 부장하고 해서, 예, 해서 하고. 또 제가 여쭤보고 싶었던 게, 브랜드뉴파티당 2020년 1월 조성은 씨가 주도해 창당준비위원회까지 꾸렸으나 실제 창당에는 이르지 못한 채 그해 2월 국민의힘 전신인 미래통합당에 흡수됐습니다. 그거 지금 잘 되고 있는지? 이건 개인적인 호기심에서. 잘 안 되나요?

조성은 아뇨. 창당을 하는 과정에서 이미 미래통합당에 합류했죠.

이희동 그랬구나. 아 그랬나요? 이후 거는 잘 안 봐서.

조성은 창준위에서 종료가 됐어요. 종료가 돼서 사실 뭐 그때 많은 청년 정당들이 만들어지는 과정 안에서 창당준비위원회까지 하고 거기에서 저는, 저랑 일부는 미래통합당에 합류를 하고, 또 호남분들이나 반대하시는 분들은 합류 못 하고, 이런 걸로 종료가 됐죠.

이희동 그리고 오늘 이거 조사를 하다 보면 이제 약간 이 제보 경위에 대해서 하다 보니까 박지원 전 원장님도 약간 나중에 물을 수밖에 없어요. 그거는 뭐 어쩔 수 없는, 할 수 없이 여쭤보니까 신경 쓰실 필요는 없다는 거…

조성은 대검찰청 감찰과에 맨 처음에 이제 9월 3일날 갔을 때 제가 미리 얘기를 했어요. 왜냐하면 저 같은 경우에는 제가 (국민의당) 최고위원을 할 때 당대표가 박지원 대표셨고 그래서 아마 이거 사건이 나가고 저거를 언젠가는 알 텐데, 그럼 반드시 박지원과 연결할 거라는 얘기를 제가 처음부터 제 입으로 했습니다. 그래서 전혀 상관없어요.

이희동 부장검사는 처음부터 증거자료가 있으면 모두 달라던 이야기를 하다가 갑자기 한동훈을 수사할 것이냐는 질문에 '공수처가 엉망으로 해놨다'는 투로 책임 전가를 했다. 내가 전혀 개의치 않으며 계속 반박하면서 사건의 수사 의지를 재확인하는 질문을 하자, 입을 틀어막듯이 2년이 지난 창당 이야기를 꺼내 들며 큰 눈을 굴렸다. 픽- 하고 웃음부터 나왔다.

-어째 예상을 한 치도 벗어나질 못하지?

역시 미리 자료조사 하듯 '윤석열 측근 검사가 공공수사1부장'이라는 기사를 잘 읽고 왔다며 스스로 대견한 마음이 들었고, 그가 큰 눈을 굴리며 입을 막으려고 한 질문에는 명백한 사실관계와 증거가 있기에 예상했다는 듯 흔들림 없이 대답했다. 눈 하나 깜빡하지 않고 대수롭지 않게 차분하게 대답을 하니, 또다시 말을 돌렸다. 그는 다시 눈을 굴려 대화의 맥락도 없이 박지원 국정원장 이야기를 꺼내 들었다.

-창의성이 이토록 부족할 줄이야.

이미 그런 수준의 공격을 충분히 예상했기에 "공익신고 당시 대검에 다 이야기해서 전혀 상관없다"며 차분하게 대답했더니, 갑자기 몸을 뒤로 젖힌 이희동 부장검사.

> **이희동** 그러면 대표님은 정치를 계속하실 거죠? 하면, 어디?
>
> **조성은** 제가 이런 건 있어요. 이 사건에서 제가 정당색 아니면 정치색을 띠는 순간 물론 이제
>
> **이희동** 그래도, 아니 그래도 좀 아깝잖아요.

웃으며 고개를 저으며 답변했다. 이번에도 내 대답이 그의 예상을 빗나간 듯 꼭 내가 '정치를 하고 싶다'고 이야기하기를 바라는 눈빛이었다. 도대체 왜 공범 사건의 부장검사가 내가 꼭 정치하기를 당부하냐 말이다.

> **조성은** 윤석열과 관계에서는 제가 '막아야 된다는 것'이 있으니까 그건 반대하겠지만, 제가 사실 이 공판이 끝날 때까지는 손준성 사건이든 김웅 사건이든 특검으로 가든, 왜냐하면 안 그래도 김건희 특검 때문에 인터뷰 요청 와서 하기로 했는데 고발장 안에 '김건희 주가조작은 명백한 허위다' 손준성 보냄 고발장에 그렇게 작성이 돼있기 때문에 이런 것들도 특검에서 수사 진행한다면 국정조사 진행한다면 증거로 활용돼야 하는 부분들이 있어서 어떤 정도까지 파생

될지 모르겠으나 적어도 증거들이 오염이 덜 되기 위해서는 제가 당분간은 정당 활동을 하지 않을 거라고 생각을 해요. 뭐 먼 훗날 제가 뭘 할지 모르겠죠.

이희동 저는 그렇게 이렇게 이해관계를 물어본 건 아니고, 저기 뭐 잘하실 것 같아서 앞으로도 계속 잘하셨으면 좋겠다는 생각으로 말씀드렸습니다. 저도 이렇게 뵌 것도 인연인데, 언젠가 또 그렇죠. 뵈면 이렇게...

조성은 제가 그때 참 참 웃겼던 게 공천심사위원부터 하고, 그다음에 당시에 또 율사들이 많으셔서, 부장검사님들도 계셨고, 또 그것도 했거든요. 이제 박근혜 때 제가 박근혜 탄핵 때 최고위원을 하고, 그때 국정조사를 제가 이제 자료를 찾고 이러다 보니까 그런 이상한 경험들이 있어요.

이희동 (웃음) 아이고, 힘드실 때 계속하셨네.

조성은 나중에는 어떤 일을 또

이희동 더 단단해지고 잘하실 것 같습니다.

화기애애하고 기괴한 대화와 웃음이 가득한 대화였고, 그것은 맥락상 협박과 조롱이었다. 서로 내심의 영역에서 흘러나오던 뉘앙스를 숨기지 못했다.

-나도 가만히 있을 수는 없지.

조성은 (웃음) 그렇죠. 그래서 제가 또 이번에 덜 당황한 것도 있는 것 같고. 그래서 나중에 우리 부장님도 좋은, 또 이제 평생 검사하셨겠지만, 언제까지 하시겠어요. 또 다른 큰일에 쓰이실 거잖아요.

이희동 (웃음) 저는 정치를 모르고, 뭐 없지만

조성은 또 모르죠.(웃음)

이희동 (웃음) 잘 응원하겠습니다.

조성은 시간 지나고는 모르는 거니까. 저는 일단 오늘 성실하게 말씀드릴 것 드리고,

벌써 티타임이 15분이 되어갔다. 참고인조사는 다른 방인 영상녹화실에서 진행한다고 해서 화기애애하게 웃으며 부장검사실을 나섰다. 참으로 이상한 공익신고자(참고인)와 사건 담당 부장검사의 티타임이었다.

검사가
검사 범죄를
수사하는 방식

영상녹화실로 안내받은 후 공공수사1부의 부부장검사가 직접 진행하는 참고인조사가 시작됐다. 공수처가 '공범·기소 의견'으로 송치한 김웅 사건에 관한 참고인조사였다. 휴대전화의 녹음기는 끄지 않고 내버려둔 상태였다.

―티타임에 이은 어떤 조사가 또 나를 놀라게 하려나.

웃으면서 부장검사와 티타임을 마치고 나왔지만, 씁쓸했다. 예상보다 더욱 노골적인 발언과 은근한 회유, 수준 낮은 협박 등 어느 정치 드라마에 나온 장면 같았다.

서울중앙지검 공공수사1부 부부장검사의 참고인조사(2022. 09. 23.)

부부장검사 (텔레그램을) 깔아만 놓고 거의 사용하지 않고

조성은 네. 오히려 이 사건이 이제 보도되고 나서 기자님들이 손준성 분을 그대로 이제 전달해 달라고 텔레그램으로 저한테 요청을 해서 막 자료 퍼 나른다고 그때나 좀

부부장검사 그러면 이제 텔레그램 사용하는 사람하고 문자 하는 사람하고 구별이 딱 돼 있나요? 아니면 주로 텔레그램을 쓰고 싶어 하는 사람들이 있었나요? 그러니까 김웅이 그때 사실상 먼저 텔레그램으로 주겠다고 제의를 해서 그렇게 텔레그램으로 받은 건가요?

조성은 녹취록에 보시면 그 음성도 들으시면 알겠지만 "텔레그램 쓰세요?" 이렇게 얘기해서 그래서 내가 텔레그램 잘 쓰진 않는데 뭐 뭐 그렇게 얘기를 했던 것 같아요.

부부장검사 조금 이해가 지금 계속 안 가는 게 뭐냐면 3월 25일에 처음 만났단 말이에요. 근데 4월 3일날 저렇게 김웅이 그냥 밑도 끝도 없이 연락을 저렇게

조성은 그리고 그 통화가 처음 통화라는 게 너무 놀랍지

부부장검사 아니, 나는 그게 너무 놀라운 거예요.

조성은 너무 다정하죠. 그래서 저도 놀랐어요. 근데 저는 몰라요. 제 말투가 그런지 몰라도 저 기자님들이랑 첫 통화에서도 그렇게 얘기를 해요. "네, 안녕하세요." "네 기자님."

부부장검사 서로 반말도 약간 써가면서

조성은 그렇죠. 그렇죠. 근데 저는 말투가 그래서

부부장검사 아니 아니. 근데 그래도 나이 차이도 많이 나고, 그다음에 이제 처음 봤을 때도 이렇게 둘이 만나서 얘기를 했다 그러면 친분이 좀 더 생길 수 있는데, 되게 여러 명이 아저씨들 잔뜩 있는 데서 그냥 큰 모임에 참석해서 그냥 따로 둘이 대화를 그렇게 많이 했을 것 같지도 않은데, 갑자기 이렇게 막 하니까 사실 그 사이에 이제 따로 또 연락을 하신 게 아닌가, 아니면 만나서 뭔가 우리가 앞으로 이걸 하자 이런 얘기가

조성은 고문을 할 수도 있고 근데 사실 제가 그러니까 정당 생활을 할 때는 가장 필요한 게 친화력이고

부부장검사 친화력이 좋으셔서 그냥

조성은 글쎄요. 제가 되게 까칠하게 보이고 별로 이렇게 성격이 안 좋게 보인다고 말을 많이 듣기는 해서

부부장검사 오히려 그래서 더 의도적으로 더 좀 친분을 빨리 쌓기 위해서 친근감 있게 이렇게 하신 거다.

고개를 끄덕이던 검사가 갑자기 엉뚱한 소리를 했다. 조사를 진행하던 검사는 자기는 김웅을 도대체 이해할 수 없다며 왜 나에게 고발장을 전달하고 친근하게 통화했는지 몰입을 해가며 그 행위가 이상하다고 했다. 통화상 말투를 언급하며 그가 꺼낸 '유도성 질문'은 '네가 일부러 친한 척한 것이지?'라는 결론을 원하는 듯했다.

조성은 근데, 그분이 먼저 전화하셔서 엄청 친분 있게 얘기를 하셨잖아요.

부부장검사 아, 그래요?

조성은 네. 그거 음성을 안 들어보셨군요.

그 첫 통화는 김웅이 내게 한 전화였다. 그것을 되짚으며 문제점을 지적하자 검사는 미처 몰랐다는 표정으로 반문했다. "음성을 들어보지 않았군요"라고 하니 더욱더 당황하며 "(녹취록을) 쭉 보긴 했다"며 얼버무렸다.

부부장검사 아, 아니... 쭉 저, 이제 다 봤는데

조성은 이게 무슨 얘기냐면 말투가 있어요. 그러니까 이제 이거 읽는 것보다

이걸 직접 들으시고, 귀에 꽂고 들으시면 좀 더. 왜냐하면 되게 속삭여요. 되게 막, '남부지검에 가면' 이러면서 무슨 그렇게 해서 이렇게. 제가 그래서 이게 그냥 단순히 풀어놓은 워딩을 보는 것보다 이제 직접.

부부장검사 결국 텔레그램 자체에 대해서 그때는 사용을 여러 번 안 해서 손준성 보냄 어쩌고 저쩌고 표시가 있고 이런 거에 대해서도 기능도 모르고.

조성은 플러스, 이제 그 기능들도 전혁수 기자가 나중에 알려줬어요.

사건 담당 검사가 전 국민이 다 아는 중요한 음성증거를 들어보지도 않았다니. 누가 먼저 통화를 시도했는지도 확인하지 않고 참고인조사를 한다니.

부부장검사 텔레그램은 이제 김웅하고 4월 3일에 고발장 사진파일에다가 판결문 파일에다가 그다음 캡처 사진 이런 거를 이제 쭉 전달받았는데, 이제 사진을 보면 10시 12분에 조선일보 기사 링크, 그다음에 진중권 캡처 사진, 그다음에 제보자 X가 지OO이다, 이런 거를 이제 쭉 받았고, 그다음에 이제 그 페이스북 사진 같은 거를, 또 캡처 사진을 이렇게 묶은 파일로 이렇게 한꺼번에 이렇게 또 받았고, 1시 47분에 판결문

조성은 오후에 또 보냈죠.

부부장검사 근데 이제 사진 보낸 시간대를 보면 손준성이 이제 포렌식을 해서 확인해 보니까 손준성이 최초로 이제 이거를 텔레그램으로 전송을 한 게 6시,

새벽 6시 59분에 보낸 게 이제 10시 12분에 전달된 거고, 그다음에 10시 26분에 보낸 게 또 1시 47분에 전달된 거고, 그다음에 3시 20분에 보낸 게 4시 20분에 또 전달된 거고. 그러니까 되게 이제 시간 차가 2시간 3시간 길게는 3시간 아니면 1시간 이상 이렇게 보내는데, 그리고 이거를 쭉 보니까 이제 포렌식을 해도 나오는 게 제가 이제 김웅이라고 치고 제가 받은 거를 손준성한테 받은 거를 이렇게 보냈잖아요. 그럼 이게 이제 손준성이 나한테 바로 준 게 드러나는 게 아니라 손준성이 일단 이 시간대 3시간 전에 누군가한테 이제 보낸, 왜냐하면 손준성 핸드폰이 지금 보낸 지가 얼마 안 되니까

조성은 네, 여기에 있어요. 여기에 이제 준성이가 줬다고...

부부장검사 아니. 그러니까 그거는 이제 본인이 이제

조성은 김웅이 여기

부부장검사 그러니까 김웅도

조성은 아니 그러니까 이제 보도가 되고 나서는 그 뭐 아니라고 이제

부부장검사 그러니까 지금 이제 김웅은 이제 여기에 대해서는 자기도 그거를 누구한테 받았는지가 오래돼서 기억이 안 난다. 그리고 이제 객관적으로 제가 지금 말씀드리는 거는 이제...

계속 사건을 부정하고 있었다. 공범 수사를 하는 검사는 그 행위를 축소하거나 부정하는 듯싶고, 참고인인 나는 음성증거가

담긴 USB와 증거를 짚어가며 반박하는 이상한 광경이었다. 고발사주 사건 보도 직전에 전혁수 기자와 나눈 통화 내용(이후 기사로 나갔다)에서, 어쩌면 가장 순수하고 오염되지 않은 실체가 담긴 대화에서 단서를 찾을 생각이 없어 보였다.

조성은 (김웅이) 자기가 또 썼다고 얘기를 했어요. 고발장을.

부부장검사 아니 그러니까 지금 그거는 김웅이의 말은 이제 누구야 전혁수하고의 대화는 어차피 여기 다 이제 있거든요. 그러니까 저도 이제 그 부분은 지금 하는 게 객관적으로 텔레그램의 어떤 포렌식 된 걸로 확인되는 거는, 내가 이제 김웅이라고 치면, 이렇게 받아서 줬지만 이거를 내가 김웅한테 받았는지 아니 손준성한테 받았는지는 현재로서는 이제 확인이 안 되는, 그러니까 손준성이 맨 처음에 누군가한테 보낸 건 맞는데 그게 김웅한테 보냈을 수도 있고

조성은 아니면, 확인이 안 된 건지 확인을 안 한 건지는 모르죠.

부부장검사 아니 근데 지금 공수처에서

조성은 네. 손준성이 휴대폰 안 열었잖아요.

부부장검사 그러니까 그게 안 돼.

조성은 재판정 가서도 안 연다고 그랬어요.

부부장검사 그러니까 계속 그거는 안 열릴 것 같아요. 그러니까 왜냐하면 본인이 열지 않는 이상 안 열릴 것 같은데 지금 상태에서는 객관적으로 드러나는 건 어쨌든 맨 처음에 이거를 텔레그램상에서 그것도 이제 손준성이 썼는지 안 썼는지는 모르지만, 손준성이 자기가 쓴 걸 자기 사진을 찍어가지고 텔레그램으로 보냈는지 아니면 딴 사람한테 받아가지고 그걸 자기 텔레그램으로 올려서 그러니까 그게 확인되는 거는 이제 이게 텔레그램으로 손준성이 맨 처음에 업로드를 시켰다. 조성은 씨가 받은 게 그게 이제 거쳐서 김웅을 거쳐서 김웅에서 조성은으로 넘어간 거는 확실한 거고, 김웅에서 조성은한테 넘어간 게 맨 처음에 텔레그램으로 띄운 사람은 손준성이다. 이거는 확실한데 이거를 누가 만들었는지 최초에. 그리고 조성은 김웅하고 손준성 사이에 제3자가 있는지 다이렉트로 받았는지, 이건 지금 객관적으로 증명이 지금 안 되는 상황이라서.

조성은 네. 안 되는 건지 안 하는 건지.

공범 사건을 수사하는 검사가 '기소된 피고인의 휴대전화는 절대 열릴 수 없다'는 전제로 나를 설득하고 있었다.

부부장검사 (조성은 씨가) 하는 방법을 가르쳐 주시면 좋은데. 지금 받은 공수처에서 포렌식한 파일, 그러니까 조성은 씨가 갖고 있는 파일만 가지고는 최대한 객관적으로 밝혀낼 수 있는 거는 그거다. 그러면 이제 다른 방법은 손준성 핸드폰을 열어서 이거를 김웅한테 다이렉트로 간 건지, 아니면 딴 사람한테 보낸 건지 그거를 포렌식해야 되는데 그게 지금 안 되고 있다고. 공수처에서도 그게 뭔가 비밀번호를 여는 데 실패를 했고 저희도 보니까 비밀번호를 지금 못 열고 지금 이런 객관적으로는 지금 텔레그램 파일 이동 경로는 이제 그런 상황이고. 지금 손준성은 보낸 거야? 난 김웅한테 보낸 적이 없다. 김웅도 조사받을 때는 난 손준석한테 받은 게 아니다.

조성은 그럼 (김웅은) 자기가 이제 얘기를 한 걸 번복을 한 거네요.

부부장검사 정확하게 그렇죠. 그러니까 밖에서 언론에다가 얘기한 거 하고는 다른 진술을 한 거고. 그리고 언론에 얘기한 거가 자기는 이제 경황이 없는 상태 아무 기억도 안 나고, 그러니까 조성은 씨랑 비슷하게 이 사건에 대해서는 자기는 까마득히 잊고 있고 아무 기억도 안 나는데 갑자기 '손준성 보냄'이라고 표시돼 있던데 그래요. 그러니까 내가 그래 준성이한테 받았나? 내가 이 정도로 얘기한 거지 내가 준성이한테 받았다는 걸 기억을 하고 대답한 건 아니다. 그런 취지더라고요. 그래서

조성은 그러면 자기가 고발장 썼다는 얘기는 왜 했을까요?

부부장검사 그것도 마찬가지로

조성은 딱 떨어제!

부부장검사 아니, 1차 고발장은 자기가 썼다고 얘기 안 하고, 2차 고발장은 뭐냐면 자기가 그 얘기를 계속하고 다녔대요. 그러니까 그 제보를 자기도 들어서 알고 있다는 거예요. 그러니까 최강욱 뒤에 누가 있고 녹취록에 우리 조성은 씨하고 대화 쭉 하던 게 있던데 안양에 무슨 변호사 어쩌고저쩌고 그거는 자기가 민주당 사람들, 소위 말해서 이제 호남 출신 민주당 제보자들이 있는데 그 사람들한테 이미 들어서 알고 있는 내용이라서 자기는 그 얘기를 많이 하고 다녀서

> 내가 이걸 나중에 고발해야지, 이렇게 생각하고 있었던 거라서, 그러다가 선거 때문에 바쁘고 그래서 지나가서
>
> **조성은** 근데 이제 그거를 보통은 선거 때 정신이 없는데 문서를 작성한 행위 랑 자기가 그걸 알고 있었다는 행위랑은 다르죠.

내가 김웅의 변호인과 대화하는 건지, 공범 사건의 수사검사에게 답변하는 것인지 슬슬 헷갈리기 시작했다.

> **부부장검사** 그래서 작성했다는 것도, 내가 작성했다고 확신을 가지고 기억을 가지고 기자한테 얘기한 게 아니고, 그럼 내가 작성을 했나, 내가 준성이한테 받았나, 내가 작성했나, 약간 이런 취지로 되물으면서 이제 얘기한 정도지, 전혁수 기자한테 그거 내가 작성했어요, 이렇게 얘기한 게 아니라는 거예요. 그러니까 자기도 1년 반 동안 기억이 안 난 상태에서 갑자기 전화가 와서 그냥 그렇게 대답을 한 정도라고 얘기를 하는 상황인데.
>
> **조성은** 네.
>
> **부부장검사** 그래서 지금 조성은 씨, 제가 여쭤보는 게 둘이 만났을 때 4월 4일이 됐든. 아니면 3월 25일에서 4월 3일이 됐든 둘이 만났을 때 실제로 김웅이 만약에 자기가 작성했다면 그런 대화를 하지 않았을까. 아니, 뭐라고 김 의원이 그때 당시에 이제 조성은 씨를 뭐라고 불렀는지 모르지만 이렇게 막 부르면서 이거 내가 이거 다 정리해가지고 내가 만든 고발장이에요, 좀 제대로 접수해주세요.

조성 그러지 않았고요. 그...

부부장검사 아니, 그러니까. 그, 그랬던지, 아니면 사실은 이거 나하고 저기 손준성이하고 완전히 아삼육인데 손준성이

조성 저는 손준성 검사가 이제 그냥 캠프 사람인 줄 알았어요.

단호한 대답과 반박이 이어지자, 조서를 작성하는 것까지 멈추고 '아삼육'이라는 속어까지 써 가면서 수사검사는 대화를 이어갔다.

부부장검사 그러니까 제가 이제 궁금한 게 그런 거예요. 지금 이제 여러 정황상 보면 조성은 씨도 전혁수가 이렇게 얘기를 하면서, 이게 있어

조성 아니, 그러면 문제가

부부장검사 김웅도 마찬가지로 지금 하는 말이, 이게 뉴스버스 보도가 나가니까 그때 기억이, 이제 자기는 기억이 안 난다는 거지. 그래서 '그럼 내가 썼나?' 그럼 '손준성 보냄이라고 다 거기 표시돼 있던데 그걸 기억 못하면 어떡해요?' 이렇게 질문을 받으니까 '그럼 내가 준성이한테 받았나?'

조성 '받았나?'가 아니고, 제가 이게 정확하게는 그 기억을 하는 부분들은 이제 김웅은 '하하' 이러면서 이렇게 대답했고요. 그날 뉴스버스 기자한테 이제 뭐 황당하다는 식으로 '하하' 이렇게 이런 식으로 보냈고 이게 (둘이) 동기이고, 친구고.

부부장검사 근데 이거를 또 봤더니 손준성하고 김웅하고는 별로 친분이 별로 없긴 해요. 그러니까 연락도 한 번도 안 했더라고. 통화 내역도 다 봤는데도. 그러니까 사실 이 보도가 나가기 전까지 친구면 연락한 기록이 조금이라도 있어야 될 거 아니에요? (김웅은) 굉장히 그거에 대해 억울해 해. 동기 열 몇 명 중에 그냥 되게 공부 잘하고 똘똘한 동생이 있구나, 그냥 그 정도로 알고, 걔는 그냥 괜찮은 애다, 이 정도로만 알고 따로 만나서 개인적으로 뭘 하고 이런 건 없고. 2012년인가 그러니까 이 사건이 나기 거의 7~8년 이상 전에 중앙지검에서 잠깐 같이 근무했는데 같은 부에 근무한 것도 아니고 그것도 그냥 그 정도 인연, 근데 그 정도 인연이면 친하다고 보기는 힘들거든. 손준성 입장에서는 괜히 김웅이 이제 동기이고 그다음에 이게 그거는 잘 정확히 모르겠어. 근데 손준성은 도대체 왜 왜 이거를 올렸을까? 정말 손준성이 만든 걸까, 아니면

조성은 전 두 가지 의문이 있는 게. 그냥 저의 자유로운 생각이에요. 왜냐면 여기 이 증거를 한번 꼭 보셨으면 좋겠어요. 이거를 꼭 보시고, 이걸 꼭 들으시면 좋겠어요. 왜냐면 이제 이것을 특수부 수석부장을 하셨던 분이 이거 음성을 듣더니 '텍스트랑 보는 거랑 느낌이 완전 다르네' 하면서 '그럼 이 고발장은 공안부 출신이 아니면 작성 못하겠다' 이런 얘기를 하셨어요.

드디어 수사검사는 내게 '둘은 절대 친하지 않다'는 설득까지 하기 시작했다. 절대 친할 리가 없다면서 둘의 관계에 푹 빠져 내게 '그 두 사람은 친하지 않으니 고발장을 전달할 리가 있겠냐'는 식으로 장황하게 이야기했다. 물론, 이 대화는 엄연한 참고인조사 내용이고, 피의자나 피의자의 변호인이 아닌, 수사검사의 질문이었다. 한숨이 나왔지만 꾹 참고는 내가 들고 간 추가 증거를

언급하면서 "꼭 들어보고 수사를 제대로 해주면 좋겠다"고 몇 번이나 당부했다.

부부장검사 근데 손준성은 공안부 출신이

조성은 아니잖아요. 제가 이제 포렌식을, (김웅이 전화를) 두 통 하셨잖아요. 앞 통화에서는 "남부지검에 내랍니다" 하고, 뒤에는 "대검찰청에 내라"고 바뀌었잖아요. 아침에 한 통화랑 오후 통화에 (차이가 나요). 그러면 디렉션이 바뀌는 거냐. 그때 (김웅이) 대검이든 어디든 누군가와 통화해서 접수를 상의하지 않았는지, 저는 이게 사실…

부부장검사 그럼. 김웅이 그 당시 두 통화 사이에 대검과

조성은 상의를 했을 것이고. 그래서 제가 그때 공수처에도 요청을 한 게, 그날 4월 3일 김웅의 통화 통신 목록을 조회하고 쭉 살펴보면 그 사람이 나올 거 아니냐, 장소 변경 이유가 있을 거 아니냐. 왜냐면 남부지검에 내랬다가 대검 공안부에 내라고 바뀌었으니

부부장검사 그 근거가 지금 공수처에서는 일단 기록이 없고

조성은 없어요. 왜냐면 제가 며칠 전에도 이제 물었고 제가 자료로 뭐 드리면 될까 했는데, 이제 통신 기록(보존기한)이 1년이다 보니까

부부장검사 그렇죠. 2020년이니까

조성은 그러니까, 없으니까, 이제 그거를 영장 안에서 해결을 못 했다는 취지로 말씀을 주시더라고요. 왜 사기 사건이나 금융 사건의 경우 해외로 도피하고 1년 동안 연락 끊고 이제 도망 다니는 사람들이 많잖아요. 그러면 1년만 통화를 안 하면 무조건 범인을 못 잡느냐. 이게 아니기 때문에 분명히 그 통신 기록 외 다른 걸 확보할 방법이 있다는 취지로 얘기를 했고. 저희도 엄청 머리를 많이 썼다니깐요. 저는 그거예요. 저는 애초부터 이거 제일 처음에 대검찰청에 갖다 줄 때부터 뭐라고 얘기를 했냐면 고발장은 손준성의 이익과 무관하다고.

부부장검사 그렇죠.

조성은 손준성의 이익이 없다고 제가 얘기를 했다니깐요. 근데 또 여기서도 나와요. 아니, '피해자가 김건희랑 윤석열이랑 한동훈이라고 적시된 고발장을 손준성이 왜 써?' 이렇게 얘기를 했거든요. 대검 가서도 그 얘기를 했고요. 그리고 우리 검사님, 위에 아까 우리 부장님이나 그분 같은 상사가 계시면 그분 사모님 고발장을 마음대로 쓰실 수 있나요?

부부장검사 그러니까요.

'손준성 검사가 윤석열 검찰총장의 동의 없이 함부로 그의 부인인 김건희를 적시한 고발장을 작성할 수 있겠느냐' '수사검사 당신도 부장검사 부인의 고발장을 멋대로 쓸 수 있겠느냐?' 물으니 "그럴 수 없다"는 동의를 가득 담아 이야기했다.

조성은 못 쓰잖아요. 그러니까 이게 상식적인 범위 안에서도 피해자 본인의 동의나 피해자의 최소 지시 없이는 작성될 수 없는 내용이기 때문에, 이 당사자성이 사실은 순준성에게는 없다, 저는 그 얘기를 했고요. 그래서 손준성 검사도 뭉갠다고 뭉개질 일이 아니거든요. 사실 왜냐하면 이건 굉장히 정치적인 사건이고 권력 떨어지면 끝이에요. 그래서 그리고 제가 보기에는 김웅이 더 바보인 거죠. 어떻게 보면

부부장검사 어쨌든 뭐 1년. 맞아요. 1년만 통화 기록을 볼 수 있어서 수사하는데 되게 힘들어요. 사실 지금 다른 사건 수사가 여기저기서 진행되지만, 그것도 지금 1년이 넘었거든요. 그 통화 내역을 너무 보고 싶은데 시작 자체가 거의 2년이 돼 가지고 그걸 전혀 확인할 수가 없어요. 그래서 특수부 사건이나 이런 게 잘 되는 건 뭐냐 하면 되게 기습적으로 팍 치고 들어가 핸드폰을 그냥 가지고 오는 거

조성은 그래서 여기서 통화가

부부장검사 그렇죠. 거기서 기계 안에서 확인이 되면 그걸 가지고 관련 단서를 조금 잡아서 또 다른 사람 거 해서 여기에 없는 걸 또 조각조각 맞추고 이렇게 되는 건데. 이미 언론에 먼저 막 이렇게 보도가 되고 막 그러면, 마찬가지로 손준성도 핸드폰 비밀번호 얘기 안 하고 풀지도 않고 그거 다 바꿨을 거예요.

조성은 근데 어딘가 저장해놨겠죠.

부부장검사 저장을 오히려 안 해놨겠죠. 그냥 그런 기록이야 없으면 없을수록 좋다고 생각했을 테니까. 그리고 김웅도 핸드폰 바꿨지.

조성은 당장 그날

부부장검사 아. 그러니까. 그러니까 사실은 핸드폰 통화는 말씀하신 대로 그 시기에 김웅이 그다음에 손준성이 누구랑 전화했는지 확인되면 막 하는데. (예컨대) 윤석열이랑 전화했네, 뭐 이런 게 나왔다면 이제 할 수 있지만, 지금 상황은 그냥 아무것도 없는 상태에서 조성은 씨 포렌식 파일만 가지고 이렇게 맞춰보는 건데, 그걸 맞췄을 때는 확인할 수 있는 거는 6시 59분에 손준성이 처음으로 텔레그램에 이걸 사진을 올렸다, 그리고 10시 12분에 김웅이 조성은한테 보냈다... 근데 그 파일에는 텔레그램의 특성상 최초 했던 사람이 나오고 그 파일이 최초 생성된 시간만 나온다. 그래서 6시 59분이라는 시간도 나온 거고 손준성이 맨 처음에 텔레그램을 보낸 건 맞다. 근데 김웅하고 손준성은 평소에 연락도 안 하고 그냥 동기라는 거 외에는 아무런 접점이 없다. 누군가 있을 가능성도 충분히 있겠다. 왜냐하면 3시간 동안의 시간적 여유가 있으니까. 내가 이걸 빨리 보내야 된다고 생각을 하면 '내가 손준성인데 이걸 미래통합당에 빨리 보내서 고발을 빨리하고 싶어요.' 그럼 내가 김웅한테 이거 텔레그램 하겠죠. '웅이 형 이거 바로 보낼 테니까 빨리 좀 접수 좀 전달 좀 시켜주세요.'
그럼 내가 그걸 받고 확인하는 순간, 그렇게 이미 얘기가 됐다면, 그럼 바로 조성은 씨한테 보냈겠죠. 그러니까 이렇게 막 3시간 동안 간격을 두고 이렇게

조성은 이게 뭐냐면, 선거 기간이잖아요. 4월 3일은 선거 기간이기에 아침 5, 6시부터 보통 선거 운동을 시작하거든요. 그 선거 기간에 3시간 정도면 꽤 빠르게 확인한 걸 수도 있다고 생각하거든요.

부부장검사 근데 김웅도 마찬가지로 하는 말이 뭐냐면, 자기가 이 사건에 관심이 되게 많았던 건 아니다. 그래서 제대로 안 보고 조성은한테 그냥 빨리 줬다고.

조성 근데 그걸 왜 줬을까요? 지시가 있었으니까 줬겠죠.

부부장검사 아니 그러니까

조성 그러니까 무슨 얘기냐면 저는 김웅 의원한테도 그때도 제가 대질신문 좀 시켜 주세요,라고 했던 게 그냥 기분 나쁘다고 욕만 하지 말고, 사실 이 사건은 다른 의미로는 있어서는 안 될 일이잖아요. 예를 들면 상대 후보들 나오면 다 담그려고 우리 검찰에서, 지방검찰청이나 지방 일개 검사가 아니라 대검찰청 수사정보정책관이 이런 고발장을 올려서 돌게 해서 어쨌든 당에 도달했고, (미래통합당) 법률지원단장 정점식 의원에게 전달된 세 고발장 중 하나가 같잖아요.

부부장검사 제가 보니까 손준성이, 손준성이 또 그거라면서요. 저기 (손준성) 장인이

부부장검사는 손준성 검사의 인척까지 거론했다.

조성 김광림*****

부부장검사 취지는 그거더라고, 김웅의 주장은.

조성 장인어른 갖다줬으면 줬지, 자기한테 줬겠느냐? 뭐 이런

부부장검사 자기한테 줄 이유가 없다. 손준성이 당을 통해서 접수를 시키고

***** 손준성 검사의 장인으로, 18, 19, 20대 국회의원(새누리당/자유한국당, 경북 안동)을 역임. 고발사주 사건이 발생한 2020년 4월엔 미래통합당 소속 의원.

싶었다면 장인한테, 장인 아는 국회의원한테 그냥 바로 줘버리면 되지. 그리고 손준성이 김광림 사위라는 거는 미래통합당의 오래된 3선 이상 국회의원들은 전부 다 알고 있다. 그리고 이미 그런 관계에 대해서는 너무 잘 알고 있고 친분이 있는 사람도 있고, 그렇게 자기한테 이걸 보내고, 그것도 처음 보는 자기도 마찬가지로 한 번 봤던 그냥 정치학과 모임에서 한 번 만났던 조성은한테 이런 일을 시키는 것 자체가 이게

조성은 있을 수 없는 일이라고요?

아니, 자기가 갑자기 전화해서 나에게 (고발장을) 줬으면서, 이제 와서 자기부정을 하고 난리다.

곧바로 몇 시간의 조사가 이어지고, 자정이 다 되어 끝났다. 이것이 검사 범죄를 수사하는 검사들의 일반적인 태도일까? 아니면, 내가 겪은 특별한 경험일까? 그날 나와 마주 보며 '질문하던 사람'이 공범 사건의 수사검사였는지, 동료 검사(출신)들의 변호인이었는지, 여전히 의문이다.

보스턴,
새벽 2시의
긴급통화

찜찜한 참고인조사를 마친 며칠 뒤, 이미 공공수사1부에도 알렸던 보스턴 출장길에 올랐다. 지금도 참 희한하다고 생각하는 게, 서로 맞춘 적도 없는데 신혼여행을 떠나는 전혁수 기자의 출국일도 그날이었다.

10시간이 넘는 비행을 마치고 곧바로 보스턴 출장지에서 업무를 보고는 늦은 밤에 호텔에 돌아가 짐을 풀지도 않고 깜빡 잠이 들었나 싶다. 갑자기 벨소리가 울리더니, 한국에서 수십 통의 메시지와 전화가 들어오기 시작했다.

공수처에서 기소 의견으로 송치했던 '공범' 김웅을 무혐의 처분했다는 발표 탓이었다. 조사를 마치고 온 지 채 5일이 되지 않았다. 추가로 제출한 음성증거를 정식 녹취록으로 만들기도 어려운 시간일 텐데 싶어 쓴웃음이 나왔다. 오랜 비행으로 몸이 피곤하기도 하거니와 공범 사건의 참고인조사 과정이 새삼 떠오르며 짜증이 치밀기 시작했다.

'현재 보스턴입니다. 출장 중이라 메시지로 부탁드립니다.'

답변을 위해 메시지를 작성하는 와중에 평소 자주 연락했던 기자가 "꼭 통화로 물을 것이 있다"고 했다. 서울중앙지검 차장검사가 기자들과 티타임을 하면서 설명한 무혐의 처분의 이유 때문이었다.

"김웅을 무혐의 처분한 이유가 대표님이 진술을 번복해서 그렇다고 하던데요?"

이게 무슨 황당한 상황인가. 내가 진술 번복을 했다고?

"진술 번복한 일이 없습니다. 누가 그런 소리를 하던가요?"
"(서울중앙지검) 박기동 3차장검사요. 기자들을 불러놓고 대표님이 진술 번복을 해서 자기들이 무혐의 처분을 할 수밖에 없었다는 취지로 이야기했어요. 지금까지 보면, 대표님이 그러실 것 같지 않아 해외에 계신데도 전화를 드렸습니다."

그런 일이 없다고 단호하게 이야기한 후, 조치를 하겠다고 답변하고 전화를 끊었다. 이후 열 통이 넘는 전화로 같은 질문이 쏟아지고, 기자들과의 통화가 이어졌다. 몇몇 기자는 부장검사와의 티타임 때 나눈 대화 전문을 전달해 오기도 했다. 갑자기 그날의 녹음이 모두 기억났다.

7시간 30분. 그날의 조사가 모두 담긴 녹음 시간이었다.

공익신고자와 최초 보도를 한 기자가 출국한 다음 날, 기습적으로 무혐의 처분을 한 것도 화가 났지만, 기자들에게 내가 진술을 뒤집었다는 거짓말을 늘어놓은 그 저열함에 치가 떨렸다. 곧바로 공수처의 수사검사에게 긴급 국제전화를 했다.

"검사님, 저거 다 거짓말이에요."

"저희도 지금 처분 기사를 봤습니다."

"진술 번복한 적 없습니다. 그리고 조사 과정 전부 다 녹음해 왔어요."

"네?"

"그날 부장검사랑 차담부터 자정에 나올 때 엘리베이터 대화까지 다 녹음되어 있어요."

모두 녹음되어 있다는 나의 말에 잠시 정적이 흘렀다.

"진술 번복한 적 없습니다."
"그리고 제가 공익신고자 지위라 무혐의 처분에 항고할 수 없는 상황이에요"
"우리 기관에서 사건 고발인은 김○○ 씨로 돼 있습니다. 그분 역시 조치를 하시겠죠."

담당 공수처 수사검사는 설명을 듣고는 이내 알겠다고 했다. 얼마 지나지 않아 공수처는 기존의 '손준성과 김웅의 공범 관계'에 대한 판단을 유지한다고 발표했다.
기자들에게 수소문해서 이희동 부장검사의 연락처를 알아냈다. 전화를 하자 받지 않았고, 메시지를 보내니 1분도 채 되지 않아 바로 읽고는 답이 없었다.

[발신: 조성은 / 수신: 서울중앙지방검찰청 공공수사1부 부장 이희동]

안녕하세요, 조성은입니다.

일요일 오전에 해외에서 이희동 부장검사님께 이렇게 메시지를 드려서 유감스럽습니다.

기사로 보셔서 아시겠지만, 박기동 3차장께서 처분을 브리핑 하실 때에, 법조 출입기자들께 저의 참고인 진술 내용에 관하여 허위사실을 중대하게 유포하셨습니다.

검찰의 권한으로 불기소 또는 각하 처분을 할 수 있지만, 9시간이 넘는 진술 전체의 왜곡을 전 언론인 앞에서 공연히 하시는 것은 범죄입니다.

이희동 부장검사의 1차 처분의 권한 범위 내의 일이니, 박기동 차장검사의 발언이 허위보고로 말미암은 것인지, 그렇지 않다면 박기동 검사의 자발적인 허위사실 유포 행위인지도 여쭙겠습니다.

왜 공익신고자이자 범죄사실을 진술한 참고인 진술을 두고, 법조 출입기자들에게 허위의 사실을 유포하셨는지 여쭐 예정이고요. 전체 영상녹화의 정보 공개도 청구한 상태입니다.

차담으로 인사드릴 적에는 이런 부적절한 상황이 발생되지 않기를 바랐습니다만, 박기동 차장검사님과 함께 적절한 사과와 유감 표명을 요청드리며, 그렇지 않은 경우 해당 박기동 검사에 대해 법적 조치를 할 예정입니다.

전화로 여쭐까 하다가, 일요일 오전에 쉬실 것 같아 메시지로 드립니다.

좋은 주말 마무리하시기를 바랍니다.

조성은 드림

보스턴의 첫날 밤은 이렇듯 분주했다. 밤새 시차 적응 대신 새벽 2시부터 한국 상황을 알려주던 기자들과 이후의 대응과 조치에 대해 상의하기 시작했다.

진술 번복이 전혀 없었다는 증명을 위해서 나는 1)대검 감찰부 공익신고 절차 2)공수처 참고인조사 3)서울중앙지검 참고인조사의 진술 과정에 대해 모두 정보공개를 청구하기로 했다. 모두 영상녹화가 되어있기 때문에 진술조서 외 영상정보까지 모두 청구했다. 보스턴에서 노트북을 켜고 밤새 정보공개청구 사이트에서 온라인으로 청구하고 SNS에 글을 올렸다.

그렇게 정신없이 보스턴 출장을 마치고 1주일 뒤 한국으로 돌아왔다.

서울중앙지검 수사검사실에 전화했다. 수사관은 놀라며 곧바로 검사에게 통화를 연결했다. 아직도 잊지 못하는 대화다. "아~ 신청하신 조서, 오늘 사인해서 나갈 겁니다" 하며 아무것도 아니라는 듯한 부부장검사의 답변으로 시작되었다.

"검사님, 영상도 주세요."
"아니, 없는데 어떻게 드립니까?"
"영상녹화실에서 조사했잖아요. 직접 주시죠. 그게 나을 겁니다."

"아 영상녹화실에서 조사한 건 제 방이 더러워서 한 거지, 영상녹화를 한 것이 아니에요."

"주시는 게 나을 겁니다."

"아니, 녹취가 있는 것도 아니고…"

"……."

"……."

잠시 침묵이 이어졌다.

"설마, 녹음하셨습니까?"

"네. 7시간 37분이더라고요."

"아니, 왜, 배석자도 있었는데, 그걸."

"제가 변호인 없이 너무 많은 수사절차에 참여해서요. 일상적인 행위에요."

"저는 조성은씨에 대해 좋은 기억밖에 없습니다."

"없는데 어떻게 드리냐"며 웃던 목소리에 웃음기가 사라진 것은 내 느낌이었을까.

"검사님, 저도 정중하고 성실하게 조사를 받았는데요."

"저도 정중하게 했습니다."

"네, 저희는 정중하고 좋게 조사를 했는데 왜 박기동 차장검사는 기자님들한테 이상한 소리를 하셨을까요?"

"아니, 오해가 있으신 것 같은데요."

"제가 보스턴에 있을 때 새벽 2시에 기자님들이 실시간으로 계속 전화가 와서 박기동 차장이 '네가 다 진술 번복했다던데'라고 하면 제가 어떻게 해야 하나요?"

"그게 해외에 계셔서 더 화가 나신 것 같습니다."

"검사님, 그분은 왜 상관도 없는데 기자들에게 헛소리를 하셨을까요?"

"아... 3차장검사가 공안 담당이긴 합니다."

"그러면 저를 조사하신 검사님이 허위보고를 하신 건 아닐 테고, 이희동 부장이 허위보고를 한 걸까요? 아니면 두 분 모두 허위보고를 한 적 없으신데 그분 혼자서 저러시는 걸까요?"

"제가 말씀드려 보겠습니다."

남산 둘레길을 지나며 통화는 계속되었다.

"그럼, 허위로 이야기하신 것을 인정하고, 사죄를 하셔야 저도 물러날 공간이 있죠."

"저는 조성은 씨에게 좋은 기억밖에 없습니다."

"저도 좋은 기억밖에 없는데, 잘못은 박기동 차장검사가 하시고, 언론에 검사님 목소리가 나오면 이건 불공평하잖아요."

사과를 건의해 보겠다며 급하게 끊었는데, 이후 지금까지 아무런 회신이 없다.

그로부터 며칠 뒤 대검에서는 더욱더 놀라운 일이 발생했다. 공수처로 이첩되어 내가 직접 눈으로 봤던 '대검찰청 감찰3과 : 조사보고(제보자 면담 경위 및 면담 내용)'의 진술조서에 대해 정보공개를 청구하였지만 '부존재'를 이유로 공개를 거부한 것이다. 등기로 처분서를 받고, 곧장 처분서 끝에 적힌 대검 감찰부의 담당관에게 전화했다.

"예. 안녕하십니까, 박○○입니다."

"네. 안녕하세요, 조성은입니다. 제가 정보 공개 청구한 것, 비공개 처분을 받았는데요."

"네네."

"저는 다른 것을 청구한 게 아니라, 공익신고 할 때의 제 말, 제 진술에 관해서만 정보 공개를 청구했는데 과거 자기 진술에 대해서 공개를 청구한 것에 대해 비공개 처분된 적이 없더라고요.

이게 무슨 얘기냐면, 사건 관련 기록이라든지, 아니면 사건 관련 증거라든지, 이런 부분은 예민한 내용이면 비공개 처리도 할 수 있겠지만, 그게 아니라 피해자나 피의자나 참고인이 자기 진술 내용을 확보할 권리는 헌법상 권리잖아요? 근데 어떻게 갑자기 감찰3과장님이 바뀌셨다고 이런 처분 내시는 건가요? 제가 정보공개 청구서에 써놓은 건 권익위에도 접수했던 공익신고 내용인데요."

"신고서를 말씀하시는 걸까요?"

"아니요. 제 진술이요. 본인 진술이요."

"영상 녹화했던 진술을 말씀하시는 걸까요?"

"네. 진술조서 및 영상 내용 전부 달라고 요청했는데, 제 모습이 담긴 영상녹화와 진술 자체는 음성권이든 뭐든 저의 온전한 권리잖아요."

"예. 선생님은 그렇게 판단하시는 거고."

"아니죠. 아니, 그러면 이거 어디에 청구할까요?"

"저는 담당 실무자고요."

"네. 저도 우리 실무자님하고 제가 어떤 논쟁을 하려는 게 아니라, 보통은 공익신고했던 사람의 진술은, 피의자의 진술조차 다 주는데 이런 사례가 없기 때문이죠."

"선생님의 경우 진술조서나 진술서 형태로 만들어진 게 없기 때문에…"

부존재. 공개 거부의 이유가 드디어 나왔다.

"아니에요. 있어요."
"그래요?"
"네. 있어요. 제가 그 문서도 알고 있고, 이것은 공수처에 사건이 이첩되면서 공수처에 사본이 있어요."
"공수처에 사본이 있다?"
"왜냐하면 지난해에 (대검) 감찰부가 (저의 공익신고 내용이) 검찰 비위 사건이라고 확인했기 때문이에요. 그거를 공수처로 이첩했거든요. 그러면서 제 진술조서 전부와 영상으로 진술한 내용이 다 넘어갔어요. 제가 공수처에서 녹취록을 다 읽었거든요. 거의 4시간짜리를요."

갑자기 다급해진 목소리로 물어왔다.

"영상녹화에 대한 녹취서, 진술 관련 문서에 선생님이 도장찍은 게 있습니까?"

"네, 당연히 있죠."
"공수처에서 보셨다는 것, 갖고 계신 게 있나요? 혹시라도 진술조서 일부라고 갖고 계신 것이 있나요?

그런 문서가 있는지, 사진 같은 증거가 있느냐는 질문이었다. 누가 진술 마치고 조서를 사진으로 찍는다고.

"동일한 것인지 확인하려고 하시는 건가요?"
"아니, 그게 아니라, 진술 형태로 작성된 어떤 결과물도 없기 때문에 그렇게 통지가 간 겁니다."
"아니, 그게 아니라. 그거 없으면 큰일나요, 선생님"

정색하고 이야기하게 되었다.

"조사는 했습니까? 선생님을 조사했어요?"
"당시 감찰3과장님이 조사했습니다. 직접 타이핑하셨고요."

슬슬 부아가 치밀었다. 내가 조사받지도 않았고 있지도 않은 문서를 내놓으라고 요구한다는 것 아닌가? 담당자가 누군지는 아느냐는 질문은 또 뭔가?

"선생님. 그거 없으면 공문서가 사라진 거니까 그것도 제가 문제 삼을 거예요. 왜냐면 지금 중앙지검에서 이제 불기소처분하는 그 진술조서가 완전 허위거든요.

왜냐면 제가 거기서도 영상녹화를 한다고 해서 영상녹화실에서 진술했는데 지금 영상녹화 내용이 전혀 없다고 하거든요. 그런데 제가 진술 전부를 녹음해 왔거든요. 제가 고발 조치를 하려고 정보공개를 청구하는데…"

갑자기 조용해졌다.

"제가 대검 감찰부에서 조사받은 기록을 다른 수사기관에서 다 확인하고 수사기록에 편철해 놓았는데, 그게 지금 대검 감찰부에서 '없어서 못 준다'고 하면 정말 중대한 문제죠."

한참 이야기를 늘어놓았더니, "이의신청을 하라"는 답변이 돌아왔다. 그것으로 통화가 종료되었다. 이후 정보공개 청구 과정에서 사소하지만 기관들의 서로 다른 태도를 확인할 수 있었다. 공수처는 모든 영상자료와 진술 관련 자료를 공개해서 전달하였고, 대검 감찰심의위원회는 전체 회의를 열어 '부존재'를 이유로 비공개한 영상 진술을 제외한 일부 자료를 공개하는 것으로 변경했다. '조사자인 한동수 전 감찰부장 등의 인권보호를 위해'라는 게 사유였다.

공수처의 진술조서는 깨끗하게 새로 인쇄한 문서였다. 반면 내가 직접 찾으러 가겠다는 것을 기어코 거부한 대검 감찰부는 다 구겨진 노란 봉투에 표지가 너덜거리는 문서를 담아 보냈다.

11시간
증인신문

-과연 내가 가치 있는 일을 하는 것이 맞을까?

새벽 5시 40분.

미리 맞춰놓은 알람보다 조금 일찍 깼다. 새벽 2시 반까지 재판부에 제출할 의견서를 작성하느라 피곤했지만. 잠이 깊게 들지 않았나 보다. 오늘은 1심에서 처음이자 마지막이 될 증인신문 날이었다. 몇 시간 동안 진행될지 모를 증인신문이라 컨디션을 끌어올려야 했고, 평소보다 훨씬 진한 커피를 물처럼 마셔대며 전날 약 2시간 조금 넘게 써 내려간 15쪽의 의견서를 다시 읽어 내려갔다.

-드디어 피고인 손준성을 처음 만나는구나.

오지 않을 것 같던 '그날'이 온 것이다.

2022년 5월 기소된 이후 약 1년에 가까운 재판 기간에 피고인 측이 했던 숱한 주장은 '검사답지' 못했다. 첫 공판 때부터 사건 증거를 외면하고 답변을 거부하고 모든 혐의를 부인했다. "조성은이 조작을 했다" "조작에 능한 사람이다" 등 오로지 공익신고를 했던 나에 대한 조롱과 비난만으로 재판상 방어 전략을 세웠다. 날 마주하는 오늘조차 그런 태도를 유지한다면 단호하게 뭔가를 할 생각이었다.

증인으로 출석하는 날에 맞춰 새롭게 정장을 구매했다. 그런데 재판 출석 3일 전, 아무 생각 없이 산 정장이 '파란색'이었다. 하필 파란색이라니. 재판이 진행되고 나서는 처음, 그리고 오랜만에 언론 앞에 모습을 드러내는 날 괜히 파란색을 입고 갔다가는 온갖 종류의 정치적 해석을 갖다 붙일 것 같았다. 한참을 고민하다가 저녁 늦은 시간 부랴부랴 근처 백화점에 가서 베이지색 정장을 다시금 구매했다. 사건을 진행하면서, 나는 꽤 많은 색깔을 잃어버렸다. 아니, 지워버렸던 것 같다.

증인 출석 하루 전날, 머리를 염색했다. 평소 쓰지 않던 완벽하게 까만 검은색이었다. 별것이 아니겠지만, 평소의 밝은 갈색이 증언의 신뢰를 떨어뜨릴까 봐 신경 쓰였기 때문이다. 사소한 빌미조차 내어주기 싫었다.

출석 당일은 새벽 4시부터 눈이 떠졌다. 오전 10시에 증언대에 서야 했기 때문에 다소 이르지만 서둘러 준비했고, 한동안 듣지 않던 음악을 집안에 가득하게 틀어놓고는 몇 시간 동안 진술 기록을 읽었다.

"네, 기자님. 지금 저도 서초동 법원에 가는 길입니다. 오늘 어떤 걸 질문을 할까요? 지금까지 나왔던 주요 증인들에게는 어떤 신문을 했죠?"

평소 고발사주 사건에 진심으로 관심을 보인 몇몇 기자로부터 이른 아침부터 전화가 왔고, 서초동 서울중앙지방법원으로 가는 길 내내 통화가 이어졌다.

2023년 6월 2일 오전 10시 서울중앙지방법원 서관 509호.

"증인 출석하셨습니까."

재판부의 출석 확인 후 '증인'으로는 처음으로 법정에 들어섰다. 미리 출석한 공수처 검사들과 손준성 피고인, 그리고 변호인들이 각자 검사석과 피고인석, 변호인석에 앉아서 하나같이 나를 쳐다봤다. 재판부가 증거의 진정성립을 확인한 후 10시간이 넘는 증인신문이 진행됐다. 다음은 주요 신문내용을 요약한 것이다.

증인신문 1
- **일시** : 2023년 6월 2일 오전 10시 10분(증인신문), 서울중앙지방법원 서관 509호
- **사건번호** : 2022고합326(공직선거법 위반, 공무상 비밀누설, 개인정보보호법 위반, 형사사법절차전자화촉진법 위반 등)
- **피고인** : 손준성
- **증인** : 조성은
- **공수처 증인신문 주요 내용(요약)**

공수처 증인, 김웅 후보를 언제 처음 봤습니까?

증인 2020년 3월 중순인가 말경이었던 것으로 기억합니다. 언론인들과 미래통합당 후보들이 식사 자리를 가졌습니다. 거기에 내가 초대를 받아 만나게 됐습니다.

공수처 (그 자리에서) 김웅 후보와는 어떤 대화를 나눴습니까?

증인 당시만 하더라도 김웅은 보수정당에 들어오면서 이슈가 됐던 분입니다. 검사 출신이지만, 소설을 쓰시고 인기가 있었던 분이고, 저는 (김웅 후보가) 좋은 이미지를 생성할 수 있는 후보라고 생각해 적극적으로 인사를 나눴습니다. 그때의 대화를 기억하기로는 (김웅 후보가) 윤석열 씨와의 친분을 강조했던 걸로 기억합니다.

공수처 (김웅 후보와의 통화녹음) 녹취서를 보면 김웅이 증인에게 "고발장을 남부지검에 내랍니다. 남부 아니면 조금 위험하대요" "그 자료 먼저 보내드리고, 이따가 고발장 다시 또 보내드리겠습니다" 이런 말을 했는데, 김웅과 증인이 이런 대화를 한 이유가 무엇인가요?

증인 추측이지만 선대위 직위를 가지고 (언론인들과) 같이 만나면서 형성된 신뢰가 아니었나 싶습니다. 한번 보고 친근하게 통화할 수 있나 의아할 수 있지만, 선거를 치르면 늘 모르는 사람과 활동하고, 보름에 불과한 시간 동안 잠깐 보고도 긴밀한 대화를 나누게 되기 때문에 김웅 후보가 날 소통 대상이라 생각하고 신뢰했다면 충분히 이런 대화를 할 수 있었을 거로 생각합니다.

공수처 증인은 당시 N번방 근절 대책 TF팀장으로 바쁜 상황이었고 김웅과의 통화에서도 N번방을 얘기했습니다. 반면 김웅은 N번방에 호응하는 대신 고발장 제출을 재촉했습니다. 그 이유는 무엇인가요?

증인 선거 처음 치르는 분이 자기 지역구 관련 이슈가 아님에도 자꾸 고발장 접수에 관해서만 이야기한 점은 당시에도 이해가 안 갔던 것이 사실입니다. 제가 생각한 이슈는 N번방이었고 '정의로운 검사 김웅'이 이걸 적극적으로 이야기하면 후보에게도 주목받을 기회라 생각해서 제안한 건데, 김웅은 대화 전반을 보더라도 (N번방에 대해) 별 관심 없었고 고발장 접수만 강조해서 제가 납득이 가지 않았던 상황이었습니다.

공수처 김웅이 '대박 사건이다'라며 선거 전 고발장을 빨리 접수해야 한다고 재촉한 사실이 있습니까?

증인 네.

공수처 당시 김웅이 "최강욱 고발장을 접수해놔야 나중에라도 의원직을 상실시킬 수 있다"는 취지로 말했나요?

증인 (4월5일) 국회 소통관에서 (N번방 관련 기자회견을 하려고) 같이 이동하면서 대화를 나눈 적이 있습니다. '보낸다' 이런 표현을 했던 걸로 기억합니다. 그분들을 고발이나 법적 조치를 통해 정치적인 활동을 하지 못하게 하려는 그런 취지가 아니었을까 생각합니다.

공수처 전혁수 기자에게 제보하게 된 경위는 무엇입니까?

증인 해당 보도는 정식 제보 행위가 아니었습니다. 당시 전혁수 기자가 ('손준성 보냄' 메시지를 보고) "이런 대화가 있었네" "손준성이 누구예요?" 그래서 내가 "캠프 사람 아닐까요?"라고 답변했던 기억이 있습니다.
그다음 몇 개월 지나서, 기억하기로는 2021년 7월 낮에 전혁수 기자가 전화해서 "성은 씨, 손준성이 검사야" 이래서 다 같이 놀랐던 기억이 있고요. 저는 기자에게 제보한 게 아니라 사건을 인지한 전혁수 기자가 나름대로 취재해 파악한 것으로 생각합니다. 저는 부끄럽지만, 사건의 실체를 파악하고 난 뒤에는 보도를 거부했습니다. 개인적인 여러 이유로 보도하지 않기를 바랐습니다.

공수처 증인은 사건을 대검에 제출한 이유는 무엇입니까?

증인 사실 보도 이후에 공수처에서도 연락이 왔었습니다. 나중에 들은 이야기지만, (공수처) 본인들 사건인데 왜 대검으로 갔느냐는 취지로 질문받기도 했습니다만 전적으로 제 판단이었습니다.
이 증빙자료는 추가로 제출할 수 있습니다. 개인적으로 이 사건을 판단했을 때, 대검찰청 고위 검사의 비위 사건이라 판단했기 때문에 대검찰청과 분리된 외부 수사기관에서 한다면 즉시 기관의 폐쇄성에 의해 원활한 수사 진행이 어려울 것으로 생각했습니다. 결국 검사 비위사건이라 생각했고, 이것은 감찰로 시작해야 하는 사건에 해당한다고 판단했습니다.
보도 직전인 9월 1일 전혁수 기자가 통화상으로 공익신고를 권익위에 하면 어떻겠냐고 제안했지만, 저는 권익위가 느리고 부적절하고 감찰로 진행되어야 할 거 같다고 말했습니다. 이것과 관련한 통화녹음을 오늘 제출하려고 합니다.
그리고 사실 이 자리에 피고인 손준성이 옆에 계시지만, 당시에는 제가 이 사건을 제보하고 파악했던 것은 단순히 손준성이 아닌 대검찰청 전원이 연루된 사건이라 생각했기 때문에 제가 조심스럽게 접근해야 한다고 생각했습니다.
모든 절차와 모든 과정에서 제가 공격을 받을 거라고 생각했기에 오히려 피고인의 근무지이기도 했던 대검찰청으로 찾아가 감찰부에 공익신고 하는 게 적절하다고 판단했습니다. 그 생각과 판단은 지금도 유효합니다.

공수처 당시 윤석열 후보 캠프에서 증인과 박지원 전 국정원장이 고발 사주 사건을 기획한 거라는 혐의로 고발한 적 있는데, 무혐의 받지 않았나요?

증인 사실 입건조차 안 된 사건입니다. 상의한 적도 없기 때문에요. 그리고 또한 법적인 판단 역시 '기자에게 사건을 제보하는 행위'를 상의하는 행위 자체도 그 어떤 범죄가 될 수 없기에 범죄구성요건조차 해당하지 않는다고 답변받았습니다.

공수처 김웅은 증인과 2020년 4월 3일 통화에서 "공직선거법 급한데 지금"이라고 했지요? 김웅이 말하는 해당 사건이 뭐였나요?

증인 보통 선거 기간에는 모든 253개 지역구 전체가 후보별로 고소·고발이 난무합니다. 그때 고소·고발된 사건이 주로 공직선거법 위반이기 때문에 후보가 한 말로 기억합니다. 김웅이 오전부터 자료 전달했던 내용이 공직선거법 위반 사건과 연관되어 있었고, 그가 그 지점을 가장 중요하게 판단한다고 이해했습니다.

공수처 증인은 서울중앙지검에 출석해서 진술한 바 있는데, 조사 분위기는 어땠습니까?

증인 사실 이게 범죄를 수사하는 검사가 할 수 있는 질문인가 할 법한 질문을 많이 했습니다. 그래서 내가 반박하기도 했습니다. 예를 들면 검사가 "손준성 전화는 절대 안 열릴 건데"라고 두 번이나 말했습니다. 그래서 내가 "여셨어야죠, 그건 수사 공백이죠"라고 반박했습니다. "손준성이 누구 사위인지 알아요?"라고 물어서 "김광림 전 의원 사위죠"라고 답하기도 했습니다.
이희동 부장검사는 티타임을 하자며 저를 환대하더니 "계속 정치하고 싶지 않냐, 정당 생활 하고 싶지 않냐" 수차례 질문해서 "정당 생활 충분히 했고 (이 사건) 결심공판 끝날 때까지는 정당 생활로 인해 재판이 오염되는 게 부적절하다고 생각한다" 하니까 "아까워서 그러지, 큰일 해야지" 이런 취지로 부적절한 대화를 하기도 했습니다.

수사가 진행 중이었기에 1회 조사로 마치지 않을 거라고 생각해서 (개인 업무로 인한) 미국 보스턴 출장 날짜를 고지했는데, (2022년 9월 29일) 김웅 의원 무혐의 발표를 해버렸습니다. 당시 서울중앙지검 3차장이던 박기동 검사가 기자들을 불러 마치 내가 모든 진술을 번복해서 무혐의를 줄 수밖에 없었다고 얘기했습니다. 내가 미국에서 "어떤 진술을 번복했느냐"고 항의했습니다.

진술조사 영상녹화실에서 조사를 받았기 때문에 당시 자료를 요청하니 "없는 걸 어쩌냐" 하길래 "내가 다 녹음해놨다"고 했습니다. 그러니까 갑자기 "조성은 씨에 대해서는 좋은 기억밖에 없다"라고 급하게 사과하더라고요. 여러 가지 허위 처분이라든지 이런 부분은 공수처에 별도로 고발 조치했습니다.

공수처 한편, 공수처는 손준성을 기소하면서 피의자가 조성은에게 고발장 출력물 사진 등을 전달한 사실은 미통당에 전달한 것과 같은 것으로 판단했으나 조성은은 자신이 혼자 판단해 법률지원단장에게 고발장 출력물 사진을 전달하지 않았기 때문에 중앙지검은 불기소 처분을 했습니다.

증인 제가 미래통합당, 현재 국민의힘이라는 정당에서 인연이 더 이상 이어가고 있지 않기에 영향력을 말하는 것이 불필요하다 생각됩니다만, 이것은 객관적 외관을 봐야 한다고 생각합니다. 당시 선거대책위원회는 법률지원단보다 대외적으로 상위 지도부이고 제가 선대위 부위원장이었습니다. 이 부분에서 김웅은 그 직책의 제가 어떤 행위를 해주기를 바라고, 저를 통해 할 수 있다고 생각해 저에게 전달했기 때문에 이것은 당에 전달했다고 봐야 합니다. 도달이 완료되었다고 생각하기 때문에 저런 주장은 인위적인 판단이라고 생각합니다.

공수처 해당 불기소 이유서를 찾아보면 4월 3일과 8일, 두 차례에 걸쳐 김웅은 고발장 사진을 보내 증인과 연락하기도 했지만, 고발장 얘기 안 하고 재촉한 사실 없다는 취지로 진술했다고 돼 있습니다. 검찰 조사 시에는 피의자와 이런 대화가 없었다고 진술했습니까? 증인 진술에 의하더라도 김웅이 특정 대화를 하면서 고발장 제출을 이야기한 것이 맞지요?

증인 저는 여러 수사기관에서 일관된 진술을 했다고 생각합니다. 그리고 그 이유서에서 김웅이 더 이상 확인했느냐 안 했느냐 여부를 물어 영향을 끼칠 목적이 없었다고 했습니다만 사실 선거를 일주일 앞두고 이미 자기 의지를 충분히 전달했기에 추가 요청이 필요 없다고 생각한 것과 명백히 다른 행위로 보입니다. 녹음되어 있는 대로 제가 통화상 요청받은 내용은 고발장 등 이 자료를 적극적으로 선거나 후보를 선거 방해하기 위해 접수해달라, 단순히 개인 자격의 고발 접수가 아닌 수사기관과 교감 이후에 접수하는 장소를 바꿔가면서 적극적 의지로 이것을 말씀하셨습니다. 이러한 부분은 아무 취지 없이 했다고 하기에는 해당일의 통화녹음이나 객관적 대화에서도 충분히 확인할 수 있어서 저 대화는 저렇게 해석될 여지가 없다고 생각합니다.

공수처의 증인신문이 끝난 다음, "어려운 출석을 해줘서 감사하다"는 의례적인 인사말로 시작한 피고인 변호인의 증인신문에서는 몇 차례나 언쟁이 있었다. 재판이 시작된 이후 줄곧 공익신고 행위를 폄하하고, 포렌식 증거들에 대해 조작 타령을 하고, 국정원 요원과 같은 스릴러물 수준의 주장을 했던 것을 파악하고 있던 터라 막상 내 얼굴을 직접 대하면 어떤 질의를 할지 궁금하기도 했다.

증인신문 2

• 피고인 증인신문 주요 내용(요약)

손준성 변호인 김웅과 증인 사이에 통화 녹음된 파일이나 녹취록을 검찰이나 공수처 등 수사기관 이외의 제3자에게 제공한 적 있습니까?

증인 조사 마치고 휴대전화를 돌려받고 2~3일 뒤 MBC 〈PD수첩〉 PD에게 연락이 왔습니다. 사실 그때까지만 해도 휴대전화 안에 뭐가 들었는지 몰랐는데, PD님이 한번 포렌식 하고 확인해서 방송해 보자고 해 그 과정에서 통화 녹음 파일이 복원된 것입니다. 여기 서초동 근처 포렌식 업체에 맡겨서 복원했습니다.

손준성 변호인 (손준성이 종이에 무엇인가 적어서 변호인에게 보여줌) 통화 녹음파일이 언론에 흘러 들어가는 게 이상해서 그러는데, 당시 MBC가 확보했다는 파일이 수사기관에서 유출된 거 아니냐 하는 논란이 있었습니다. 혹시 기억납니까?

증인 그런 논란이 생길까 봐 언론에 제공된 모든 정보는 당사자인 제가 직접 언론사에 제공했던 겁니다.

손준성 변호인 고발장을 다운로드 받고 그날 밤에 박지원 전 국정원장과 통화한 걸로 보입니다.

증인 (헛웃음) 저 다운로드랑 박 원장과의 통화랑 왜 연결하는지 모르겠는데, 저는 사건의 중대함을 인지하고 나서는 이 사건이 알려지는 걸 굉장히 꺼렸기 때문에 더더욱 저분(박지원 전 국정원장)에게 알리지 않았습니다.

손준성 변호인 〈뉴스버스〉 보도 이후 SBS와 인터뷰할 때 앵커가 질문하니까 증인은 "(고발 사주 보도가 나왔던) 9월 2일이라는 날짜는 우리 원장님이나 제가 원했던, 제가 배려받아서 상의했던 날짜가 아니다"라고 답변했습니다. 상의를 하지 않았다면 왜 이런 말을 했습니까?

증인 이 보도들은 9월 1일 밤 10시에 전혁수 기자가 전화해서 갑자기 "성은 씨 진짜 미안해, 내일 기사 8개 나가" 하는데 이전까지는 (사건이 기사화될지) 전혀 모르고 있었습니다. 이 방송은 녹화방송이었는데 '배려받은 날짜'라는 건 〈뉴스버스〉와 관련된 말이지 마치 원했던 날짜가 따로 있었다는 게 아니라, 관련 질문에 대한 것은 나조차도 어떤 예상도 하지 못했던 것이고요. 사건 보도는 제 입장에서는 거의 사고를 당한 수준으로 급박하게 발생한 일이었던 것입니다.

손준성 변호인 (스크린에 띄운 캡처 화면을 보여주며) 김웅과 증인이 나눴던 텔레그램 메시지 중 일부인데, 여기서 증인이 작성한 메시지 세 줄을 삭제한 거 맞습니까?

증인 (기자에게 주는 내용이라 보도가 예상되었기 때문에) 제 신분이 드러나는 대화나 제 프로필 사진을 가리기 위해서였습니다. 그리고 포렌식 절차들로 원본 복원이 되었기 때문에 전혀 문제가 없다고 생각합니다.

손준성 변호인 증인이 파일의 속성 구조를 변경한 적 있습니까?

증인 제가 그 정도로 뛰어난 컴퓨터 능력은 없고 엑셀 정도도 겨우 할 수 있습니다. 고발장을 여러 번 중복적으로 다운로드 받았던 수많은 순간 중에 저장된 고발장 수십 개 파일 중 하나가 그렇게 (속성 구조가 변경) 됐다는 건 전문가의 주장이고, 나는 있는 그대로 현출했을 뿐입니다. 그 질문은 포렌식을 진행했던 수사처에 하시면 될 것 같습니다.

손준성 변호인 (전혁수 기자랑 고발장에 대해 이야기 하면서) 근데 왜 검찰에서 써줬다고 했습니까?

증인 당연히 전달자가 피고인인 것을 인지한 후, 대검찰청 수사정보정책관이던 손준성이 최초 전송자면 검찰 관계자겠다고 추론한 거죠

손준성 변호인 이 사건에서는 결국 고발장 작성자가 누군지 특정 안 됐고, 공수처도 기소 안 했는데요. 근데 왜 증인께서는 어떤 증거가 있어서 검찰이 썼다고 그랬는지 물어보는 겁니다. 먼저 증인이 '대검이 써줬으니 얼마나 편했을까?' 하고 문자를 보냈는데.

증인 네. 평소에도 기자와 뭐가 사회 이슈 기사가 될지 대화를 많이 나누었기 때문입니다.

손준성 변호인 증인이 "대검의 2020총선 개입"이라고 하고 기자가 "윤석열 대검의 21대 총선개입"이라고 했는데, 맞나요? 선거에 개입할 목적으로 전송 받은 겁니까?

증인 (헛웃음) 아니죠. 이것이 대검찰청 수사정보정책관이 보낸 것을 나중에 알게 되고, 그때 기자와 대화를 나눈 거죠.

손준성 변호인 대검인지 아닌지 모르는 상태에서도 이걸 선거에서 활용할 수

있겠다고 생각했냐고요?

증인 누구든 사회적인 문제가 되는 건 정당하게 고발할 수 있지만, 검찰이 할 수는 없다고 생각합니다. 또 이걸 선거에서 활용하는 건 별개의 문제고, 제시한 대화 내용은 사건이 1년 반이나 지난 뒤에 이러한 상황은 어떻겠느냐 하고 나눈 대화였습니다.

손준성 변호인 증인은 김웅과 소통하는 당사자였잖아요. 제3자가 보면 증인이 김웅과 공범처럼 보일 거 아닙니까?

증인 저는 앞서도 소통은 김웅의 요청에 응하기 위해서 한 거라고 몇 번이나 말했습니다. 변호인께서도 아시다시피 살인 저지르고 발견된 칼이 나중에 발견되더라도 그 칼은 사람을 죽인 칼이 맞지 않습니까? 인식하지 못하고 받았다고 한들 살인이 없던 일이 되지 않습니다. 그런데 이 사건에서 대검찰청 수사정보정책관이 보낸 고발장이라는 것을 내가 인식하지 못했던 시점이랑 왜 연결하는지 모르겠습니다.

손준성 변호인 아니, 증인이 고발장 주고받을 때 선거 개입할 목적으로 주고받았냐고요.

증인 최초 고발장을 전달한 사람이나 김웅은 그럴 목적으로 했겠지만, 저는 검언유착 사건이 당시 뭔지도 몰랐고 고발장을 접수한다면 '대검찰청에 누구 데리고 가야 되나' 이런 수준에서 대화했습니다. 그리고 전혁수 기자와의 대화는 나중에 제 생일 주간이라서 밥 먹자 해서 만난 후 '이런 일이 있었다' '대체 손준성이 누구냐' 해서 저런 대화 나눈 것뿐입니다.

손준성 변호인 김웅이 증인에게 보내주면서 21대 총선과 관련해서 보내는 거다, 라고 명시적으로 밝혔습니까?

증인 선거가 시작되면 당연히 주로 선거 관련된 이야기를 합니다. 선거로 정신없이 바쁘니까요. 고발장 접수도 선관위에서, 개인이 충분히 할 수 있음에도…

손준성 변호인 아니, 그러니까 김웅이 증인에게 명시적으로 그런 말을 했냐고요?

증인 통화에서 들어보시면 김웅이 "공직선거법 땜에 급한데"라고 했고, 그러면 당연히 그렇게 판단하고, 또 선거기간에 후보가 긴급하게 요청을 한 건데

손준성 변호인 증인 생각을 표현하시는 거랑 다르잖아요?

증인 아니, 제 생각이 아니라 통화상 그걸로 충분히 드러나잖습니까. 위 통화가 선거와 관련 없다는 건 어떻게 판단할 수 있죠? 그리고 거기에 명시된 건 다 후보였습니다. 황희석, 최강욱…

손준성 변호인 다는 아니었잖아요

증인 (헛웃음) 네. 손준성이 보낸 고발장에는 언론인들도 있었습니다.

손준성 변호인 그럼 증인하고 김웅하고 총선 개입을 공모해서 대화를 나누신 적이 있습니까?

증인 김웅과 통화 당시 전체 대화 내용 보면 저는 검언유착 관련해서는 그후에, 나중에 전혁수 기자가 설명해 줘서 알게 됐고, 4월 3일 통화 당시에는 공모할 정도로 알고 있지 않았습니다.

손준성 변호인 증인께서 그걸 가지고 있다가 전혁수 기자 통해서 알려지니까, 증인도 미래통합당에 소속된 부위원장이었잖아요. 다른 사람이 고발했으면 증인도 책임지셔야겠네? 공모한 걸로 보이잖아요.

증인 전술했지만, 기자들이 포함되어 고발 행위 자체가 부적절하다고 생각해서 전달하다가 스스로 그 행위를 좌절시킨 것입니다. 그래서 선거를 방해하기 위한...

손준성 변호인 아니, 제3자는 증인을 어떻게 보겠냐고요?

증인 제3자들은 이 사건 과정과 제 2년 동안의 행동을 보고 판단하시겠죠.

피고인 변호인 측은 언론에 공개된 내용이 마치 공수처나 수사기관에서 불법적으로 유출한 것 아니냐는 의도로 질문을 하였지만, 그 모든 것은 당사자인 내가 직접 제공했고 모든 언론보도는 나에게서 비롯된 것이었다고 답변했다.

당황하던 변호인은 평소 입버릇처럼 주장하던 '조작'이라는 단어를 쉽게 꺼내지는 못했지만, 수십 번 중복적으로 저장된 수백 장의 고발장 관련 파일 중 하나의 파일명이 달라졌다며 "공교롭지 않으냐"며 문제를 제기했다. 사실 그 파일은 나중에 안 사실이지만 고발장에 '김건희'가 있는 것에 놀라 캡처를 해서 전혁수 기자에게 보여주기 위한 것이었다. 당연하게도 증거의 무결성은 흔들림 없다고 답변했고, 그들이 선택한 다음 주장은 '김웅의 공범 조성은'이었다. 그조차도 답변할 가치가 없는 수준의 질문이 이어졌지만, 단호한 태도로 답변을 이어갔다.

> **손준성 변호인** 김웅이 선거에 개입할 목적으로 1·2차 고발장 보낸다고 하던가요?
>
> **증인** 사건은 과정마다 분리해야 한다고 변호인께서도 말씀하지 않았습니까? '손준성 보냄'의 손준성이 검사고 '대검이 야당의 후보 통해서 전달했다면 문제이지 않느냐'는 취지로 기자와 대화를 나눈 것뿐입니다.
>
> **손준성 변호인** 위 대화는 총선과 관련짓는 평가는 처음 나온 거 같습니다. 이것은 증인의 개인적인 의견이고, 평가죠?
>
> **증인** 그건 재판부에서 판단할 문제입니다.
>
> **손준성 변호인** 두 사람이 억지로 만든 '총선개입' 프레임 아닙니까?
>
> **증인** (헛웃음) 그조차도 재판부가 판단할 문제입니다.

손준성 변호인 도대체 1·2차 고발장 작성자는 모르면서 먼저 말을 꺼낸 이유가 뭡니까?

증인 당연히 상상도 못했던 최초 전송자가 손준성 검사라는 걸 확인했던 시점이고, 보통 최초 전송자를 작성자로 추론할 수 있고, 최초 전송자가 적극적인 의도를 가지고 하지 않았겠냐 하는 것은 합리적인 추론의 내용이라고 생각합니다. 그 과정에서 기자가 호기심을 가지고 물어본 것이고 대화를 나눈 것입니다.

변호인은 '증거 조작' '의도적 변경' 등의 주장이 통하지 않자 또다시 전혁수 기자와 내가 '악의적 프레임'을 공모했다며 몰아붙였다. 참신하지 않을뿐더러 이미 예상한 질문이었다. 신문이 진행될수록 변호인은 짜증 섞인 목소리로 질문했고, 나는 언성을 높이지 않고 차분하게 대답하려고 노력했다. 한참을 지켜보던 재판부는 나에게 직접 심문하겠다며 질문을 이어갔다. 벌써 오후 6시가 다 되어가고 있었다.

증인신문 3
• 재판부 증인신문 주요 내용(요약)

재판부 증인이 고발장 초안을 전달받는 과정에서, 김웅 후보가 증인에게 보낸 메시지 중 기억에 남는 걸 말해보세요.

증인 처음에 "(서울)남부지검에 내랍니다" 하고서는 대검으로 변경됐다고 했던 게 의아해서 가장 기억에 남았습니다. 왜냐하면 보통 국회와 가까운 남부지검에 내기 때문입니다. '근데 대검에 개별적인 고발을 진행하려고 한다? 아 되게 거창하네' 그런 생각을 했습니다. 그래서 대검에 당이 플래카드를 들고 가야 하냐, 대검 관계자에게 연락해야 하냐고 물어봤던 것입니다.

재판부 고발장 초안이 오고 고발장을 제출할 것인지 여부는 정상적인 루트 밟았다면 어떤 루트 밟아서 제출될까요?

증인 일반적으로 선거기간에 고발장 제출하려고 개별 후보가 아닌 정당이 직접 움직이는 건 형사적인 행위가 아니라 정치적 행위입니다. 그래서 이걸 대중과 언론이 어떻게 받아들이냐가 중요합니다. 이 행위가 정치적인 의미가 있다고 보면 카메라 대동하고 다들 모여서 가지 않았을까 싶고, 그 결정을 위해서는 제가 말씀드렸다시피 원내대표나 후보들을 전부 집결시켜서 공보하고 행사처럼 만들어서 갔을 겁니다.

재판부 김웅 후보가 그런 취지로 요구한 것인가요?

증인 저는 그런 취지로 받아들였습니다.

재판부 그 역할은 본인의 선대위 부위원장이라는 직책과 일치하는 것입니까?

증인 정당의 고발장 접수를 '행사'라고 부르는 게 부적절할 수 있지만, 그것이 선거에 꼭 필요한 과정이고 중요한 사안이라면 그런 일정 잡아달라고 설득하는 건 부위원장이라면 할 수 있습니다.

재판부 고발인란이 비어 있었잖아요? 그것을 미래통합당으로 기재해서 제출해달라는 취지였습니까?

증인 미래통합당일 수도 있고, 당 법률지원단장의 명의일 수도 있다고 생각합니다.

재판부 특별한 요청 없었습니까?

증인 통화에도 나왔듯이 그래서 중앙선대위 차원으로 가는 것이 좋지 않을까 해서 그 정도 선으로 이해했습니다.

재판부 증인이 제출한 자료에는 1차 고발장 받을 당시에 김웅과 증인이 주고받은 텔레그램 내용과 전화 대화 내용은 거기에 다 들어있는 건가요?

증인 네.

재판부 고발장 초안이나 자료에 대해서 자세히 알지 못했다, 크게 관심 없었다면서도 한편으로는 어쨌든 후보가 요청한 거니까 성사하기 위해 노력해야 한다고 하는데, 이 두 가지는 상충하지 않나요?

증인 보통 선거기간에는 후보들의 요청에 대해 선거를 지원하는 입장에서 들어줄 수 있는 건 최대한 들어주려고 하지만, 모든 요청은 아닙니다. 요청을 지원할 수 있지만 그것이 제 주된 관심사는 아니었다는 의미였습니다.

재판부 중앙선대위에서 접수하려고 한다면, 당에 이게 무슨 내용이고 왜 고발하고 고발 달성 목적은 무엇이고 이런 고민이 있어야 다른 사람을 설득할 수 있을 거 아닙니까?

증인 네. 그 취지와 내용은 김웅 후보가 전화하면서 충분히 전달했던 거 같고, 선대위에 있는 저한테는 다양한 후보들의 요청이 있기에 김웅의 그 요청만 특별하게 받아들여서 추진하기는 어려운 상황이었습니다. 개인적으로는, 김웅이 "공직선거법 급하다"고 했지만 6개월이라는 공소시효가 있기에 정말 고발이 필요한 내용이라면 선거가 끝난 후 후보자 본인도 접수할 수 있다고 생각했습니다.

재판부 김웅이 (국회) 소통관에서 고발장 초안 접수해달라고 독촉했다고 하셨죠?

증인 "급하다" "대박 사건" 이렇게 표현해서 꼭 필요한 행위라는 걸 강조했던 것으로 기억합니다.

재판부 필요성을 뭐라고 하던가요? 왜 대박이라고 했을까요?

증인 그분은 대박인가보다 생각했겠죠.

재판부 고발장 초안과 관련 자료를 전혁수 기자에게 보여준 경위를 설명해 보세요.

증인 제 생일 주간에 사적인 대화를 하다가... 저도 정당 생활 오래 했고 전혁수 기자도 탐사 취재 많이 해왔으니까요. 윤석열이 검찰총장 사퇴하고 난 후 대선 출마와 함께 검증 기사가 나오느니 마느니 하던 그런 시기였습니다.

그래서 자연스럽게 "윤석열 이런 건 어떻게 생각해요" 하다가 검찰총장 이야기, "그때 뭘 대검에 내려더라, 그게 아직도 의아하다" 하니까 기자가 관심 보였습니다. 휴대전화로 텔레그램 화면을 켜고 넘겨서 기자에게 보여줬더니 사진파일이 보였는데, "이 사진 한번 눌러봐도 돼요?" 하기에 하나 눌러봤고, 기자가 "손준성이 누구냐" 그래서 "캠프 사람인 거 같다. 앞으로 알게 되면 서로 공유하자"는 등의 대화를 나눴던 것으로 기억합니다.

재판부 증인이 먼저 이 이야기를 꺼낸 거네요?

증인 대검찰청으로 갑자기 변경한 게 정말 이상하다고 생각했기 때문에 당시 윤석열이 검찰총장이었으니까 '대검, 대검' 하다가 의아하다는 식으로 말했던 것 같습니다. 정보를 하나하나 쌓아가면서 피고인께서 어떤 직책이었는지 인지하고 나서야 사건을 정확하게 파악했고, 그 다음에 '이 사건이 매우 심각하구나' 생각하게 됐습니다.

재판부 포렌식은 대검에서도 하고 공수처에서도 하고 서울중앙지검에서도 했지요?

증인 네.

재판부 특별한 문제 없었습니까?

증인 네.

재판부 포렌식 하는 과정에서 휴대폰 같은 경우 모든 이미징 파일이 뜨고 난 다음에 선별했나요?

증인 네.

오후 8시가 넘어도 재판부의 질문이 계속됐다. 공수처와 변호인 신문에서의 공백, 또는 몇 가지 꼭 되짚어봐야겠다 싶은 사항에 대해 질의하였다. 재판장뿐만 아니라 배석 판사까지 적극적으로 질의했고, 모든 질문에 나는 마지막 기회라고 생각하고 성실하게 답변하려 노력했다.

재판부 포렌식 자료는 각 기관에서 보관하고 있겠네요?

증인 네. 그리고 꼭 보관해야 한다고 생각합니다. 대검찰청 검사 비위 사실을 신고하는 것이기 때문에 제가 조금이라도 허술하거나 하면 저부터 공격을 당할 수 있고, 그렇기 때문에 정말 꼼꼼하게 절차에 임했습니다. 그때 포렌식 하면서 받았던 해시값 자료나 이런 모든 문서는 우리 집에 보관하고 있거든요.

재판부 증거자료들은 선별된 거만 이미징한 거 아닌가요?

증인 아닙니다. 제가 참관한 모든 수사기관에서 동일한 과정으로 포렌식을 했고, 그것은 전부 복구한 다음, 기간이나 관련 자료를 선별하고, 마지막에 선별 후 관련 없는 내용을 영구 삭제하는 방식입니다. 그것도 확인했습니다.

재판부 3개 기관에서 선별 과정 거친 파일에서 엑셀에 링크가 걸려있는 파일을 직접 확인하셨나요?

증인 그 부분들은 작게, 이미지 파일 조그맣게 뜨고, 영문 숫자 이렇게 섞여있는 거 나타나는데 여러 번 해서 다 기억하는지 못하지만...

재판부 모든 자료는 이미징 파일 하나와 선별된 이미징 파일 각 두 개 있어야 하는데 기억 나십니까?

증인 두 번 중복해서 만들어지는지는 구체적인 내용은 전문가가 아니어서 모르겠고, 참관할 당시에 확인할 수 있던 것은 자료를 복원하고 불필요한 자료를 삭제하는 방법이지, 선별 과정을 또 해서 또 생성하고 이건 아니었던 거 같습니다. 이미 제출했던 휴대폰 압수수색 영장 가져와서, 그 정보들을 또 가져가서 포렌식 했더라고요. 두 번 이미지 생성된 건 아닌 것으로 기억합니다. 이모티콘 파일까지 다 복원한 것을 기억합니다. 문서 찍은 사진 형태를 복원할 때마다 8시간씩 참관했고, 중앙지검은 연휴 사흘 내내 8시간씩 했던 기억이 있습니다.

재판부 원본 파일은 S10에 저장돼 있었습니까?

증인 네.

재판부 갤럭시 폴드3는 무엇입니까?

증인 제가 공익신고를 하고 9월 7일자에 당시 사용했던 원본 핸드폰을 제출했어야 했기 때문에 '이제부터 새로 사용할 휴대폰이 필요하구나' 해서 새로 산 것입니다. 그거까지 왜 포렌식 했냐면 이후 혹시 중요 정보가 있는지 필요하다고 해서 제출했습니다. 새로 산 휴대폰에 계정 동기화라고 해서 저장된 거 같고, 제가 특별히 별도로 정보 옮긴다거나 한 건 없습니다.

재판부 대화방의 메시지 3줄 삭제한 것, 메시지 내용이 '인쇄만 하고 방 삭제하겠습니다'는 부분인데, 증인 신분 특정되지 않게 하려고 했다고 진술했지만, 인적사항이 드러나는 내용 같진 않은데요.

증인 이 대화가 보도되면, 김웅이 이 당시에 이런 대화한 사람이 손꼽힌다고 생각해서 금방 특정될 수 있다고 생각했습니다. 그리고 대화 기록에 제 프로필 사진이 있어서 가리려고 했고, 또 제가 휴대폰에 특이한 폰트를 썼기 때문에, 이런 폰트 사용하면 '여성이다' 짐작할 수 있고 실제로도 보도 후에 제보자를 추론한다고 시끄러웠습니다.

"증인, 마지막으로 하실 말씀 있나요?"

시계를 보니 오후 9시 30분이 다 되었다. 사실 이토록 긴 시간 증언하게 될지는 몰랐기에 어떻게 마무리를 지어야 할지 막막했다. 11시간 가까이 피고인 측과 실랑이하고 재판부의 꽤 많은 질문에 온 신경을 집중해서 답변하다 보니 피로감이 머리부터 발끝까지 휘감았다.

-의견서를 준비해 와서 다행이다.

증언을 마치며 "공익신고 한 지 2년이 좀 넘어 처음 증인으로 섰다. '비위 없음' 종결 처분 등 이해할 수 없는 절차를 지켜보면서 과연 내가 가치 있는 노력을 하고 있는지 고민이 됐다"고 소회를 밝히며, 자세한 의견서는 공수처를 통해 제출하겠다고 밝혔다. 이로써 긴긴 증인신문 절차가 종결되었다.

집으로 돌아온 이후 SNS에 증인신문에 관한 소회를 남겼다. 그간도 피고인의 변호인 측이 나의 SNS 글을 샅샅이 뒤진 흔적이 보였기 때문이다. 아마도 이 글도 읽었으리라.

남부지검의
출석 통보

아마도 드라마 속 장면이라고 해도 믿기 어려웠을 것이다. 기자들 앞에서 부장검사와의 티타임 내용을 왜곡하고, 허위사실을 늘어놓고, 엉터리 논리로 공범 수사를 막고 무혐의 처분을 하는 대한민국 검찰의 간부들.

공범 사건의 무혐의 처분에 대해 나는 대검과 서울중앙지검에 강력하게 항의했다. 정보공개를 청구하고 관계자를 공수처에 고발하는 등 강력한 법 조치를 한 지 한 달이 조금 지난 날이었다.

새해가 시작한 2023년 1월 첫째 주, 혼자 살던 집에 오전 9시도 되기 전 8명가량의 형사가 들이닥쳤다. 이미 이희동 부장검사와의 티타임 이후 언젠가 발생할지도 모른다고 생각한 광경이었다. 전술했다시피 모아놓았던 증거가 넘쳤기에 남의 죄를 밝힌다고 공익신고를 한 내가 이율배반적인 행동을 할 수 없다는 생각에 모든 수사행위에 협조했다.

'그들처럼' 휴대전화를 아이폰으로 바꾸거나 버리지도 않았으며, 비밀번호를 수십 자리로 길게 설정하지도 않았다. 열 차례에 가까운 포렌식 절차에 모두 협조하고 참관했으며, 찾지 못하는 증거를 오히려 내가 찾아줬다. 또한 공익신고자, 또는 증인이던 내게 모든 혐의를 뒤집어씌우려는 그들의 작전과는 달리 생각지도 못한 인물의 등장으로 수사는 흐지부지됐다.

법정 증인신문을 마치고 반년이 지난 2023년 11월 27일 월요일, 1심 마지막 공판에서 공수처가 손준성에게 징역 5년을 구형했다는 뉴스가 떴다. 바로 다음 날 오전 9시경, 서울남부지검에서 수사할 게 있으니 출석하라는 전화가 왔다. 내 머릿속에서 수백 번도 더 울렸던 김웅과의 통화가 기억났다.

"(고발장을) 남부지검에 내랍니다. 중앙지검은 위험하대요."

바로 그 서울남부지검이었다.

"안 그래도 어제 손준성에게 5년을 구형했다길래, 검찰에서 전화가 안 오나 했는데 바로 다음 날 오전 9시에 전화 올 줄은 몰랐습니다."

나의 답변에는 조롱이 담겼다. 예상에서 한 치도 벗어나지 못하는 그들의 뻔한 행태를 보면서 '창의성이 부족하다'는 탄식이 절로 나왔다. 손준성에게 5년 구형이 떨어지자마자 그들이 안전하다고 말한 서울남부지검에서 직접 나서서 나를 손봐주겠다는 식으로 부리나케 전화해대는 꼴이라니. 담당 수사관은 안절부절못하며 조사 일정을 다시 잡아 전화를 주겠다고 했다.

그리고 이틀 뒤인 수요일, 국회에서 손준성에 대한 탄핵 발의가 이뤄졌다. 다음 날 또다시 남부지검에서 조사를 이유로 전화가 왔다. 금요일 전까지 조사 일정을 잡고 통지해 주겠다더니, 막상 금요일에 국회에서 178표로 손준성에 대한 탄핵 소추를 가결하니 딱히 할 말이 없는지 연락도 없이 조사를 미뤘다.

여전히 나는 변호인 조력 없이 수사기관에서 조사를 받았다. 마지막 조사에서 담당 검사는 나의 결백을 증명하는 타인의 자백을 모두 녹음해서 듣고 있으면서도 이렇게 말했는데, 아직도 귀에 맴돈다.

"법원 가서 무죄가 나오는 한이 있더라도 제가 기소하면 어떻게 하실 겁니까?"

그를 물끄러미 쳐다봤던 기억이 난다.

-늘 이야기하지만, 하지 않은 것을 증명하기란 어려워도 그 와중에 저는 관련 사건의 주된 음성증거와 모든 증거를 직접 제출하며 소명했기 때문에 검사님께서도 그 내용을 다 확인하셨다면 상식적인 판단을 하시리라 생각합니다.

마지막 신문 내용은 나의 요청으로 녹음이 되었지만, 그 내용은 모두 빠진 채 덜렁 세 장짜리 공소장이 날아왔다. 고발사주 사건의 1심 선고가 나오기 2주일 전, 서울남부지검 출입이 아닌 서울중앙지검 출입 기자가 내가 기소됐다는 기사를 썼다. 2020년 총선 당시 브랜드뉴파티 창당 과정에서 입당 원서를 조작했다는 혐의였다.

곧바로 공수처의 공판검사에게 연락했다. 모든 증거와 사건에 대한 설명, 증인의 신뢰를 훼손하고자 하는 노골적인 행태에 대한 자료를 재판부든 공수처든 추가로 제출하겠다고 했다.

고발사주 사건의 공판을 담당한 공수처 검사는 "저희가 수사를 조금 더 잘해냈다면, 이런 일을 당하지 않으셨을 텐데. 너무 걱정하지 마십시오. 재판부는 그런 것에 흔들리지 않을뿐더러, 이미 공판을 마친 지 꽤 많은 시간이 지났기 때문에 이런 외부적인 사안에 흔들리지 않을 겁니다"라고 나를 위로했다.

손준성의 유죄를 인정한 1심 판결 이후 그의 변호인은 항소심에서도 내가 기소된 사실을 틈나는 대로 활용했다. 검찰이 가진 수사권으로 제보자에게 불리한 내용을 언론에 흘리는 것. 사실이든 아니든 일단 기소해 놓고 보는 방식. 기자든 정치인이든 증인이든 심지어 공익신고자든, 검찰에 피해를 주는 사람이라면 누구나 그 대상이 될 수 있다. 그것이 대검의 조직적인 범죄 사건에 대한 법정 선고를 앞두고 검사가 판사를 흔드는 방식이었다.

이후 이 사건 관련 검사들은 차례대로, 때론 수시로 승진하는 인사명단에 포함됐다. 윤석열 정권이 들어선 2022년 5월, 나의 생일인 17일에 고발장 속 한동훈은 법무부 장관으로 임명되었다.

윤석열 정부가 출범하기 직전 기소가 된 손준성과 공수처 수사를 받던 관련 검사들은 그들의 행적이 '공로'에 해당됐는지 검사의 꽃이라는 검사장 자리에, 법무부 검찰국장이라는 요직에, 검찰총장 후보자 명단 속에, 대검 부장검사라는 자리를 차지했다. 어쩌면 고발사주 사건은 그들에게 영전의 길을 닦아준 것인지 모르겠다.

PART 07

전혁수 | 13장 | **심판**

런던에서 받아본 판결

법원이 인정한 검찰의 '정치공작'

조성은 | 14장 | **카르마(कर्म)**

손준성 탄핵과 '한동훈·김건희 특검'

손가락 사이로 빠져나간 모래

이원석과 한동훈을 고발하다

항소심 증인

13장

심판

전혁수

런던에서
받아본 판결

영국 런던 사우스켄싱턴의 한 호텔. 2024년 1월 31일(현지시각) 새벽, 나는 뜬눈으로 밤을 새우고 있었다. 전날 아내와 함께 시티오브런던을 돌아보고 템스강 유람선을 타는 등 제법 많은 곳을 다녔다. 몸은 피곤하니 쉬라고 아우성치고 있었지만, 도저히 잠이 오지 않았다.

한국시각으로 1월 31일 오전 11시, 영국시간으로 같은 날 새벽 2시, 이른바 고발사주 사건으로 기소된 검사장 손준성에 대한 서울중앙지방법원의 선고가 예정돼 있었다. 조금이라도 눈을 붙이고 일어나 한국 언론보도를 봐야겠다고 생각했지만, 생각대로 되지 않은 것이다.

2021년 9월 2일, 〈뉴스버스〉 재직 당시 검찰총장 윤석열이 이끌던 대검 수사정보정책관 손준성이 〈MBC〉〈뉴스타파〉 소속 기자들과 민주당 정치인들에 대한 고발장을 미래통합당 국회의원 예비후보 김웅에게 전달했다고 보도했다.

검찰이 고발장을 야당에 넘겨 고발하게 한 뒤 수사에 나서려고 한 사건. 나는 이 사건을 윤석열 검찰의 '정치공작' 사건으로 규정해 보도했다.

나라가 뒤집어졌다. 당시 보수 야당의 가장 유력한 대선후보, 각종 여론조사에서 여야를 합쳐 대통령 적합도 1위를 달리던 대선후보, 여러 언론이 공정과 상식의 화신처럼 떠받들던 윤석열을 직접 겨냥한 보도였기 때문이다. 자랑 같지만, 나는 지금도 고발사주 사건 보도는 20대 대통령 선거 국면에서 가장 유효한 후보 검증 보도였다고 생각한다.

많은 부침이 있었다. 윤석열을 지지한다는 사실을 굳이 숨기지 않는 일부 언론의 보도 훼손 시도가 이어졌다. 국민의힘 인사들은 하루가 멀다하고 이 사건 제보자에 대한 인신공격을 통해 메신저의 신뢰도를 떨어뜨리는 데 매진했다.

그러나 진실은 밝혀지는 법. 이 사건을 수사한 공수처는 고발장 최초 전송자인 손준성을 공직선거법 위반, 공무상 비밀누설 등의 혐의로 재판에 넘겼다. 윤석열을 기소하지는 못했지만, 공수처는 손준성 재판을 통해 추후 대통령 수사의 불씨가 될 만한 단서를 다수 현출했다.

당초 고발사주 사건의 선고 예정일은 2024년 1월 12일이었다. 그러나 선고 일정이 한 차례 연기됐다. 하필이면 영국 여행 일정과 겹쳤다. 아내가 과거 영국에서 일하던 시절 알게 된 지인 결혼식에 초대받았는데, 결혼식에 참석하는 김에 여행도 하고 오자는 약속을 7, 8개월 전부터 했던 터다. 런던에서 밤잠을 설치던 이유다.

고발사주 사건 재판 때마다 얼굴을 봤던 일간지 후배 기자에게 메시지를 보내 선고공판 속기록 공유를 부탁했다. 고발사주 사건에 대한 법원의 판단이 무척 궁금했기 때문이다.

"미안한데 오늘 선고공판 들어가면 워딩(기자들이 쓰는 속기록의 은어)을 좀 부탁해도 될까요? 내가 직접 가야 하는데 미리 짜뒀던 해외 휴가를 와서 도저히 방법이 없어서…"

"오, 해외여행 부럽습니다, 선배. 보내드릴게요!"

그런데 선고공판이 시작된 지 1시간이 지나도록 후배 기자에게서 연락이 없었다. 재판부가 선고를 내리기에 충분한 시간이 지난 것 같다는 생각이 들었다. 한국 포털에 접속해 뉴스를 살펴봤지만, 고발사주 사건 선고공판 관련 보도는 없었다. 혹시라도 무죄 선고가 나오는 게 아닌지 걱정되기 시작했다. 재차 후배 기자에게 메시지를 보냈다.

"쟁점이 많나? 오래 걸리네요."

후배 기자는 마침 재판부가 양형 이유를 설명 중이라고 했다. 아직 선고공판이 진행 중인데 괜히 후배를 보챈 셈이다. 민망했다. 그만큼 선고공판에 대해 걱정도 기대도 많았다. 내가 2021년 9월부터 햇수로 3년간 가장 많은 관심을 뒀던 사건인 만큼 말이다. 민망해하는데 후배의 메시지가 추가로 날아왔다.

"징역 1년. 고생 많으셨습니다, 선배."

2021년 9월 2일, 이 사건을 처음 보도한 지 2년 4개월 만에 1심 법원의 판결이 나온 것이다.

"피고인은 제보자 및 당시 여권 정치인들, 언론인들을 고발하는 데에 활용하고 위 정치인들의 선거에 영향을 미치려고 시도하거나 그 시도에 협조하는 과정에서 이 사건 각 범행을 저질렀는바, 이 사건 각 범행들은 검사가 지켜야 할 핵심 가치인 '정치적 중립'을 정면으로 위반하며 '검찰권을 남용'하는 과정에 수반된 것이라는 측면에서 그 죄책이 무겁다."

법원이 인정한 검찰의 '정치공작'

고발사주 사건 판결문에는 손준성이 선거에 개입할 목적으로 고발장을 전송하고, 대검 수사정보정책관실 검사들이 자료를 수집해 고발장 작성에 깊이 관여했다는 판단이 담겼다.

먼저 재판부는 손준성이 지OO 관련 자료와 실명판결문, 고발장 2부를 텔레그램으로 전달하였는지에 대해, 〈JTBC〉 이서준 기자가 제출한 동영상에 따르면 조성은이 재차 전달의 형태로 보낸 이 사건 각 텔레그램 메시지 상단에 '손준성 보냄' 표시가 돼 있고, 그 표시 부분을 누르면 손준성이 사용하는 휴대전화 연락처 화면으로 연결됨을 확인할 수 있다고 밝혔다. 따라서 손준성이 이 메시지들을 최초 생성한 후 다른 사람에게 전송했다고 볼 수 있다고 판단했다.

아울러 조성은 휴대전화 포렌식 자료에 따르면, 조성은이 김웅으로부터 전달받은 텔레그램 메시지의 원본 메시지 발신자의 텔레그램 내부 ID가 손준성이 사용하는 휴대전화와 연결된 계정임을 확인할 수 있고, 손준성이 이 사건 각 텔레그램 메시지를 전송한 시각도 특정할 수 있다고 설명했다. 따라서 손준성이 고발사주 사건의 결정적 증거가 된 텔레그램 메시지들을 직접 전송한 사실을 인정할 수 있다고 밝혔다.

손준성은 재판 과정에서 제보가 온 것을 '반송'했을 가능성을 주장하기도 했는데, 재판부는 ▲제보자가 있다고 하더라도 페이스북 캡처를 반송받은 후 다시 저장해 돌려보내고, 실명판결문을 받은 후 다시 반송한 상황에서 고발장을 또다시 보냈다는 것은 경험칙상 받아들이기 어려운 점 ▲제보를 거절하려면 '이 제보는 받을 수 없다'는 메시지를 보내면 될 것을 다시 제보자에게 전송하는 번거로운 방법을 택할 이유가 없다는 점 ▲손준성이 전송한 자료에 비춰보면 제보자 X가 지OO임을 아는 사람이라고 볼 수밖에 없는데, 손준성이 다시 그 사람에게 '제보자 X가 지OO임'이라는 텔레그램 메시지를 직접 작성해 전송할 까닭이 없다고 반박했다.

손준성이 전송한 2차 고발장 사진 4쪽 하단에는 서울남부지법 2012고합204 사건의 판결 요지가 인용됐는데, 그 문구는 대검이 발간한 공직선거법 벌칙해설서를 그대로 옮겨 적은 것으로 보인다. 그리고 고발장에는 해설서 내용 외에 해당 사건의 상고심인 대법원 2013도993 판결의 선고일 등이 추가로 기재됐다.

그런데 수사정보정책관실 소속 임홍석은 공교롭게도 2020년 4월 8일 오전 11시 12분, 서울남부지법 2012고합204, 대법원 2013도993 판결문을 잇따라 검색했다. 재판부는 "임홍석이 이 사건과 무관한 다른 이유로 그 판결들을 검색했다고 볼 만한 객관적 자료가 없다"며 "임홍석은 2차 고발장과 관련하여 위 판결문을 검색한 뒤 2차 고발장에 관련 내용을 기재하였거나, 최소한 2차 고발장에 기재돼 있는 판결문 관련 내용의 검토 또는 수정을 위해 판결문을 검색했다고 보는 것이 타당하다"고 판단했다.

고발사주 고발장의 피고발인 중 한 명인 최강욱의 주민등록상 생년월일은 1968년 5월 5일인데, 법률신문이 운영하는 한국법조인대관의 인물정보에만 최강욱의 실제 생년월일인 1968년

3월 24일로 기재돼 있다. 그런데 이 사건 고발장 피고발인란의 최강욱의 주민번호는 '680324'로 기재돼 있었다.

공교롭게도 임홍석은 손준성이 1차 고발장을 전송하기 약 1시간 40분 전인 2020년 4월 3일 오후 1시 42분 1초에 이프로스를 통해 한국법조인대관 사이트에 접속했고, 오후 1시 42분 9초에 최강욱이 검색됐다. 또 검찰청 할당 IP로 오후 1시 47분 24초에 또 다른 피고발인인 황희석이 검색된 내역도 확인됐다.

재판부는 "임홍석이 한국법조인대관에 접속한 시간부터 최강욱, 황희석이 검색된 시간까지 다른 검찰청 소속 구성원이 한국법조인대관 사이트에 새롭게 접속한 내역은 확인되지 않는 것으로 밝혀졌다"며 "위 시각에 최강욱, 황희석을 검색한 사람은 임홍석이라고 강하게 추정된다"고 말했다.

재판부는 고발장의 형태가 검찰의 공소장 양식과 유사하다고 밝혔다. 재판부는 "1차 고발장에 기재된 '범죄사실'은 그 내용 자체만으로는 범죄가 성립되는지 여부가 명확하지 않아 보이고, '고발이유' 또는 '고발근거'에도 정식 고발장에 어울리지 않은 거친 표현이 있다"면서도 "'범죄사실' 부분에 '도모하기로 마음먹었다' '순차로 공모하였다' '경위사실' '이로써 ~하였다' 등 일반인들은 잘 사용하지 않고 수사기관에서 주로 사용하거나 공소장에서 관행적으로 사용되는 표현이 다수 있으며, 그 부분의 표현은 전체적으로 정제되어 있다"고 지적했다.

또 "피고발인들의 지위, 공모관계, 범죄사실 부분을 나누어 기재하고 구체적 범죄사실의 첫 부분에 적용법조의 내용을 적시하면서 일반인들이 알기 어려운 구체적인 죄명을 기재하기도 하였다"며 "위와 같은 사정들에 비추어 보면, 이 사건 고발장은 최소한 공소장을 써 본 사람이 그 작성 또는 검토에 관여하였을 가능성이 높다"고 판단했다.

그러면서 "게다가 이 사건 고발장은 그 무렵 검찰 또는 그 구성원 등에 대한 의혹이 사실이 아니라는 취지의 내용이 포함되어 있으므로 피고인에게 이 사건 각 고발장을 통한 고발이 이루어지도록 할 동기가 있었다고 볼 수 있다"고 사실상 검찰이 이 고발장을 쓴 것이라고 결론내렸다.

재판부는 손준성 측이 지속적으로 주장했던 손준성과 김웅 사이의 제3자 존재 가능성에 대해서는 "가능성이 희박하다"고 판단했다. 3자가 있든 없든 전달자에 불과하다며 김웅과 손준성 사이의 공모관계가 있다고 밝혔다.

고발사주 1심 재판부 판결 설명자료

① 이 사건 각 텔레그램 메시지의 전송 및 도달이 단 한 번에 이루어진 것이 아니라 18차례에 걸쳐 반복하여 이루어진 점.

② 설령 피고인과 김웅 사이에 제3자가 끼어있었다고 가정하더라도 김웅이 18차례에 걸쳐 받은 메시지에는 모두 '손준성 보냄'이 표시되어 있어 김웅은 이 사건 당시 자신이 받은 텔레그램 메시지의 출처가 피고인임을 알았다고 볼 수밖에 없는데, 그런 상황에서 김웅이 피고인과 사이에 메시지 내용 및 고발장 접수에 관한 아무런 논의 없이 그 메시지를 받아 그대로 조성은에게 전달하였다고 보는 것은 자연스럽지 않은 점.

③ 김웅과 조성은 사이의 통화 내역을 보면, 2020. 4. 3. 오전 경부터 같은 날 16 : 24경 조성은이 1차 고발장을 전달받기 전까지 김웅과 김웅에게 이 사건 각 텔레그램 메시지들을 전송 또는 전달한 사람 사이에는 '페이스북 자료 전송의 목적, 이를 바탕으로 그 당일 중에 고발장 작성이 예정되어 있는 사실, 당일 11 : 19 경 최초 보도가 된 최강욱의 전북도의회 발언 이후에야 그 구성이 완료될 수 있는 고발장 내용에 대한 최종적인 협의, 남부지검에서 대검 공공수사부장으로의 고발장 접수처 변경' 등 고발장과 관련한 많은 사항에 대해 신속하고 기민한 소통이 이루어질 수밖에 없는 상황이었으므로 제3자가 끼어 세 사람 이상 사이에 위와 같은 소통이 각각 순차적으로 이뤄졌을 가능성은 희박한 점.

④ 이런 상황에서 피고인과 김웅 사이를 단절시킬 수 있는 제3자가 존재하려면 그 제3자와 김웅은 모두 이 사건 각 텔레그램 메시지의 출처가 피고인임을 안 상태에서 굳이 두 사람 사이에서만 앞서 말씀드린 많은 사항들에 대해 2020. 4. 3. 오전부터 16 : 24 무렵까지 신속하게 논의하였어야 할 것이고, 또한 그 제3자는 이 사건 각 텔레그램 메시지를 최초 생성한 피고인에게 자신이 김웅과 주고받은 연락 내용을 전달한 다음 피고인과도 이와 관련한 소통을 하면

서 구태여 자신을 통해 이 사건 각 텔레그램 메시지를 전달받을 사람이 김웅임을 밝히지 않았어야 할 것인데, 짧은 시간 안에 연속적으로 위와 같은 의사소통 과정을 거쳤다는 것은 일반적인 경험칙에 반하는 점 등에 비추어 보면, 기본적으로 피고인과 김웅 사이에 제3자가 존재할 가능성은 희박하고, 설령 제3자가 존재한다고 가정하더라도 그는 피고인과 김웅이 서로의 존재를 상호 인식한 상황에서 중간에 끼어있을 뿐인 이른바 '도관(導管) 또는 전달책'에 불과하다고 볼 수밖에 없습니다.

그러면서도 재판부는 손준성의 공직선거법 위반에 대해서는 무죄를 선고했다. 재판부는 "피고인이 김웅과 공모하여 이 사건 각 텔레그램 메시지를 조성은에게 전달한 행위를 하였다고 인정할 수 있기는 하나, 그 행위만으로는 공직선거법 위반의 실행의 착수를 인정하기 어렵거나, '선거에 영향을 미치는 행위'의 기수에 이르렀다고 인정할 수 없고, 이 부분 각 공직선거법 위반에 관한 미수범이나 예비, 음모를 처벌하는 규정이 없으므로, 피고인에게 이 부분 각 공직선거법 위반의 죄책을 물을 수는 없다"고 판시했다.

그러나 손준성이 '제보자 X가 지○○'이라는 정보, 지○○의 개인정보가 담긴 실명 판결문을 김웅에게 전달한 것을 공무상비밀누설, 개인정보보호법 위반, 형사사법절차전자화촉진법 위반으로 판단했다. 즉, 고발장이 선거기간에 접수되지 않아 공직선거법 위반에 대해서는 무죄를 선고했지만, 사실관계는 취재해 보도한 것과 대부분 일치했고, 이에 따라 다른 죄목은 전부 유죄로 인정된 것이다.

재판부는 이례적으로 손준성에게 징역 1년 실형을 선고했다. 다음은 재판부가 밝힌 양형 이유다.

> 검사는 검찰권을 행사하는 국가기관으로서 영장청구권을 비롯한 수사권, 공소제기권 등의 막강한 권한을 가지고 있고, 검사의 권한 행사가 국민들에게 미치는 영향은 매우 크므로, 검사는 국민 전체에 대한 봉사자, 공익의 대표자, 인권의 수호자, 준사법기관으로서의 역할을 다하여야 하고, 주권자인 국민들로부터 위임받은 그 권한을 남용하여서는 안 됩니다.
>
> 특히, 이 시대에 국민들이 검사에게 더욱 중요하게 요청하는 것은 그 권한을 법령과 양심에 따라 적절하고 공정하게 행사해 달라는 것이고, 그러한 국민들의 요청 중 가장 중요한 하나가 바로 검사의 '정치적 중립'입니다. 이러한 검사의 사명과 의무는 헌법, 검찰청법, 국가공무원법에 명시되어 있기도 합니다.
>
> 그런데 피고인이 범한 이 사건 공무상비밀누설죄, 개인정보보호법위반죄, 형사사법절차전자화촉진법위반죄는 그 자체만으로도 이 사건 당시 검찰 또는 그 구성원을 공격하던 익명의 제보자에 대한 인적사항 등을 누설한 것이어서 그 책임이 가볍지 않습니다. 나아가 피고인은 위 제보자 및 그 당시 여권 정치인들, 언론인들을 고발하는 데에 활용하고 위 정치인들의 선거에 영향을 미치려

고 시도하거나 그 시도에 협조하는 과정에서 이 사건 각 범행을 저질렀는바,

비록 결과적으로 피고인에 대해 공직선거법위반의 죄책을 물을 수는 없지만, 이 사건 각 범행들은 검사가 지켜야 할 핵심 가치인 '정치적 중립'을 정면으로 위반하여 '검찰권을 남용'하는 과정에 수반된 것이라는 측면에서 일반적인 공무상비밀누설죄, 개인정보보호법위반죄, 형사사법절차전자화촉진법위반죄에 비해 사안이 엄중하고 그 죄책 또한 무겁습니다.

〈뉴스버스〉 첫 보도 후 2년 4개월 만에 법원은 고발사주 사건을 '검찰의 선거 개입' '검찰의 정치공작'이라고 판단했다.

〈표 4〉 고발장 전달 일지

날짜	시간	경과
2020. 4. 3.	03:02	조선일보, 검언유착 의혹 제보자 지OO 관련 기사 보도
	06:59~7:18	손준성 검사(대검 수사정보정책관), 누군가에게 조선일보 기사, 진중권 페이스북, 지OO 페이스북 게시글 캡처 등 자료 전달
	8:59	손준성, 임홍석 검사(수사정보2담당관실)와 이프로스 대화
	09:14~09:21	임홍석, 지OO 과거 전과 판결문 2건 검색·조회·열람
	09:31, 09:47, 10:09	손준성, 성상욱 검사(수사정보2담당관)와 이프로스 대화
	10:03~10:11	김웅 의원, 조성은 미래통합당 선대위 부위원장 전화통화 "고발장 초안을 저희가 만들어서 보내드릴게요" "자료 보내드리고 이따 고발장 다시 또 보내드릴게요" "고발장을 남부지검에 내랍니다. 남부 아니면 조금 위험하대요"
	10:12	김웅, 조성은에게 '손준성 보냄' 텔레그램 메시지로 손준성이 최초 전송한 자료 전달
	10:12~10:16	성상욱, 지OO 판결문 5건 검색
	10:19	손준성, 성상욱과 이프로스 대화
	10:26~10:28	손준성, 누군가에게 지OO 실명판결문 3건 출력물 사진파일 전달
	10:40~11:21	성상욱, A수사관에게 지OO 판결문 검색 지시 A수사관, 지OO 이름 키워드로 통합 사건 검색 A수사관, 판결문 12건 검색·조회·열람
2020. 4. 3.	10:32~11:32	손준성, 성상욱, 임홍석 이프로스 대화
	13:42:01	임홍석, 이프로스 통해 한국법조인대관 접속
	13:42:09	검찰청 IP로 법조인대관에 최강욱 검색 기록
	13:47:24	검찰청 IP로 법조인대관에 황희석 검색 기록
	13:47	김웅, 조성은에게 '손준성 보냄' 텔레그램 메시지로 손준성이 최초 전송한 지OO 실명판결문 사진파일 전달

2020. 4. 3.	15:11	성상욱, 임홍석과 이프로스 대화
	15:20	손준성, 누군가에게 고발사주 1차 고발장 사진파일 전달
	16:19	김웅, 조성은에게 '손준성 보냄' 텔레그램 메시지로 손준성이 최초 전송한 1차 고발장 사진파일 전달
	16:19	김웅, 조성은에게 "확인하시면 방 폭파" 메시지
	16:25~16:35	김웅, 조성은과 전화 통화 "제가 가면 '윤석열이 시켜서 고발한 것이다'가 나오게 되는 거예요" "검찰, 검찰 색을 안 띄고" "이 고발장 이 건 관련해 가지고 저는 쏙 빠져야 돼요" "방문할 거면 거기 공공 그 범죄수사부 쪽이니까, 그러니까 옛날 공안부장 있죠" "월요일날 고발장 만약 가신다고 그러면 그쪽에다 얘기해 놓을게요" "예를 들면 '우리가 좀 어느 정도 초안을 잡아봤다' 이렇게 하시면서 '이 정도 보내면 검찰에서 알아서 수사해준다' 이렇게 하시면 돼요"
2020. 4. 8.	09:33~09:46	손준성, 성상욱, 임홍석 이프로스 메신저 대화
	11:12~11:13	임홍석, 공직선거법 위반 판결문 조회
	11:35~15:18	손준성, 성상욱, 임홍석 이프로스 메신저 대화
	16:02	손준성, 누군가에게 고발사주 2차 고발장 사진파일 전송
	16:22~18:24	손준성, 성상욱, 임홍석 이프로스 메신저 대화
	19:40	김웅, 조성은에게 '손준성 보냄' 텔레그램 메시지로 손준성이 최초 전송한 2차 고발장 사진파일 전달

14장

카르마(कर्म)

조성은

손준성 탄핵과 '한동훈·김건희 특검'

2023년 11월의 마지막 주는 고발사주 사건 관련자들에게 긴박한 시간이었다. 10월부터 국회에서 주요 사건 처리 과정에서 비위 혐의가 있는 검사들을 탄핵하려는 분위기가 무르익었기 때문이다. 가장 주된 탄핵 대상자는 고발사주 사건의 검사 손준성이었다.

운명의 수레바퀴가 뒤엉킨 걸까. 그 무렵 유튜브 채널 〈서울의소리〉가 '김건희 명품백 수수 사건'을 보도했다. 이는 그동안 김건희의 주가조작 연루, 윤석열 장모의 각종 비리, 김건희 일가의 양평 고속도로 특혜 논란으로 촉발된 '김건희 특검'에 더욱 힘을 싣는 사건이었다. 그리고 고발사주 사건의 핵심 증거인 대검의 고발장에 온 나라를 들썩이게 한 위의 사건들이 예고편처럼 미리 적혀있었다는 건 소름 끼치도록 놀라운 일이었다. 검사탄핵 정국과 특검 정국이 맞물려 언론에 관련 뉴스가 넘쳐났다.

검찰총장은 국가의 중대범죄이자 국기문란 사건의 주범으로 기소된 자를 위해 호통을 쳤다. "민주당의 보복"이라며 "손준성 대신 총장인 나를 탄핵하라"며 연일 언론에 부산을 떨었다. 검찰총장 명의로 '대검찰청 감찰심의위원회'가 내게 보낸 '손준성 비위 혐의 없음'이라는 두 장짜리 통지서가 겹쳐 보이며 분노가 쌓여갔다.

이미 고발사주 사건에 대한 국회의 국정조사가 추진되지 못하는 걸 지켜보면서 깊은 실망감과 좌절감을 맛보았기에 솔직히 검사탄핵 추진에 시큰둥했다. 제때 국정조사를 하지 못해 완벽한 수사를 할 수 없게 만들고, 또한 정권을 빼앗긴 뒤 검찰 수사에 겁먹은 듯이 입을 꼭 다물고 외면했던 것처럼 느껴졌기 때문이다.

돌이켜보면 귀한 경험이었다. 남들보다 한참 이른 나이에 서울시장 선거에서 공보를 담당한 것을 시작으로, 2016년 우연한 기회로 합류하게 된 국민의당에서 공천심사위원을 하고, 비상

대책위원을 하고, 당 지도부 일원으로서 대통령을 탄핵하며, 국정조사준비위원으로 뛰어다니던 시절이었다. 그날의 경험은 수년의 정당 생활을 하면서 수많은 정치·사회 이슈에 대해 가치적 접근보다는 냉정하고 실리적이고 전략적으로 판단하던 나를 바뀌게 한 특별한 순간이었다.

아직도 그날은 너무 생생하다.

2016년 12월 7일. 박근혜 탄핵 표결 전날 밤, 28살이었던 나는 국회 본청에서 열린 탄핵전야제에 참석한 후 국민의당 지도부 및 소속 국회의원들과 함께 본청 2층 대회의실 바닥에 침낭을 깔고 잠을 청했다.

박근혜 정권의 실정에 대한 분노가 가장 극렬했으며 탄핵 가결을 위해 촛불을 든 시민들이 광화문에서 여의도 국회까지 행진하여 둘러쌌던 밤이었다. 몇몇 회의실에서는 24시간 뉴스 채널을 틀어놓은 채 삼삼오오 모여 토론을 벌였다. 차갑고 뜨거운 공기가 뒤섞였던 그날의 국회 본청에서는 누구 하나 심각하지 않은 사람이 없었다.

잠이 쉽게 들지 않아 새벽에 본청 앞으로 나섰다. 국회 정문과 모든 외부 출입문은 차단되었다. 경찰버스들이 국회를 에워쌌다. 차가운 바람과 꺼지지 않는 촛불, 누군가 들고 있던 횃불까지 조용하게 어떤 구호도 없이 빙글빙글 돌고 있었다.

늦은 밤, 의원회관에서 챙겨왔다며 커피를 건네던 보좌진 한 분에게 말을 건넸다.

"권력이라는 것이 참 허무하죠?"

스물여덟.

박근혜 탄핵 과정에 직접 참여하면서 목격한 광경은 대한민국 헌정사에서 가장 역사적이자 극적인 기록이었다. 불과 한 달 남짓한 기간에 국민은 5%의 국정 지지율로 대통령 박근혜에게 등을 돌렸고, 마천루처럼 솟아있던 '박정희의 박근혜'의 권력은 모래성처럼 무너졌다. 국민에게 외면받은 권력이란 그토록 허무한 것임을 깨달았던 것이다.

고발사주 사건을 통해 판도라의 상자 속에 담겼던 검찰총장 윤석열과 검찰 수뇌부의 정치권력에 대한 뒤틀린 욕망을 발견했다. '대통령 탄핵' 이후 다시는 집권을 할 수 없을지도 모른다는 절망감에서 겨우 헤어나와 절박하게 재집권을 노리던 보수 정당과 검찰권력을 이용하여 선거에 개입하려 한 정치검찰은 환상적인 원팀이 되었다.

모든 권능을 얻고 모든것을 잃게 되는 대통령 선거가 치열할수록 정쟁과 프레임 전쟁 속에서 가장 효과적으로 상대방을 공격하기 위한 모든 언어는 내겐 너무 익숙하다. 내가 밝혀내야 할 이 사건은 70여 년 역사의 검찰을 가장 치욕스럽게 만든 사건으로, 공무원의 선거 중립 의무를 위반하고 중대한 국기문란 범죄를 저지른 대검찰청의 조직적인 선거범죄였다.

그 사건의 책임자인 전 검찰총장 윤석열과 그 주변인들은 대한민국 절반의 정치권력과 함께 그 과정을 조직적으로 은폐하고 '없던 일'로 만들고 있다. 그것을 추적하면서 목도(目睹)한 '빗나간 권력의 뻔뻔함'은 끊임없이 나에게 본질적인 가치에 대한 질문을 던지게 했다.

잘나가는 검사, 잘나가는 권력자, 비호받는 권력 주변자들은 늘 역사의 현장에 나타났다가 사라졌기 때문에 조금 더 긴 호흡이 필요할지도 모른다고 생각하곤 했다. 분명히 시간이 갈수록 명예롭게 빛이 날 이름들은 다를 것이라는 막연한 믿음을 지키고 버티는 방법은 헌법에 기록된 가치와 원칙에서 한 걸음도 벗어나지 않는 것이다. 역사는 조급하지 않다는 것, 그리고 그 기록에 대한 평가는 결국 후대가 하는 것이다.

돌고 돌아 다시 탄핵이었다. 강렬했던 2016년 11월, 국민의당 지도부였던 나는 모두발언으로 "박근혜 탄핵을 반드시 해내야 한다"고 외쳤다. 국정조사를 준비하고 소속 국회의원들과 대검을 항의 방문하던 그 시기가, 손준성 구형 이후 잠을 자면 반복해서 꿈에 나오기도 했다. 두 번째 탄핵이라니. 도대체 무슨 기구한 운명이 나를 옭아매는 걸까?

그 자리에 서 있는 것이 부끄럽기를 바랐다. 검찰총장의 손발인 대검 수사정보정책관으로서 국기문란 범죄에 연루되어 사건 실체를 적극적으로 밝히는 것까지는 바라지 않아도, 법률가로서 최소한의 양심이 있다면 검찰권력을 이용해 정치권력을 찬탈하는 과정을 묵인하고 '윤석열, 김건희, 한동훈' 세 명의 이름이 적힌 고발장의 실체를 밝히지 못한 데 따른 자책감이 있기를 바랐다.

-어쩌면 그도 지옥 같은 한 주였겠지.

재판에서 증인과 피고인으로 마주한 이 사건이 끝을 향해 달려가고 있었다. 대한민국 검찰을 치욕스럽게 한 사건의 실체와 여전히 권력을 쥔 그들의 오만한 태도, 그리고 무너지는 원칙과 때론 쓸데없다고 여긴 인간에 대한 연민으로 늘 가슴이 무언가에 짓눌린 듯했다. 어느덧 탄핵과 구형이라는 지점까지 도달했지만, 당사자와 그들이 속한 집단의 우두머리인 검찰총장을 비롯해 그 누구에게도 자성을 엿볼 수 없는 공허한 과정이었다.

고발사주 사건에 연루된 검사들은 이후 자신들이 결탁해 저질렀던 일을 은폐하기 위해, 또는 승진 명단에 오른 것에 부응하기 위해 다른 지방검찰청이나 고등검찰청, 또는 법무부로 옮겨가서 각자의 자리에서 최선을 다해 망가지고 일그러져 갔다.

또 검찰총장 윤석열의 징계 과정에서 이프로스에 보기 민망할 정도로 총장을 편드는 글을 올렸던 검사들은 그들의 영주가 지배하는 새 정권에서 법의 관리자를 도맡아 사건 은폐를 열심히 돕고 있었다. 지속적이고도 노골적인 방해였다.

그해 12월 첫째 날, 국회는 손준성 검사를 탄핵하기로 의결했고, 공은 헌법재판소로 넘어갔다.

손가락 사이로
빠져나간 모래

"성은 씨, 1심 선고할 때 라이브 방송합시다."

이 사건 초기부터 관심을 기울이면서 더러 나를 출연시켰던 유튜브 〈오마이TV〉 측의 제안이었다. 기나긴 재판 내용을 요약하고 판결 의미 등을 이야기할 필요가 있지 않느냐는 제안이었는데, 썩 내키지는 않았다. 당시 몸 상태가 좋지 않기도 하거니와 생방송을 할 정도로 여유로운 상황이 아니라고 생각해서였다. "생각해 보겠습니다" 하고 답을 미루다가 결국 응하기로 했다.

2024년 1월 31일 오전 10시 30분. 11시에 선고가 예정된 터라 미리 생방송을 진행하면서 그간의 진행 경과와 재판의 쟁점 등에 관해 이야기를 나누었다. 그런데 예상과 달리 11시가 한참 지나고도 판결이 나오지 않았다.

법정에 들어간 현장 기자들에게 방송 틈틈이 소식을 물었는데, 아직 선고가 나오지 않았다며 그들도 기다리고 있었다. 영국 런던에 머물던 전혁수 기자도 시차가 있었지만 실시간으로 재판 결과에 촉각을 세우고 있었다. 약 30분쯤 지난 뒤 드디어 고발사주 사건에 대한 1심 재판부의 판결 내용이 알려졌다.

> [상보] "검사가 정치 중립 정면 위반"... 손준성 징역 1년 실형
>
> 대검찰청 고위검사가 미래통합당(현 국민의힘) 의원을 통해 더불어민주당 정치인들과 언론인들에 대한 형사고발을 사주했다는 이른바 '고발사주 의혹' 사건으로 기소된 손준성 검사장(대구고등검찰청 차장검사, 전 대검 수사정보정책관)에게 징역 1년 실형이 선고됐다.
>
> 서울중앙지법 형사합의27부(부장 김옥곤)는 31일 공무상 비밀누설 등 일부 혐의를 유죄로 판단해 손 검사장에게 집행유예 없이 징역 1년을 선고했다. 다만 실제로 고발이 이루어지지 않았다는 점 등을 근거로 공직선거법 위반 혐의에 대해서는 무죄로 판단했다.
>
> ―〈오마이뉴스〉 2024년 1월 31일

집행유예 없는 징역 1년 형. 신분상 도주 우려가 없어 법정구속은 하지 않았다는 판사의 설명에 심란했다. 사건의 중대함에 비해 홀로 기소된 자가 평가받은 형의 무게는 가벼웠지만, 기어이 나로 인해 누군가가 범죄자로 확정되는 것을 지켜보는 마음이 편치는 않았다. 어쩌면 이 모든 사건을 기획하고 주도한 자들은 손가락 사이로 빠져나간 모래처럼 사라졌는지 모른다. 남은 파편만으로 사건의 실체를 다 드러냈다고 할 수 있을지.

또한 공직선거법 위반 혐의를 무죄로 판단한 것은 내가 당시 부적절하다고 판단하여 자발적으로 고발장을 접수하지 않았기 때문이다. 아이러니하게도 나의 미실행 덕분에 손준성은 죄를 덜게 된 셈이다.

그렇기는 해도 '검사의 정치 중립 의무'를 어기는 행위에 대한 엄중한 경고가 담긴 판결문이었다. 120여 장의 판결문의 길이만큼이나 지쳐있던 나로서는 판결문을 대하면서 때로 안도감의 한숨을, 때로 허무함의 한숨을 내쉬었다. 공수처와 피고인 측 모두 항소했다. 아마도 피고인 측은 어떠한 반성이나 부끄러움도 없이 법정 다툼을 계속할 것이다.

이원석과
한동훈을 고발하다

"증인으로 나갈 생각 없어요."

재판이 시작되고, 해를 넘겨서 2023년 3월이었다.

"나는 할 만큼 했고, 이제 더 가치도 없고 시간 버리는 짓은 안 할 거예요."
"당신이 애쓰고 있는 게 아무것도 아닌 일이 아니에요. 이건 결국 잘 될 사건이에요."

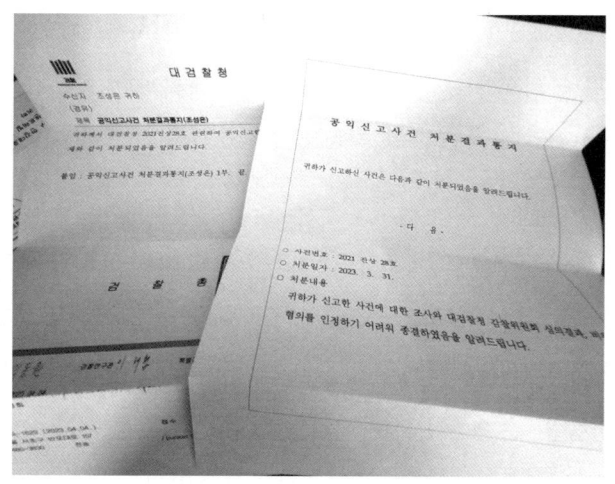

휘어질 만큼 휘어진 인내심은 검찰총장 명의로 보낸 처분서로 이내 뚝 하고 부러지고 말았다.

"나 혼자서 떠들고 북 치고 장구 치고 하면 뭐하죠? 공수처? 민주당? 웃기고 있네. 아직 재판 중간도 안 갔구만. 비위 혐의가 없어? 대검에서 검사 비위 다 인정해서 공수처에 넘기고 기소해서 재판 중인데. 정말 비위 혐의가 없어요? 대검에서 얼마나 날 조롱하면서 이따위 처분을 했을까? 네가 뭘 할 수 있는데, 그러면서 깔깔거렸겠지?"

분함. 머리끝까지 화가 났다. 윤석열 정권으로 바뀐 지 몇 달이 지난 2022년 9월, 내가 해외에 출국한 바로 다음 날 조롱하듯 김웅을 무혐의 처분한 데 이어 손준성에 대해서도 '비위 혐의없음'이라고 종결하는 달랑 두 장짜리 처분서가 집에 막 도착한 직후였다.

피처분자가 누군지, 무슨 조사를 했는지, 기존 처분이 왜 번복되었는지, 그 어떤 내용도 없는 처분서였다. 분명 2021년 9월 내가 대검 감찰부와 권익위에 공익 신고한 '비위 대상자'는 윤석열, 한동훈, 손준성과 그 관련자였음에도, 그들 중 누가 어떤 비위 혐의가 있는지 없는지 아무런 설명이 없었다.

새해가 시작되자마자 집으로 쳐들어오다시피 한 압수수색 후 포렌식 절차로 3개월 동안 협조하면서 지칠 대로 지친 시간이었다. 그들이 선택한 다음 전략은 '조성은 인내심 테스트'였다.

"내가 뭘 더 할 수 있죠?"

"고민해 보자, 성은 씨."

"아니. 지금 내가 할 것은, 처분금지가처분밖에 없어. 적어도 손준성 재판이 종료되기 전까지 손준성에 대한 감찰 처분을 금지하라는 것 말고는 내가 할 게 없어요."

솔직히 거기까지 가고 싶지 않았다.

"늘 이야기했죠. 난 손준성 개인한테 아무런 감정이 없어. 그 사람을 알기를 해, 뭘 해. 손준성은 자기 인생 내가 망쳤다고 날 증오하겠지. 그것도 그 마음도 난 이해가 가요."

"알지."

"난 그냥 앞으로도 대검에서 선거기간에 그런 고발장을 어느 정당에도 보내면 안 된다, 가끔 김웅이 이상한 소리로 화나게 해도, 검찰이 선거 개입하면 안 된다는 것 말고는 관심이 없단 말이에요."

누군가가 나를 증오할 법하다며 스스로 이해하는 마음은 또 다른 칼날처럼 마음을 벤다. 특히나 내가 옳은 일을 했다는 신념 하나로 걸어온 길이 전부 부정당하는 순간을 마주할 때면 그 감정은 서글픔에 가깝다. 그 대상이 검찰 역사 70년을 지켜 온 '대검찰청'. 그리고 그것을 감찰하는 기관의 부정함이나 비겁함을 홀로 대면하기란 여간 슬픈 일이 아닐 수 없다.

"반성하지 않지. 날 거짓말쟁이라고, 조작범이라고 하잖아. 그런데 내가 손준성 인생 하나 망치자고 이 길고 지겨운 싸움을 하는 게 아니잖아요. 대검 감찰위원회가 이따위 처분서 하나 보내는데. 고발장에 등장한 윤석열 김건희 한동훈, 이런 사람들은 다 빠져나가고. 검찰 집단이 이 꼴인데."

허공에 내지르는 방백(傍白)같은 것이었다. 다만, 지금은 눈앞의 그 어떤 관중도 없이 홀로 하는 독백에 가까웠다.

"내가 증인을 나가고 가처분신청을 하는 동안 정치권은 관심이나 가졌어요? 국정조사 요구했어? 주구장창 검찰개혁 이야기하면서 팔짱 끼고 보고만 있고. 내가 뭐 도와달라고 했어? 그래도 적어도 이 지경까지 왔으면 문재인 대통령은 유감 표시 왜 못해요? 온 검찰 집단이 총장부터 감찰위원회까지 내가 쓸데없는 짓을 하고 있다고 조롱하는데, 내가 왜 그 장단에 놀아나야 하죠?"

퍼붓듯이 통화하며 화를 내는 나를 더 말릴 힘도 없었는지 전혁수 기자는 "그래도 증인은 나가야지" "이 상황을 다시 바로잡아야지" 하며 달래기만 했다. 내가 정말 증인으로 안 나갈 듯한 기세로 이야기해서인지 목소리에는 걱정이 뚝뚝 묻어 나왔다.

결국 또다시 검사들의 범죄였다. 이제는 대검 감찰부까지 하나로 단단하게 묶인 터라 막연함이 더욱 커졌지만, 내가 유일하게 할 수 있는 일은 돌고 돌아 공수처에 고발하는 것뿐이었다.

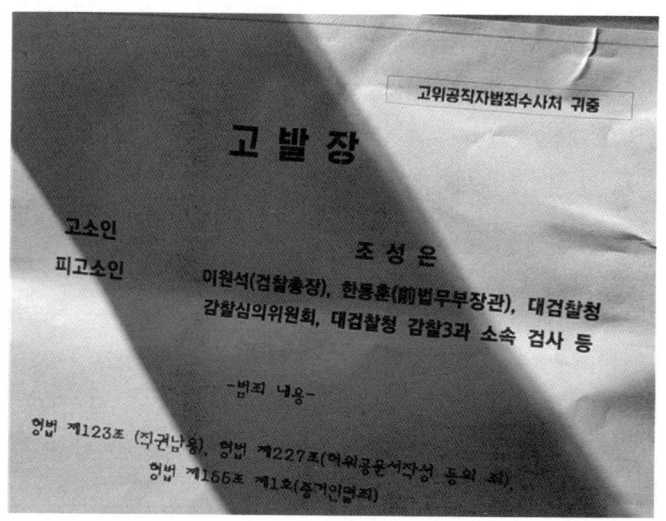

고발사주 사건 은폐 관련 이원석 검찰총장 및 한동훈 전 법무부 장관, 대검찰청 감찰심의위원회 등에 대한 고발 입장문

안녕하세요. 윤석열 대검찰청 2020총선 개입 사건, 소위 고발사주 사건의 공익신고자 조성은입니다.

이 사건은 피고인 손준성에게 집행유예 없는 징역형을 선고하며 장장 122장의 판결문으로 1심 판결은 모든 사실관계가 확정되었고, 일반적인 검사의 비위 사건이 아닌 헌법상 중대한 범죄행위로 당시 사회적으로 수사기관이 규정하고, 심지어 재판부까지 대검찰청이 국기문란 범죄행위를 하였다고 판시한 중대한 범죄입니다.

피고발인 이원석과 피고발인 한동훈은 검찰총장과 법무부 장관이라는 직책을 활용하여 2023. 3. 31.일자로 손준성에 대한 감찰 결과를 무혐의 처분하도록 공모하여 직권남용 및 행사를 하였습니다.

또한 피고발인 대검찰청 감찰심의위원회는 그 직권을 남용하여 타인의 형사재판에 영향을 주기 위해서 증거인멸 등 고의로 위법하게 '비위 혐의 없음' 처분을 하여 재판 중이던 피고인 손준성에 대한 감찰을 허위 종결해 재판을 방해하였습니다.

고발사주 사건은 일반적인 대검찰청의 징계를 위해 자체적으로 착수된 사안이 아니라, 대검찰청의 조직적인 선거 개입을 위해 저질러진 검사들의 선거 범죄 행위에 관하여 외부인인 제가 직접 감찰기관에 공익 신고한 사건입니다.

이 내용은 자체적인 감찰과 징계로 무마될 것이 아니고, 외부의 수사기관에 정식으로 이첩되어 수사 및 기소가 되었을 뿐만 아니라 대검찰청은 수십 차례 압수수색을 받으며 수사를 받던 피수사기관입니다.

피고발인 한동훈은 현재까지 '한동훈 특검법' 발의까지 심각하게 논의되는 고발사주 사건의 공범 혐의자입니다. 법무부 장관이 된 후, 본범으로 기소되어 재판을 받는 피고인 손준성에 대해 '검사장 승진'이라는 인사권을 남용하였으며, 공범 혐의자가 승진시키는 인사행위는 형사사건에 명백한 영향을 끼쳐 재판 방해를 하려는 고의의 직권남용범죄에 해당합니다.

이원석 대검찰청의 감찰심의위원회는 얼마 전까지 기소의 수준에도 이르지 못하거나 대법원 무죄 판결을 받았던 검사에 대해서도 해임 등 징계 처분을 하였지만, 중대한 범죄 사건으로 유죄 판결을 받고 탄핵 심판을 앞둔 피고인 손준성에 관한 징계는 '비위 혐의 없음'으로 종결한바, 이는 누구도 인정하지 않는 심각한 위법성을 지닌 처분이 아니라고 할 수 없습니다.

공익신고 사건의 공범의 지위에 있던 자가 법무부 장관에 임명되고 검찰총장과 감찰부장 등 그 인적 구성이 변경된 것만으로 대검찰청이 스스로의 범죄를 무마해 대표적인 행위자로 기소된 피고인 손준성 등에 대한 감찰 처분을 번복하거나 능동적인 처분 권한이 없음이 명백하기에 그 어떤 명분도 없는 처분입니다.

대검찰청의 검사 감찰권은 무엇보다도 투명하고 엄중하게, 법을 집행하는 공복자를 감찰하는 행위로서 엄격하게 행해져야 합니다. 공범자들이 인사권자가 되고 처분권자가 되었다고 해서 피고인 손준성의 증거인멸 행위에 준하는 도구로 사용되어서는 안 됩니다.

고위공직자범죄수사처의 수사를 방해하는 것을 넘어 적극적으로 범죄증거를 인멸했던 대검찰청 소속 검사들은 위 사건을 반복적으로 저지를 가능성이 매우 높습니다. 따라서, 검사의 범죄를 유일하게 수사할 수 있는 고위공직자범죄수사처의 단호한 수사가 절실하기에 고발을 합니다.

2024. 04. 12.

고발인 조 성 은

항소심
증인

 2024년 4월 17일 고발사주 사건 항소심이 시작되었다. 그에 앞서 4월 3일 헌법재판소는 항소심 판결이 선고될 때까지 탄핵심판 절차를 멈춰달라는 손준성 검사의 요청을 받아들여 탄핵심판 절차를 중단했다.

 6월 12일, 항소심 재판부의 요청으로 1년여 만에 다시 법정에 증인으로 출석하게 되었다. '증인 조성은'과 '증인 김웅'이 반드시 동시에 출석해서 증인신문을 받아야 한다는 게 재판부의 주문이었다.

 김웅과는 약 4년 만에 마주치는 날이었다. 증인신문은 1심에

비하면 비교할 수 없을 정도로 짧게 3시간가량 진행되었다. 새로운 신문 내용은 없다시피 했다. 어떤 사람들은 흥미롭게 봤겠지만, 대체로 데면데면하게 각자의 증언을 마무리하고는 재판정을 나섰다.

피고인 손준성은 1심에서처럼 모든 증거의 증거능력을 부인했다. 일반적으로 사실로 인정해도 무리 없는, 그리고 사건 과정에서 보도된 기사 등의 증거들까지 하나하나 모두 부인했다. 주요 증인 신청과 신문 과정에서도 시간을 끌었다. 그래서 수사관들은 물론 보도 기자들까지 법정 증인으로 불려 나오는 장면이 연출되었다. 지금 돌이켜보면 도리어 더 극적인 실체가 드러나는 계기가 됐을지도 모른다는 생각이 든다.

피고인의 마지막 신문과 변론은 늘 나에 대한 모욕으로 끝맺음했다. 1심에서도, 항소심에서도 똑같았다. 그렇게 사건의 진실은 상고심을 향해 한 걸음씩 나아가고 있었다.

〈표 5〉 고발사주 사건 일지

날짜	내용
2021. 9. 2.	뉴스버스, 〈윤석열 검찰, 총선 코앞 정치공작〉 시리즈 기사 8건 보도
2021. 9. 3.	조성은, 대검찰청 감찰부 공익신고
2021. 9. 6.	뉴스버스, 김웅–조성은 텔레그램 대화방 및 고발사주 고발장 공개
	시민단체 사법정의바로세우기행동, 윤석열·한동훈·손준성 등 고위공직자범죄수사처 고발
2021. 9. 7.	조성은, 대검찰청 감찰부에 자료제공 완료
	공수처, 전혁수 면담 조사
	뉴스버스, 〈대검 '고발사주' 제보자 공익신고…메시지 주고받은 휴대폰 제출〉 보도
2021. 9. 8.	KBS, 〈'고발사주' 넉 달 뒤 실제 고발장과 판박이〉 보도
	공수처, 사세행 김한메 대표 고발인 조사
2021. 9. 9.	공수처, 조성은 참고인으로 불러 조사
	공수처, 윤석열·한동훈·손준성 등 입건
2021. 9. 10.	공수처, 손준성·김웅 등 자택 및 사무실 압수수색
	조성은, JTBC와 최초 공식 인터뷰
2021. 9. 13.	서울중앙지검, 고발사주 사건 수사 착수
	조성은, CBS 라디오 출연해 '손준성 보냄' 프로필이 손준성 검사와 일치한다는 사실 확인
	최강욱·황희석, 윤석열·김건희·손준성·김웅·정점식 등 대검에 고소
2021. 9. 14.	세계일보, 〈작년 3월 대검서 '윤석열 장모 의혹' 대응문건 작성〉 보도
	서울중앙지검, 대검에서 최강욱·황희석 고소 사건 이첩, 수사 착수
2021. 9. 16.	서울중앙지검, 대검 감찰부 압수수색, 감찰 자료 확보
2021. 9. 28.	공수처, 대검 수사정보담당관실·부산지검 서부지청 압수수색
2021. 9. 30.	서울중앙지검, "현직 검사 관여 사실 확인" 공수처로 사건 이첩

날짜	내용
2021. 10. 6.	공수처, 여운국 차장 주임검사로 하는 고발사주 전담팀 구성
	공수처, 미래통합당 '최강욱 고발장' 작성한 변호사 압수수색
	공수처, 정점식 의원실 압수수색
	경향신문, 〈공수처, 조성은·김웅 통화 녹취 복구…고발장 경로 본격 추적〉 보도
2021. 10. 19.	MBC PD수첩, 〈누가 고발을 사주했을까〉 보도…김웅–조성은 녹음파일 공개
2021. 10. 20.	공수처, 손준성 체포영장 청구
2021. 10. 21.	법원, 손준성 체포영장 기각
2021. 10. 22.	공수처, '판사 사찰 문건' 사건으로 윤석열·손준성 입건
2021. 10. 23.	공수처, 손준성 구속영장 청구
2021. 10. 26.	법원, 손준성 구속영장 기각
2021. 11. 2.	공수처, 손준성 소환조사
2021. 11. 3.	공수처, 김웅 소환조사
2021. 11. 4.	뉴스버스, '김웅–전혁수' 통화녹음 공개 보도
2021. 11. 5.	공수처, 대검 감찰부 압수수색, 감찰 자료 확보
2021. 11. 10.	공수처, 손준성 소환조사
2021. 11. 15.	공수처, 대검 수사정보담당관실 압수수색
2021. 11. 30.	공수처, 손준성 구속영장 청구
2021. 12. 2.	법원, 손준성 구속영장 기각
2022. 4. 19.	공수처, '고발사주 공소심의위원회' 개최
2022. 5. 4.	공수처, 손준성 공직선거법 위반 등 혐의로 불구속 기소…김웅 기소 의견 검찰 이첩
	공수처, 윤석열·한동훈 등 불기소 처분
2022. 6. 27.	서울중앙지법 형사합의27부, 손준성 1차 공판준비기일 진행

2022. 6. 28.	손준성, 서울고검 송무부장으로 영전성 전보
2022. 9. 24.	법원, 손준성 1심 첫 공판기일 진행
2022. 9. 29.	검찰, 김웅 공직선거법 위반 혐의 불기소 처분
2023. 4. 10.	권순정, 증인신문
2023. 4. 20.	대검, 손준성 고발사주 의혹 감찰 '혐의 없음' 처분
2023. 4. 24.	최강욱 증인신문
2023. 6. 2.	조성은 증인신문
2023. 6. 12.	대검 수정관실 수사관 증인신문
2023. 7. 10.	김웅 증인신문
2023. 8. 7.	전혁수 증인신문
2023. 8. 21.	성상욱 증인신문
2023. 10. 5.	대검 수정관실 수사관 증인신문
	한동수 증인신문
2023. 10. 23.	임홍석 증인신문
2023. 11. 27.	공수처, 손준성에 징역 5년 구형…공직선거법 위반 3년, 공무상비밀누설·개인정보보호법 위반·형사사법절차전자화촉진법 위반 2년
2024. 1. 31.	법원, 손준성에 징역 1년 선고…공직선거법 위반은 무죄
2024. 4. 17.	서울고등법원, 손준성 항소심 첫 공판
2024. 6. 12.	조성은·김웅 동시 증인신문

에 필 로 그

검찰 역사상 가장 치욕적인 사건

3년이 흘렀다. '고발사주 : 윤석열 대검찰청 총선개입 사건'은 윤석열 정권이 시작되기 전 경고장처럼 앞으로 전개될 험난한 날을 예고한 사건이었다.

21대 총선을 앞둔 2020년 4월 3일 대검찰청 수사정보정책관이 야당 국회의원 출마자에게 보낸 고발장에는 1)김건희의 주가조작 연루 2)윤석열 장모의 범죄 3)한동훈의 검언유착 의혹이 사실이 아니라는 내용이 있었고, 그것은 3년이 지나 윤석열 정권의 한복판을 가로지르며 국가 기강을 흔드는 중대한 범죄 사건으로 쟁점화됐다.

단순히 고발장 내용만의 문제가 아니었다. 고발장에는 야당 정치인에 대한 노골적인 기획 수사와 자신들의 비리를 취재하는 기자와 언론인에 대한 탄압 수사라는 그들만의 응징 방식이 엿

보인다. 이는 자연스럽게 윤석열 검찰정권 출범 후 검찰이 정치권과 비판적인 언론을 겨냥해 벌인 갖가지 표적수사와 보복수사를 떠올리게 한다. 또한 고발장에는 정국을 움직이는 검찰권력에 대한 자부심이 가득하고 그 중심에 선 검찰총장 윤석열을 칭송하는 문구가 뱀의 혀처럼 날름거린다.

검찰 고위직 출신으로 20대 대선 당시 윤석열 캠프의 '정치공작 진상규명 특별위원장'을 맡은 자는 고발사주 공익신고를 허위로 규정하고 공익신고자를 매도했다. 이어 그는 공익신고자를 보호해야 하는 국민권익위원장(장관급)으로 부임했다. 그로부터 얼마 지나지 않아 이번에는 언론의 입을 틀어막는 방송통신위원장에 임명됐다가 국회가 탄핵소추안을 발의하자 자진사퇴하는 촌극을 빚었다.

범죄자들에게 아이폰 성능을 홍보한 검찰 간부들은 결국 그들의 휴대전화를 열지 않았고, 구속영장 심사 때 법원에 하소연하듯이 약속한 내용조차 어기며 법과 사건을 지켜보는 국민을 조롱했다. 그들은 법무부의 수장과 검찰의 수장, 법무부와 검찰의 주요 직책을 차지했다. 사건 은폐에 앞장섰던 사람들은 순서대로 고속 승진 티켓을 손에 거머쥐었다.

진실은 늦더라도 반드시 드러나게 마련이다. 고발사주 사건은 그 자체의 진실 못지않게 관련된 사건들의 진실과 맞물려 정치검찰의 파렴치한 범죄행위를 낱낱이 세상에 드러낼 것이다. 그 점에서 고발사주 사건은 야권에서 추진하는 한동훈 특검 및 김건희 특검과 밀접한 관련이 있으며, 이들 사건의 진실은 검찰

정권이 켜켜이 쌓아 올린 범죄의 탑을 무너뜨릴 것이다.

이 사건을 처음 마주했을 때, 그리고 그들이 이 사건을 은폐하려 나를 절벽 끝으로 밀어낼 때마다 내가 한 말이 있다. "윤석열 대검찰청 2020년 총선개입 사건은 70년 검찰 역사상 가장 치욕적인 사건이 될 것"이라고.

국민의 권익이 아닌, 자신들의 권력을 지키는 도구가 된 검찰은 이미 존재 가치를 상실한 지 오래다. 자신들의 범죄에 휘어진 검(檢)은 검찰 집단의 역사를 초라하게 만들었다. 권력을 겨냥해 날 서 있어야만 빛이 날 수 있는 검찰의 칼에는 잔뜩 이끼가 끼었다. 권위가 사라진 권력은 옹졸해지기 마련이다.

조성은

정치검사

초판 2쇄 2024년 10월 11일

지은이 조성은 전혁수
교 열 김승옥
편 집 이혜민
감 수 황의봉
자 문 고부건
디자인 장승식

펴낸 곳 해요미디어
출판등록 2019년 10월 24일 제 2019-000089호

전화 0505-043-7385
팩스 0505-043-7386
이메일 talbabo26@gmail.com

ⓒ 조성은 · 전혁수 2024
ISBN 979-11-985447-2-8(03300)

정가 22,000원

※ 이 책에 실린 글과 이미지의 무단 전재나 복제를 금합니다.
※ '따뜻한 정의'를 지향하는 해요미디어는 백범 김구 선생이 염원한 대로
   우리나라가 '높은 문화의 힘'을 갖추는 데 이바지하겠습니다.